铁路工程BIM技术及应用丛书

高速铁路信息模型（BIM）设计

齐春雨 等 编著

人民交通出版社股份有限公司

北 京

内 容 提 要

本书基于铁路工程实践及相关科研成果，从标准体系、软件系统、协同设计平台等方面，系统总结了BIM技术应用的实现方式，进而结合铁路工程各专业设计特点，梳理凝练了高速铁路（以下简称"高铁"）BIM设计的基本理念、设计流程与工作要点，并以牡佳、京雄、雅万、盐通铁路南通动车所等典型铁路工程项目为例，从BIM设计、成果交付、项目标准等方面详细介绍了各项目BIM实施的经验。全书共分8章，主要内容包括：绪论、铁路BIM标准体系、BIM主流设计软件及特点、铁路工程BIM协同设计平台、高铁BIM设计、高铁BIM设计交付与设计交底、BIM设计与应用案例、展望等。

本书是国内首部介绍高铁BIM设计技术应用体系的著作，对铁路工程BIM设计具有指导作用，可供从事相关行业的人员参考借鉴，也可供高校相关专业师生参考。

图书在版编目（CIP）数据

高速铁路信息模型（BIM）设计 / 齐春雨等编著 . — 北京：人民交通出版社股份有限公司，2022.6
　ISBN 978-7-114-18036-1

Ⅰ.①高… Ⅱ.①齐… Ⅲ.①铁路工程—工程设计—计算机辅助设计—应用软件 Ⅳ.① U238-39

中国版本图书馆 CIP 数据核字 (2022) 第 101205 号

	Gaosu Tielu Xinxi Moxing (BIM) Sheji
书　　　名：	高速铁路信息模型（BIM）设计
著 作 者：	齐春雨　等
责任编辑：	吴燕伶　李学会
责任校对：	赵媛媛　魏佳宁
责任印制：	刘高彤
出版发行：	人民交通出版社股份有限公司
地　　　址：	（100011）北京市朝阳区安定门外外馆斜街3号
网　　　址：	http://www.ccpcl.com.cn
销售电话：	（010）59757973
总 经 销：	人民交通出版社股份有限公司发行部
经　　　销：	各地新华书店
印　　　刷：	北京印匠彩色印刷有限公司
开　　　本：	787×1092　1/16
印　　　张：	23
字　　　数：	486 千
版　　　次：	2022年6月　第1版
印　　　次：	2022年6月　第1次印刷
书　　　号：	ISBN 978-7-114-18036-1
定　　　价：	168.00 元

（有印刷、装订质量问题的图书由本公司负责调换）

本书编审委员会

主　　编：齐春雨

副 主 编：杨绪坤　苏　林

参　　编：赵飞飞　王自超　王凯军

　　　　　刘新宇　陈建璋

审稿专家：盛黎明　杨咏漪

主编单位：中国铁路设计集团有限公司

作者简介

齐春雨，1970年生，正高级工程师，中国铁路设计集团有限公司工程实验室副主任，城市轨道交通数字化建设与测评技术国家工程研究中心副主任，轨道交通勘察设计国家地方联合工程实验室副主任，兼任高速铁路建造技术国家工程研究中心副主任、中国土木工程学会工程数字化分会副理事长。天津市劳动模范，曾2次获评原铁道部"青年科技拔尖人才"称号。

长期从事高铁轨道技术创新、减振降噪技术研究、铁路勘察设计技术手段升级研究。主持完成国家863课题"高速铁路减振降噪关键技术"和多项省部级科研项目。获buildingSMART国际BIM大赛特别奖2项，国家金桥奖1项，省部级科技进步奖一等奖6项、二等奖8项，省部级优秀设计一等奖3项。主持或参编标准、规范8部，持有有效的发明专利16项、实用新型专利14项。

PREFACE

当前，数字经济发展之快、辐射范围之广、影响程度之深前所未有，其正成为重组全球要素资源、重塑全球经济结构、改变全球经济格局的关键力量。推动数字经济与行业融合发展，发挥数字技术对经济发展的放大、叠加、倍增作用，已成为各行业的共同选择。

现代信息技术蓬勃发展，深刻地改变了人类社会生产和生活方式，尤其是近年来兴起的人工智能、物联网、区块链等新一代信息技术，与传统行业融合逐渐深入，推动传统产业朝着数字化、网络化和智能化方向变革。铁路行业也不例外，近年来，铁路在数字化、智能化方面成绩斐然。以智能京张、智能京雄为典型代表的铁路相继建成开通运营。2020年，中国国家铁路集团有限公司发布了《智能高速铁路体系架构1.0》，2021年12月，交通运输部印发《数字交通"十四五"发展规划》。高铁作为中国的亮丽名片，正在向数字化、智能化、智慧化发展。

自2013年以来，在中国国家铁路集团有限公司的大力推动和铁路BIM联盟各成员单位不懈努力下，中国高铁BIM技术尤其是设计技术取得了众多突破，已能熟练运用BIM技术开展铁路全专业设计。中国铁路设计集团有限公司作为主力军，组建了一支技术全面的铁路BIM技术研发与应用团队，着力推进标准编制、数据环境建设、软件二次开发和重点项目应用，成效显著。中国铁路设计集团有限公司主持提出了铁路 BIM 标准体系框架，牵头编制了《铁路工程信息模型数据存储标准》《铁路工程信息模型分类和编码标准》等重要标准，率先将中国铁路 BIM 标准植入设计软件，第一个实现了成段落、多专业的铁路 BIM 协同设计，并于 2018 年、2019 年连续两年斩获 buildingSMART 国际大赛基础设施领域设计类特别奖，同时与铁路 BIM 联盟成员共同编制的"国际铁路 BIM 标准"也将在 2022 年颁布。

我十分高兴地看到，中国铁路设计集团有限公司在铁路 BIM 实践走在行业前列的同时，不忘审视铁路 BIM 技术研究工作的初心，及时总结研究成果和经验，探索和思考未来发展之路。本书从 BIM 起源及初衷切入，系统回顾了铁路 BIM 发展过程中在标准、软件工具、价值点等方面的积极探索，重点介绍了编者基于达索三维体验（3D EXPERIENCE）平台研发的铁路工程 BIM 协同设计平台，梳理了铁路工程主要专业的 BIM 设计内容、方法和流程，分享了牡佳高铁、京雄高铁、印尼雅万高铁和盐通铁路南通动车所中的 BIM 设计及其应用，对 BIM 技术未来发展方向进行了展望，提出了"培育铁路 BIM 发展的良好生态"等有益建议，具有技术先进、系统严谨、实战性强等特点。该书内容既有理论体系的构建，也有关键技术的解析，还有具体应用的总结，内容丰富。该书编写者具有从事工程实践的丰富经验，近些年在数字建造理论研究和技术应用方面取得了丰硕成果，保证了该书内容的前沿性和权威性。

相信本书的出版，可为铁路 BIM 设计工作提供较为完整和系统的指导，也可对数字经济时代、智能高铁时代面向工程全生命周期的铁路 BIM 技术研究与应用，提供有益的参考和借鉴；对推动铁路行业数字建造理论与技术的研究和应用，深化信息技术与工程建造的进一步融合，实现中国铁路建造高质量发展，发挥重要作用。

铁路 BIM 联盟常务副理事长兼秘书长　盛黎明
2022 年 2 月

前 言

PREFACE

随着以云计算、大数据、物联网、移动互联网、人工智能等为代表的新兴数字技术的发展、加快成熟和商业转化，数字经济成为经济发展中创新最活跃、增长速度最快、影响最广泛的产业领域。

高铁作为中国的亮丽名片，以京张铁路、京雄铁路为标志，近年来我国高铁向数字、智能、智慧转型升级，2020年，中国国家铁路集团有限公司更是发布了《智能高速铁路体系架构1.0》，规范、指导中国智能高铁技术的研究与应用实践。而铁路BIM是数字、智能、智慧高铁的基础与载体。

自2013年以来，中国铁路设计集团有限公司积极响应中国国家铁路集团有限公司的号召和铁路BIM联盟的指引，率先组建了专业齐、素质优、战斗力强的铁路BIM研究与应用项目部，三位一体推进铁路BIM标准制定、关键技术研究及重点项目的设计与应用，研究提出了铁路BIM标准体系框架、牵头编制了《铁路工程信息模型数据存储标准》《铁路工程信息模型分类和编码标准》，并率先植入BIM设计软件，承担国际IFC Rail标准编制，主持设计了12个项目共计1300km高铁线路的BIM设计，其中牡佳高铁BIM设计、京雄高铁BIM设计于2018年、2019年连续两年斩获buildingSMART国际大赛基础设施领域设计类特别奖，为中国铁路BIM设计赢得了国际荣誉。

本书基于以上研究、设计工作，对高铁BIM设计的基本理念、设计流程和工作要点进行了系统梳理凝练。全书共分为8章，第1章从BIM起源及初衷、高铁特点及BIM应用价值、高铁BIM设计内涵及现状等方面进行阐述；第2章在回顾铁路BIM标准发展历程的基础上，阐述铁路BIM标准体系框架，并概述各个标准的主要内容；第3章主要介绍当前BIM应用中使用较多、较有代表性的部分软件产品及其行业解决方案；第4章阐述了基于达索3D EXPERIENCE平台研发的铁路工程BIM协同设计平台，内置铁路BIM标准，扩展铁路工程通用及专业设计功能，实现数据同源、骨架驱动的多专业协同的BIM设计过程；第5章介绍了铁路工程主要专业的设计内容、方法和BIM设计流程；第6章介绍了铁路BIM设计交付与设计交底；第7章重点介绍了BIM技术在牡佳高铁、京雄高铁、印尼雅万高铁和盐通铁路南通动车所项目中的应用；第8章对BIM技术未来发展方向进行了展望，并说明了需要研究突破的系列关键技术。

本书旨在与从事铁路设计、施工、建设管理工作的同仁们交流切磋，也可供相关行业参考借鉴，同时希望为高校开设的BIM课程的教学提供工程案例。

在高铁BIM设计技术研究、应用和本书编写过程中，得到了多方面的支持与帮助。中国国家铁路集团有限公司、铁路BIM联盟对标准制定和BIM技术应用提供了大力支持，盛黎明、沈东升、刘延宏、王江等专家始终引领着铁路BIM技术前进。中国铁路设计集团有限公司BIM研发与应用项目部各位同仁共同付出了智慧和汗水，王长进大师全力支持和深入指导，宋树峰、孔国梁、车爽、朱纯瑶、刘小龙、范登科、张晨、冯山群、李智基、雷晓雨、齐成龙、刘思明、冯雁、王明智、张玲玲等各专业同事参与了相关研究工作。达索系统（Dassault Systemes）、奔特力（Bentley）软件、欧特克（Autodesk）软件等公司对本书编写提供了丰富资料。人民交通出版社股份有限公司为本书的编写提供了专业指导。在此，对以上机构和个人给予的帮助表示诚挚感谢！

本书编写过程中引用参考了大量文献，在此向这些文献作者表示衷心的感谢。

由于编者能力有限，书中不妥之处在所难免，敬请各位读者批评指正。

作者

2022年2月

目录
CONTENTS

第 1 章　绪论 ··· 001

　1.1　BIM 的概念、起源与发展 ································ 002

　1.2　我国高铁现状及特点 ····································· 012

　1.3　我国高铁信息模型（BIM）设计现状 ····················· 014

第 2 章　铁路 BIM 标准体系 ································· 023

　2.1　国内外 BIM 标准 ·· 024

　2.2　铁路 BIM 标准体系框架 ································· 038

　2.3　《铁路工程信息模型统一标准》 ·························· 040

　2.4　《铁路工程信息模型分类和编码标准》 ··················· 045

　2.5　《铁路工程信息模型数据存储标准》 ····················· 052

　2.6　铁路工程信息模型交付标准体系 ·························· 057

　2.7　《基于信息模型的铁路工程施工图设计文件编制办法》 ······· 059

　2.8　《铁路工程信息模型交付精度标准》 ····················· 062

　2.9　《铁路工程信息模型表达标准》 ·························· 064

　2.10　《面向铁路工程信息模型应用的地理信息交付标准》 ········· 067

2.11 《铁路工程信息模型设计阶段实施标准》·· 075
2.12 铁路 BIM 国际标准的编制 ·· 075

第 3 章　BIM 主流设计软件及特点 ·· 079

3.1 达索系统 ·· 080
3.2 Bentley 软件 ·· 095
3.3 Autodesk 软件 ··· 107
3.4 BIMBase 系统 ··· 118
3.5 广联达 BIMSpace ··· 128
3.6 其他软件 ·· 142

第 4 章　铁路工程 BIM 协同设计平台 ·· 143

4.1 平台架构 ·· 144
4.2 标准支持 ·· 146
4.3 协同机制 ·· 149
4.4 基本功能 ·· 158
4.5 高级功能 ·· 174
4.6 参数化模板 ·· 188
4.7 专业设计功能示例 ·· 193
4.8 平台应用规范 ·· 210

第 5 章　高铁 BIM 设计 ·· 211

5.1 概述 ·· 212
5.2 项目策划 ·· 212
5.3 总体设计 ·· 213

5.4 地形建模 ·· 215

5.5 地质建模 ·· 217

5.6 交通空间建模 ······································ 219

5.7 总骨架结构及其设计 ································ 220

5.8 站场设计 ·· 221

5.9 桥梁设计 ·· 224

5.10 隧道设计 ··· 226

5.11 路基设计 ··· 228

5.12 轨道设计 ··· 230

5.13 牵引变工程设计 ··································· 231

5.14 电力工程设计 ····································· 232

5.15 接触网工程设计 ··································· 233

5.16 通信工程设计 ····································· 235

5.17 信号工程设计 ····································· 236

5.18 信息工程设计 ····································· 237

5.19 动车所设计 ······································· 238

5.20 排水系统设计 ····································· 241

第6章 高铁BIM设计交付与设计交底 ················ 243

6.1 设计交付 ·· 244

6.2 设计交底 ·· 260

第7章 BIM设计与应用案例 ························· 265

7.1 牡佳高铁BIM设计与应用 ··························· 266

7.2 京雄高铁BIM设计与应用 ··························· 281

7.3 印尼雅万高铁BIM应用 ····························· 294

7.4 盐通铁路南通动车所 BIM 应用 ························· 300

第 8 章 展望 ·························· 309

8.1 国际国内形势要求中国高铁 BIM 设计奋勇争先 ············ 310
8.2 新技术发展为高铁 BIM 设计及应用创造了更好条件 ········· 311
8.3 培育铁路 BIM 发展的良好生态 ·························· 312
8.4 研究突破关键技术 ····································· 314

附录　铁路工程 BIM 协同设计平台应用规范 ············ 317

参考文献 ···························· 347

第 1 章
绪论

建筑信息模型（Building Information Modeling，BIM）自 20 世纪 70 年代提出以来，应用范围从最初的建筑领域迅速扩大到整个基础设施领域，并逐渐成为支撑基础设施设计、施工和运营的核心技术。铁路作为国家交通运输的骨干和超大型工程系统，引入 BIM 技术颠覆了传统的设计模式，为行业数字化转型升级及智能高铁的发展提供了重要手段。本章从 BIM 的概念、起源与发展，我国高铁现状及特点，我国高铁信息模型（BIM）设计现状等方面进行阐述。

1.1 BIM 的概念、起源与发展

1.1.1 BIM 的概念及内涵

国内外很多组织都曾试图对 BIM 进行定义，一般认为 2007 年美国国家建筑科学研究院（National Institute of Building Sciences，NIBS）正式颁布的第一版《国家 BIM 标准》（*National Building Information Modeling Standard*，*NBIMS*）的定义是最经典的。

第一版 *NBIMS* 从以下 3 个角度进行了表述：

（1）"Building Information Modeling is the act of creating an electronic model of a facility for the purpose of visualization, engineering analysis, conflict analysis, code criteria checking, cost engineering, as-built product, budgeting and many other purposes."

"BIM 是一种建立基础设施电子模型的行动，目的是可视化、工程分析、碰撞检查、规范核查、造价预估算、编制竣工图及其他"。

（2）"Building Information Modeling (BIM) is a digital representation of physical and functional characteristics of a facility. A BIM is a shared knowledge resource for information about a facility forming a reliable basis for decisions during its life-cycle."

"BIM 是关于基础设施物理特征和功能特征的数字化表达，是基础设施在全生命周期进行一系列决策的可靠的共享信息和知识源"。

（3）"BIM is an evolving process and will continue to mature."

"BIM 是一个演化过程，将逐步成熟"。这个表述强调了 BIM 模型在工程生命周期中不断完善。实际上作为一项技术，BIM 远未成熟，其是不断发展的。

综上所述，可将 BIM 最简化地概括为"一个目标、两个核心特征"：

（1）一个目标：减少非增值性工作和浪费，提高生产效率。

（2）两个核心特征：一是几何和非几何信息模型；二是在全生命周期中，所有相关方之间信息互用。

BIM 作为一种理念、方法，可以定义为：面向基础设施全生命周期，通过建立包括几何和非几何信息的信息模型，并不断完善，实现各阶段、项目各角色间的信息共享与互用，从而减少非增值性工作和浪费。

根据美国国家建筑科学研究院的资料，早在 2003 年，为提高建筑领域的生产效率，支持建筑行业信息化水平，美国总务署（General Services Administration，GSA）推出了国家三维（3D）—四维（4D）—BIM 计划。所有 GSA 的项目均被鼓励采用 3D—4D—BIM 技术，并根

据应用程度的不同，对采用该技术的项目承包方给予不同程度的资金资助。3D 即三维技术，4D 则加入了时间维度，实际上就有全生命周期的概念，BIM 显然更进了一步，比 4D 多了非几何信息，并且更强调信息的传递。

另外，第一版 NBIMS 认为 BIM 总体范围较广，人们可从三个层面认知 BIM：

第一个层面，也是最为大家广泛认知的，BIM 是一个产品，具体而言，其是基础设施的智能数字表示，应用建模工具创建和聚合信息；而在 BIM 之前的以图纸为中心的生产模式下，这些信息是单独产生的，且不能被计算机识别。

第二个层面，BIM 是协作过程，涵盖业务驱动、自动化过程能力，执行开放的信息标准以保证信息可持续流动和保真度。

第三个层面，BIM 是一个基础设施生命周期管理工具，团队将其作为可重复的、可验证的、透明的、可持续的信息环境，在整个建筑生命周期中由计算机自动理解和交换。

关于信息传递，第一版 NBIMS 第 3.2 节给出了 BIM 信息传递层级，如图 1-1 所示。其分别从项目和空间两个维度设计了信息的传递关系，再次突出了信息及其传递在 BIM 中的核心地位。

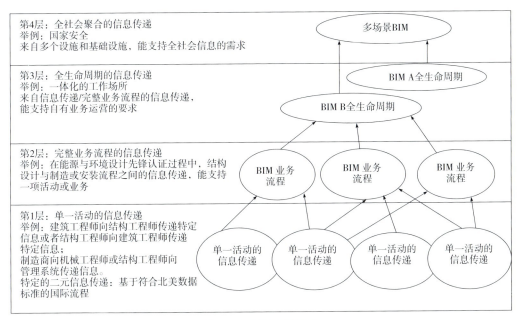

图 1-1　BIM 信息传递层级

1.1.2　BIM 的起源及初衷

BIM 思想源于 20 世纪 70 年代，40 多年来已经被学术界、软件开发商、工程界进行了极大的丰富和发展。很多人在讨论、研究、应用 BIM，但他们心中的 "BIM" 千差万别，有人认为 BIM 是三维计算机辅助设计（Computer Aided Design，CAD）图形，有人认为 BIM 是渲染效果图，还有人认为 BIM 是软件工具，绝大多数人把 BIM 概念等同了三维 CAD，把 BIM 价值局限在了可视化、碰撞检查等很基础的层面。

所以，厘清 BIM 这个"舶来品"的起源，特别是准确把握 BIM 概念提出、发展的背景和初衷，而不是人云亦云、随波逐流，才能有利于 BIM 技术在各行业的健康发展。

有记载的、最早关于 BIM 的描述，是一个叫作建筑描述系统（Building Description System，BDS）的工作原型，它来自当时任职于卡内基梅隆大学的查克·伊斯曼（Chuck Eastman）在 1975 年发表于《美国建筑师协会杂志》(Journal of the American Institute of Architects)（现已停刊）上的一篇研究报告《建筑描述系统概要》(An outline of building description system)。文中，他这样描述 BIM："互动的典型元素……从同一个有关元素的描述中，获得剖面图、平面图、轴测图或透视图……任何布局的改变只需要操作一次，就会使所有绘图得到更新。所有从相同元素布局得来的绘图都会自动保持统一……任何算量分析都可以直接与这个表述系统对接……估价和材料用量可以容易地被生成……为造价分析和数量分析提供一个完整的、统一的数据库……在市政厅或建筑师的办公室就可以做到自动地核查建筑规范。大项目的施工方也许会发现，在进度计划和材料订购上这个建筑描述系统具有的优越性。"

现在想，查克·伊斯曼提出 BIM 的主要诱因可能是 1973 年开始的第一次石油危机，各行业急需提高生产效率。所以，查克·伊斯曼提出"基于计算机的建筑描述"（a computer-based description of a building），即采用数据库技术建立建筑描述系统（Building Description System，BDS）。这个描述系统重视信息的完整性、唯一性，特别是信息传递和利用，以减少重复劳动，主要目的是提高建设效率。对建筑描述系统的这个表述，已经很接近于现在的 BIM 理论，这是后来很多文献里认为 BIM 起源于 BDS，进而公认查克·伊斯曼是业界 BIM 研究先驱的原因。

1999 年，查克·伊斯曼出版了专著《建筑产品模型：支撑设计和施工的计算机环境》(Building Product Models: Computer Environments, Supporting Design and Construction)，这被认为是 BIM 研究领域的第一本专著。2008 年，时任美国佐治亚理工学院教授的查克·伊斯曼和一批从事 BIM 研究的专家一起编写出版了专著《BIM 手册》(BIM Handbook)，2011 年该书第二版出版，如今已成为 BIM 领域影响广泛的重要著作。

20 世纪 70 年代以后，美国、英国、芬兰等多国都相继参与了 BIM 商业化运作的研究与开发。1986 年，美国的罗伯特·艾什（Robert Aish）发表的论文中第一次使用"Building Modeling"一词。罗伯特·艾什在文中提出了今天我们所知的 BIM 要点和实施的相关技术，如三维建模、自动成图、智能参数化构件、关系数据库、实时施工进度计划模拟等。此后，软件开发商们看到了商机，纷纷提出关于 BIM 的众多候选术语，试图掌握话语权，如单个建筑模型（Single Building Model）、虚拟建筑模型（Virtual Building Model）、集成化的项目建模（Integrated Project Modeling）和项目生命周期管理（Project Lifecycle Management）等。

2002 年，时任欧特克（Autodesk）公司市场副总裁的大卫·莱蒙特（Dave Lemont）同意欧特克公司使用"建筑信息建模"作为公司的市场营销术语，而另一位副总裁菲利普·伯恩斯坦（Philip G. Bernstein）则第一次把"建筑信息建模"（Building Information Modeling）三个单词的首字母"B"—"I"—"M"连起来发音。

真正使得 BIM 术语达成共识的，是行业分析家杰里·莱瑟林（Jerry Laiserin）于 2002 年 12 月 16 日发表的一篇文章——《比较苹果与橙子》(Comparing Pommes and Naranjas)，杰里·莱瑟林把此文章发给业内众多软件商和许多专业组织，试图说服大家共用一个术语——BIM。这是一篇里程碑式的文章，BIM 一词从此广为人知，并达成共识。

在这篇文章中，杰里·莱瑟林中立而语重心长地说："拿两件不同的事物进行比较已经很困难了，比如苹果与橙子，当被比较的事物具有不同语言里的不同术语时，就更困难。当建筑设计行业、施工行业、业主及运营商们把工程描述、沟通的手段从'CAD'转移至'下一个东西'时，我们就面临'苹果与橙子'的难题。不断扩展的各种语言中的不同术语，使得我们无法分辨不断出现的建筑软件之间的真正不同点与相同点。我相信，除非而且只有我们能够共同认可一个名词术语来取代'CAD'，否则建筑行业和这些新的工具软件都无法向前发展。我同样相信能担当这份责任的、最好的名词就是'Building Information Modeling'"。他进一步就为什么选这三个词的组合做了解释：

一是倾向于使用"建筑（Building）"而不是"项目（Project）"，因为有很多项目，如软件开发，根本与建筑工程无关，同时"建筑"一词还特别灵活，可以包括设计、施工及运营阶段。

二是对比了数据语义（Semantics of data）、信息（Information）与知识（Knowledge），认为"信息（Information）"是软件语境中，能最清晰地表达不仅仅是几何体（还有非几何信息）的词。

三是"建模"（Modeling）不仅意味着对于物体的数学或数字表达，就像我们所知的经济模型、气象模型及三维物体的实体模型，也隐喻着作为建筑性能模拟系统的表述与表现的过程（首先是建立未来行为的模型）和建筑信息的管理（信息模型作为被管理信息的载体）。

从以上解释可以清晰地看出杰里·莱瑟林强调的 BIM 的核心：Building 涵盖了工程设计、施工和运营全过程，Information 避免了仅仅是几何 3D 信息的误解，而 Modeling 体现了对建筑物性能和行为的模拟等建筑信息管理的动态流程。

最后再来探讨一下 BIM 之父到底是谁。其实杰里·莱瑟林在 2011 年发表的《BIM 的历史》（History of BIM）一文中，早有定论："虽然我被一些好心的、过于热情的同辈人贴上 BIM 之父（Father of BIM）的标签，我倒是更愿意接受 BIM 教父（Godfather of BIM）这个无人认领的绰号；教父只是一个孩子的成年监护人，而并非其真正意义上的父亲。如果有任何人称得上'BIM 之父'，那他肯定是查克·伊斯曼。"

第一版 NBIMS 在前言中开宗明义、言简意赅地阐述了推广 BIM 的初衷，即减少非增值工作和浪费（例如，在每个阶段或在设施生命周期内的参与者之间重新键入信息，而这个环节通常会产生新的错误，或者未能从设计者向施工者提供完整和准确的信息）。它先是点出美国建筑行业消耗了 40% 的能源、65.2% 的电力，贡献了 40% 的碳排放量，建筑行业有责任高效地利用地球资源；继而强调美国 2008 年 1.28 万亿美元的建造活动中，非增值性工作（non-value added effort）和浪费将高达 57%（制造业是 26%），加上到 2020 年美国预计将有 100 万名专业工程师劳力缺口，所以美国建筑业必须立即采取行动，以提高竞争力。而 BIM 通过创新信息技术和商业结构，可大幅减少建筑行业中各种形式的浪费和低效率。

第一版 NBIMS 第 2.3 节引用的美国劳工统计局提供的数据显示，1964—2003 年非农产业受益于自动化和信息化，其生产率提高了 100% 以上，而建筑行业的生产率是下降的，并指出该差异就是由非增值工作和浪费造成的，如图 1-2 所示。

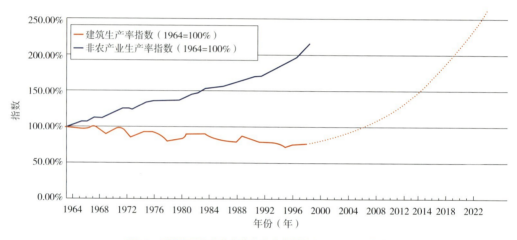

图 1-2　建筑与非农产业的劳动生产率指数（1964—2003 年）

来源：美国劳工统计局商业部。

2011 年出版的查克·伊斯曼等人编写的经典著作《BIM 手册》的第 1.3 节佐证了这一观点，这本书引用的是 1964—2009 年的数据。数据表明，在 1964—2009 年长达 44 年的时间内，非农产业（包括施工行业）的生产率增长了一倍多；同时，建筑业的劳动生产率相对于 1964 年大约降低了 10%。

进一步分析可以发现，引起劳动生产率天壤之别的根本原因在于，制造业在自动化、信息化方面明显提升，而建筑行业在这两方面起色不大。

资料显示，2002 年前后，全球制造业和建筑业的投资规模都约为 3 万亿美元，相差无几，但是每年在信息化技术研发、应用方面的投入却有显著差别，其中制造业是 81 亿美元，而建筑业仅为 14 亿美元，建筑业仅为制造业的 17%。在这样的背景下，建筑业墨守传统的工作模式，以纸质媒介进行管理，这些手工作业缓慢而烦琐，还不时出现纰漏和差错，尽管设计的过程也是基于计算机，但是设计成果是图纸和文档，设计的后续工作如概预算、招投标、项目管理等，都要靠人读取和重新输入，以传递到下一步工作，而不是由计算机自动读取、传递。

英国出版的《经济学人》杂志早在 2000 年的一项研究报告就指出，管理过程中的手工操作给建设工程造成极大的浪费:"在美国,每年有 2000 亿美元被耗在低效、错误和延误上……一个投资 1 亿美元典型的项目能产生 15 万个各自独立的文件,包括图纸、合同、订单、信息请求书及施工进度表等……其中多达 80% 的输入都是重复的。"

事实上,国内外建设项目效率低下和浪费严重的现象非常普遍,原因是多方面的,但"信息孤岛"造成信息传递不畅是主要原因。如图 1-3 所示,在一个工程项目的生命周期中,项目的信息应当像图的上面那条曲线一样,随着时间推移而持续增长,但现实中的工程项目,在各个阶段的信息并不能很好地衔接,使得信息的增长像图下面的那条曲线那样,在不同阶段的衔接处出现断点,造成信息的大量损失。这张图仅仅从建设阶段一个维度说明了信息的损失现象,实际上即使在设计或施工某单一的阶段中,相关方之间的信息仍有大量损失,都会带来大量的非增值劳动。

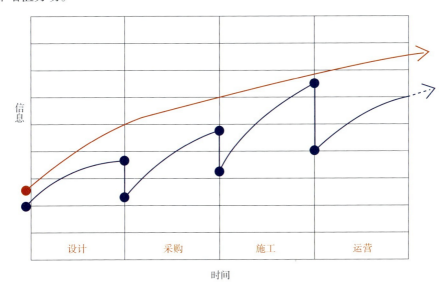

图 1-3 建筑工程信息回流图

所以无论 BIM 之父查克·伊斯曼,还是第一版 *NBIMS* 的主编单位美国国家建筑科学研究院,他们提出的发展 BIM 的初衷是清晰的、一贯的、一致的,就是减少非增值工作和浪费,提高生产效率。从这里大家已经理解为什么 BIM 是如此重视 I(Information),如此地重视信息传递,因为信息无损传递是减少无效劳动、提高生产效率的关键。

1.1.3 国内外 BIM 技术发展

(1)美国

美国是较早开展 BIM 研究的国家,得益于计算技术、软件技术、建筑技术的快速发展和多样性的客户需求,美国的 BIM 研究与应用都走在了世界前列。美国陆军工程兵团(United States Army Corps of Engineers,USACE)于 2006 年发布了为期 15 年的 BIM 发展路线规划,为采用和实施 BIM 技术制定战略规划,以提升规划、设计、施工的质量与效率。美国联邦总务署（General Services Administration，GSA）从 2008 年起要求所有使用或部分使用美国政府拨款总投资超过 3500 万美元的主要项目，均要执行 GSA 制定的系列 BIM 技术指南。自 2010 年开始，美国威斯康星州对公共建设项目作出规定，要求投资超过 250 万美元的新建项目和投资超过 500 万美元的改造项目，均要采用 BIM 技术。同样，2010 年开始，美国洛杉矶社区学院校区（Los Angeles Community College District，LACCD）也要求其校园改造项目中的所有工程都要采用 BIM 技术，并且符合其制定的两个 BIM 技术应用标准。麦格劳希尔（McGraw Hill）公司定期对 BIM 技术在美国乃至北美地区的 BIM 应用进行调研，数据显示美国市场过去十几年 BIM 技术应用和实施一直稳步增长。2007 年，美国工程建设行业采用 BIM 的比例为 28%，至 2009 年增长为 49%，到 2012 年已经达到了 71%，其中 74% 的建筑承包商已经在应用 BIM 技术，超过了建筑师（70%）及机电工程师（67%）。2016 年，有超过四分之三的人赞同全面应用 BIM 技术。这种市场自发的增长，主要源于 BIM 技术为建筑行业各个参与方带来的效益。

（2）英国

英国是推动 BIM 应用最积极和效果最好的国家，报告显示英国政府一开始推动 BIM 的动力是，利用 BIM 在政府投资项目上实现成本节约和效率提升。英国内阁办公室 2011 年 5 月发布了"政府建设战略"文件，明确要求到 2016 年，政府要全面实现协同的 3D-BIM，并实现全部文件的信息化管理，每个政府部门必须具备电子检验供应链 BIM 技术信息的能力。2015 年，英国启动数字化建设英国项目（Digital Built Britain），其目的是将 BIM 扩展到建筑资产全生命周期管理中，帮助英国政府达成 2025 年产业战略目标，即：工业成本降低 33%，物流速度提高 50%，工业排放减少 50%，出口提高 50%。2017 年，英国成立英国数字建设中心（Centre for Digital Built Britain，CDBB）。2019 年，CDBB 制定了英国数字计划的发展路线，从多条路线上分节点探索发展进程，以支持国家数字孪生系统的开发。2019 年 10 月，英国 BIM 技术联盟、CDBB 和英国标准协会（British Standards Institution，BSI）共同启动的英国 BIM 技术框架，取代了 BIM Level 2，集成了 BIM 技术最新标准及指南、构件资源库等信息，直接供项目各阶段使用，能够更好地完成建筑的全周期信息化管理。

为了掌握 BIM 应用状况，英国国家建筑规范组（National Building Specification，NBS）每年都进行详细调查，自 2011 年编制发布年度报告，即《国家 BIM 报告》（2021 年改为《数字建造报告》），至今已经持续 10 年，这是行业公认的关于 BIM 应用最全面的调查分析报告。NBS 设计的被调查人群比较广泛，从一两个人的小微企业到 500 人以上的大型企业都有代表，职位包含了建筑师、BIM 经理、分包企业、项目经理、成本顾问、制造商和业主等，主要受访者来自英国，另有将近四分之一来自国外，年龄段则从 25 岁覆盖到 74 岁。

2011 年，NBS 第一份《国家 BIM 报告》发布时，有 43% 的人不了解 BIM，到 2020 年，这个数字只剩下 1%；2011 年使用 BIM 的人仅占 13%，这个数字在 2020 年增加到 73%，如

图 1-4 所示。

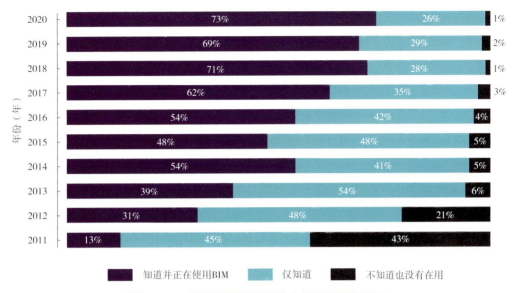

图 1-4　BIM 采用情况随时间的变化（《国家 BIM 报告》）

尽管英国也没有按时实现"政府建设战略"，即 2016 年政府要全面实现协同的 3D-BIM，但英国有战略、有机构、有资金、有任务，并且持续发力，从一开始就注意培育 BIM 生态，他们推动 BIM 的理念和做法值得所有国家学习。2020 年的调查结果反映，一半以上的人已经把 BIM 与标准结合起来，其中遵循 BS 1192 系列标准的人占 37%，遵循 ISO 19650 系列标准的人占 26%，如图 1-5 所示。已经有将近三分之二的人认为 BIM 是一个过程，而不是一项独立的技术，或者说，英国的 BIM 应用正从一个为改善设计而搜集信息的时代，迁移到一个信息在建造时随用随取的时代。毋庸置疑，英国是 BIM 生态培育最好的国家。

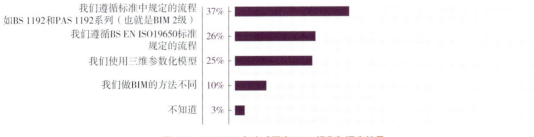

图 1-5　NBS 2020 年度《国家 BIM 报告》调查结果

（3）新加坡

新加坡在 BIM 研究应用方面走在了亚洲的前列。2007 年，新加坡建设局（Building and Construction Authority，BCA）发布了世界上首个 BIM 技术电子提交系统（e-Submission System）。2011 年，BCA 成立了建设和房地产网络中心（Construction and Real Estate Network，CORENET），用以审批建设项目交付的 BIM 模型，并与一些政府部门合作确立了示范项目。

2011年，新加坡发布了新加坡BIM发展路线规划，规划明确推动整个建筑业在2015年前广泛使用BIM技术，从2013年起，强制要求提交建筑BIM模型，从2014年起要求提交结构与机电模型，并且最终要求在2015年前实现所有建筑面积大于5000m^{2}的项目都必须提交BIM模型。通过经济政策鼓励、组织推广培训会议等手段，新加坡在2015年实现了所有建筑项目都必须提交BIM模型的目标，提高了项目审批效率及建筑生产质量。目前，新加坡国家研究基金会（National Research Foundation，NRF）、新加坡总理府、新加坡土地管理局（Singapore Land Authority，SLA）和新加坡政府技术局（Government Technology Agency of Singapore，GovTech）提出虚拟新加坡项目，建设动态的三维城市模型和协作数据平台，平台包括政府提供的公共资源信息及物联网动态数据，为城市规划、智慧城市建设、公共安全管理等领域赋能。

（4）中国

中国从2003年开始引进BIM技术，早期主要表现为部分高校的学术研究。比如2004年，美国Autodesk公司与我国清华大学、同济大学、华南理工大学、哈尔滨工业大学四所建筑业知名大学合作组建了"建筑生命周期管理（Building Lifecycle Management，BLM）—BIM联合实验室"。

随后，一些机构在软件商的赞助下开始组织BIM设计大赛，如2007年开始由全国高校建筑学学科专业指导委员会主办的"Autodesk Revit杯"全国大学生建筑设计竞赛，以及2010年开始由中国勘察设计协会主办的"创新杯"BIM设计大赛。这些设计竞赛对BIM应用的推广发挥了积极作用。

我国政府逐步认识到了BIM的价值。2003年，原建设部发布了《2003—2008年全国建筑业信息化发展规划纲要》（建质〔2003〕217号），为推广BIM技术应用奠定了基础。2011年，住房和城乡建设部（简称"住建部"）发布了《2011—2015年建筑业信息化发展纲要》（建质〔2011〕67号），提出要加快建筑信息化建设及促进建筑业技术进步和管理水平提升的指导思想，达到普及BIM技术概念和应用的目标。2015年，住建部发布了《关于推进建筑信息模型应用的指导意见》（建质函〔2015〕159号），提出到2020年末，建筑行业甲级勘察、设计单位以及特级、一级房屋建筑工程施工企业应掌握并实现BIM与企业管理系统和其他信息技术的一体化集成应用。2016年，住建部发布了《2016—2020年建筑业信息化发展纲要》（建质函〔2016〕183号），BIM成为"十三五"建筑业重点推广的信息技术之一。2017年2月，国务院办公厅发布了《关于促进建筑业持续健康发展的意见》（国办发〔2017〕19号），提出加快建筑信息模型（BIM）技术在规划、勘察、设计、施工和运营维护全过程的应用。

在中央政府大力支持下，各地方政府、国家各行业也积极推广BIM应用。北京市于2014年发布《民用建筑信息模型设计标准》（DB11/T 1069—2014），上海市于2015年发布《上海市民用建筑信息模型应用指南（2015版）》（沪建管〔2015〕336号），深圳市工务署于2015年发布《深圳市建筑工务署政府公共工程 BIM 应用实施纲要》和《深圳市建筑工务署 BIM 实施管理标准》（SZGWS-2015-BIM-01），广东省则于 2015 年启动《广东省建筑信息模型应用统一标准》（DBJ/T 15-142—2018）编制工作，随后辽宁、山东、湖南等地方政府纷纷发布文件、标准、指南，以推动 BIM 的应用。

地方政府中，上海市在 BIM 推广中全面、持续发力，取得了突出效果。为了详细了解 BIM 技术国内外发展前沿，系统掌握本市 BIM 技术应用成果和推进情况，进一步提炼总结经验，为下一步推进工作提供决策依据，上海市住房和城乡建设管理委员会委托上海建筑信息模型（BIM）技术应用推广中心牵头，自 2016 年，每年调研编制《上海市建筑信息模型技术应用与发展年度报告》（以下简称"年度报告"），至今已持续 6 年，这一点同英国的做法很像。

年度报告显示，2020 年上海市 2026 个报建项目中，满足规模以上（投资额 1 亿元及以上或单体建筑面积 2 万 m^2 及以上）的项目 839 个，满足 BIM 技术应用要求条件的项目 775 个，其中应用 BIM 技术的项目 737 个，BIM 技术应用率为 95.1%。

一方面，上海市持续完善的配套政策环境和政策制定工作，包括 BIM 技术应用指导意见、指南、试点示范工程、招标示范文本 / 合同条款、保障房 BIM 技术应用等方面的政策指引文件，都在指导 BIM 技术的应用推广中起到了非常重要的作用。另一方面，近年来以 BIM 技术为代表的三维协同设计技术的应用，在缩短设计周期、降低设计成本等方面的促进作用得到普遍认可，成为行业共识，也是促进 BIM 技术应用率持续增长的因素之一。

行业方面，也纷纷出台政策、行动计划推动 BIM 技术应用。交通运输部于 2017 年 9 月下发《交通运输部办公厅关于印发推进智慧交通发展行动计划（2017—2020 年）的通知》（交办规划〔2017〕11 号），要求"推进建筑信息模型（BIM）技术在重大交通基础设施项目规划、设计、建设、施工、运营、检测维护管理全生命周期的应用，基础设施建设和管理水平大幅度提升"；于 2017 年 9 月下发《关于开展公路 BIM 技术应用示范工程建设的通知》（交办公路函〔2017〕1283 号），要求"在公路项目设计、施工、养护、运营管理全过程开展 BIM 技术应用示范，或围绕项目管理各阶段开展 BIM 技术专项示范工作"。2017 年 12 月，交通运输部又下发《交通运输部办公厅关于推进公路水运工程 BIM 技术应用的指导意见》（交办公路〔2017〕205 号），要求"积极推进建筑信息模型（BIM）等技术在水利建设项目管理和市场监管全过程的集成应用，不断提高水利建设信息化水平。推进 BIM 技术在公路水运工程建设管理中的应用，加强项目信息全过程整合，实现公路水运工程全生命期管理信息畅通传递，促进设计、施工、养护和运营管理协调发展，提升公路水运工程品质和投资效益"。2021 年 3 月，水利部印发《2021 年水利工程建设工作要点的通知》（办建设〔2021〕80 号），要求"积极推进建筑信息模型（BIM）等技术在水利建设项目管理和市场监管全过程的集成应用，不断提高水利建设信息化水平"。

铁路行业在推动 BIM 方面卓有成效。《中国铁路总公司关于铁路工程建设信息化推进工作会议纪要》（铁总办函〔2013〕309 号），明确了铁路工程建设信息化推进工作的总体方案：以铁路工程设计、建设、运营全生命周期管理为目标，以标准化管理为抓手，以 BIM 为主要技术框架，以云服务为平台构架，以感知技术为下部数据基础，以移动互联为主要传输结构，专题进行安全设计研究，建立统一开放的工程信息化平台和应用。

2013 年，铁路 BIM 联盟成立，其强力推动了 BIM 技术研发应用，至 2021 年已经有 90 多家会员单位。在国内，铁路 BIM 联盟成功组织了 17 个铁路工程项目的 BIM 应用试点，有力支撑了智能京张、智能京雄的建设。在国际，铁路 BIM 联盟影响显著，自成立以来，铁路 BIM 联盟持续参加国际建筑智慧联盟（buildingSMART International，bSI）的峰会，发布最新成果，参与国际交流合作。铁路 BIM 联盟编制的中国铁路工业基础类（Industry Foundation Classes，IFC）标准早在 2016 年就被 bSI 吸纳为公开有效规范（publicly available SPECification，SPEC）。目前铁路 BIM 联盟正主持国际铁路标准——IFC Rail 的编制任务。非常难能可贵的是，铁路 BIM 联盟在 2018 年、2019 年连续两年获得 buildingSMART 国际大赛基础设施组特别奖，在 2021 年获得 buildingSMART 国际大赛施工类大奖，这是中国唯一获此殊荣的组织，提高了中国在铁路 BIM 领域的影响和话语权，扩大了中国高铁在信息化领域的国际影响力。

1.2　我国高铁现状及特点

1.2.1　我国高铁现状

高铁是交通运输现代化的重要标志，也是一个国家工业化水平的重要体现。以 2008 年 8 月我国第一条设计时速 350km 的京津城际铁路建成运营为标志，一大批高铁相继建成投产。目前高铁已成为我国的一张亮丽名片。

在路网建设方面，到 2021 年底，我国高铁营业里程达到 4 万 km，占铁路营业里程比重超过 1/4。我国是世界上唯一实现高铁时速 350km 商业运营的国家，京沪、京津、京张、成渝等约 2000km 高铁以时速 350km 运营。运营网络通达水平世界最高，"四纵四横"高铁网已经形成，"八纵八横"高铁网正加密成型，高铁已覆盖全国 92% 的人口 50 万以上的城市。预计到 2025 年，全国高铁营业里程将达到 5 万 km 以上，将覆盖 98% 城区人口 50 万以上的城市，"八纵八横"高铁网将基本建成。

在技术体系方面，形成了涵盖高铁工程建设、装备制造、运营管理三大领域的成套高铁技术体系，我国高铁技术水平总体进入世界先进行列，部分领域达到世界领先水平。

在安全性方面，2008—2020 年，我国高铁每百公里平均事故率较境外高铁低 82%，与境外高铁同口径相比，我国高铁每百公里年平均事故率为 0.005 件，境外高铁为 0.023 件，我国高铁是世界公认最安全的高铁。

在经济性方面，世界银行2019年研究报告显示，中国高铁网络平均建设成本仅为其他国家的2/3。

在节能方面，高铁每人百公里能耗仅为飞机的18%和大客车的50%左右。在节地方面，与四车道高速公路相比，高铁占地仅为其50%，完成单位运输量占地仅为其10%。

在环保方面，高铁二氧化碳排放量仅为飞机的6%、汽车的11%。2012—2019年，高铁增加的客运周转量与公路完成同样客运周转量相比，减少二氧化碳排放2320万t。

1.2.2 我国高铁的特点

（1）系统先进而复杂

高铁是极其庞大、复杂的现代化系统工程，由高质量、高稳定的基础设施，性能优越的高速列车，先进可靠的列车运行控制，高效的运输组织与运营管理架构等综合集成。各子系统之间既自成体系，又相互关联，既有硬件接口，又有软件联系，彼此兼容，完整结合。高铁融合了机械与电子工程技术、土木工程技术、电子工程技术、材料与结构技术、通信与计算机技术、现代控制技术等一系列当代高新技术。因此高铁设计需要从规划开始，统筹考虑土建工程、牵引供电、列车运行控制、高速列车、运营调度及客运服务等各系统的技术性能及其相互关系。

系统的庞大、复杂性，是中国高铁区别于建筑行业、市政行业、水利行业等其他行业的第一大特点。BIM协同设计的必要性和价值尤为突出。

（2）专业众多而细分

高铁系统的复杂性直接导致了参与专业的众多与细分化。虽然各设计院的专业划分稍有区别，但是高铁至少涉及测绘、地质、经济、行车、线路、路基、桥梁、隧道、站场、轨道、工程经济、牵引供电、牵引变电、接触网、电力、通信、信号、信息、建筑、结构、暖通、机务、机械、车辆、给排水、环评、振动、噪声等约30个专业。专业之间需要大量的协作以实现协同设计，专业间信息的完整、准确、高效传递至关重要。

（3）参建单位多、协调工作量大

因为高铁系统复杂、体量大、投资高、专业多，参建单位、专业队伍非常多。其中土建工程就划分成很多标段，线下、线上工程往往是不同单位，设备系统也往往有多家设备供货商和集成商。总之，工程相关方数量多、关系密切、接口复杂、工序交织。如何基于系统的思想，统筹协调好参建各方，有条不紊、协调高效地建设是一大难题。

（4）运营维护管理复杂

我国高铁四通八达，遍布祖国大地，由全国18个铁路局（公司）共同管理，业务上则分为车务、机务、工务、电务、车辆（简称"车、机、工、电、辆"）等。中国国家铁路集团有限公司、路局、站段三级管控，车、机、工、电、辆等多业务管理，都需要用到高铁"勘测设计—工程建设—联调联试—运营维护"工程全生命周期的信息。而高铁一旦投入运营，养护维修只能依靠 4～5h 的综合维修天窗，有效工作时间不足 4h，实时感知、智能决策、主动运维势在必行。

综上所述，中国高铁路网规模和在建规模世界第一，特别是系统复杂、专业众多、参建单位多、运营维护复杂，智能高铁势在必行，BIM 技术引入高铁意义重大、恰逢其时。

1.3 我国高铁信息模型（BIM）设计现状

1.3.1 高铁 BIM 设计的内涵

高铁 BIM 设计是面向高铁全生命周期，通过协同设计与优化，建立包括几何和非几何信息的完整信息模型，为建设管理、施工乃至运维各阶段、项目各角色间的信息共享与互用，打下扎实基础。

以下从四个方面探讨高铁 BIM 设计的内涵。

（1）精细化设计与管理

传统二维设计均是采用特征断面对模型几何的不完全表达，需要工程师根据二维断面想象工程实体的三维形状。二维图纸计算机表达简单，但人工读图效率低，且需要较强的专业知识。高铁工程一般建设在非规则地形曲面上，二维设计容易造成表达不完整。BIM 设计是基于地理、地质信息模型的连续设计（相对于传统断面设计），在空间表达上与实体工程相一致，设计过程类似于在计算机中模拟工程实施，需考虑大量的细节，复杂程度远远超出二维特征断面设计。BIM 设计在统一平台下进行工程设计与管理，数据同源，可实现任务、人力资源、进度、工程设计、质量审核、成果归档统一的精细化的设计与管理。

（2）自顶向下、从宏观到微观的工程结构树有机组织

BIM 设计从任务派发、执行到工程结构分解与模型设计严格按照自顶向下的过程开展，每项任务都有明确的交付物及严格的审核过程，有科学的工程结构树组织架构，每个模型均属于具体工程的一部分，工程设计质量可得到有效提升。

（3）全线、全专业、全过程的构件级协同设计

区别于二维设计以图纸作为对象，在 BIM 设计中以构件为单元开展高铁设计，不同专业完成的构件之间在数据库层面上存在驱动或装配关系。设计方或管理方均可以即时查看整个工程项目真实、形象的设计进展情况，也可即时以报表的形式展现进度。

（4）设计成果高度信息化

BIM 设计中，以高度标准化的结构化信息对工程进行描述，丰富、准确、完整的非几何信息，以有形的几何模型为载体，通过软件可以自动实现各种业务管理和工程化应用。

1.3.2 高铁 BIM 应用价值

参考建筑工程 BIM 经验，结合国内铁路工程建设特点，铁路工程分阶段 BIM 应用价值可大致分为 30 个方面，其中与规划、设计阶段相关的有 17 项，见表 1-1。下面对部分应用做简要说明。

铁路工程 BIM 应用价值分类   表 1-1

序号	BIM 应 用	规划	设计	建设	运维
1	现状建模	√	√	√	√
2	投资估算、概算、预算	√	√	√	
3	快速选线设计	√	√		
4	项目评估	√	√		
5	沟通协调	√	√	√	√
6	场地分析	√	√	√	
7	设计审核	√	√		
8	协同设计		√		
9	结构、光照、能耗、力学分析		√		
10	环保评估		√		
11	规范检查		√	√	
12	二维图纸生成		√	√	
13	征地拆迁统计		√		
14	大临工程选址		√	√	
15	3D 空间检查		√	√	
16	施工工艺仿真		√	√	
17	设备运输模拟		√	√	
18	施工深化设计			√	
19	虚拟建造			√	
20	施工场地利用规划			√	
21	数字化施工			√	
22	建设形象进度			√	
23	监控量测			√	√
24	施工过程信息记录			√	√
25	主动运维计划				√
26	资产管理				√
27	设备状态记录				√
28	智能感知分析				√
29	空间管理				√
30	应急救援				√

（1）现状建模

现状建模指对现状地形、地质、铁路、公路、河道、地下管线设施、架空线路、地面附着物、各类保护区等进行建模，并整合铁路、公路、高压走廊、市政等各类规划信息，为勘察设计、施工、建设管理、运维等全生命期各类应用提供背景信息。在工程设计阶段，现状模型是选线、站点选址、工点设计、拆迁数量统计等应用的必要设计输入；在施工建设阶段，现状模型可用于施工场地布置、施工方案制定、建设施工单位与地方政府沟通交流等；在运维阶段，现状模型可用于应急救援方案制定、铁路周边环境监测治理等。

（2）快速选线设计

在集成的信息模型基础上开展选线设计，利用信息模型的可计算性，综合考虑工程域内地形、地质、现状设施、各类规划要求，通过对大量线位方案的快速分析迭代，优选线位方案。

（3）协同设计

协同设计分为工程设计协同、任务管理协同和质量控制协同。

①工程设计协同：主要包括信息传递、信息集成、数据重用。将结构化与非结构化信息同平台传递，信息完整、条理清晰。信息高度重用，减少人力资源投入；数据同源，工程设计一致性大幅提高；将串行设计改为并行设计，缩短设计周期。

②任务管理协同：任务管理采用与工程设计同源数据，可实现设计任务分解、执行、结束全闭合管理，项目进展可控性提升；设计进展信息可实时获取，管理效率大幅提升，管理成本下降；项目设计过程与成果永久记录、备查。

③质量控制协同：设计审核与设计任务、工程设计成果采用同源数据，可实现便捷的系统性审核、程序化规范检查、严谨的质量控制。

（4）3D空间检查

BIM模型集成了各专业设计成果，并可准确表达各专业工程内容的空间关系，方便进行多专业工程设计综合检查。3D空间检查可通过计算机快速进行，检查内容包括设计冲突、安全净距、行车限界等，较人工检查更为全面、高效。

（5）设计审核

应用BIM技术可实现设计全过程管理、设计成果高度结构化管理，具备对每项设计任务交付进行审核的能力。其主要价值体现在：一是提高BIM设计成果的系统性。审核人员可以在铁路工程全局环境中审核本专业设计，可全面考虑与相关工程的相互关系，从而提高工程设计的系统性，从源头减少不协调、干涉问题的发生。二是审核过程平台化记录。审核全过程受流程控制，并永久记录。三是质量控制严密。审核完成并发布的设计成果不可更改，保证所有审核环节的模型高度一致。模型是否通过审核是模型是否对外发布的必要条件，可避免未完成的工程设计被引用和用于施工。

（6）投资估算、概算、预算

BIM 模型可以用于规划和设计阶段快速计算工程数量，并生成工程估算和概算，使工程设计人员可以及时看到设计优化对工程投资的影响，通过工程优化迭代节约工程投资。

（7）二维图纸生成

现阶段二维图纸仍为设计交付的法定依据，应用 BIM 技术出图具有自动化、系统性、关联性等特征，可节省设计更改工作量，提高设计效率。自动化是指大部分图纸可以通过模板技术、出图插件等直接生成二维图纸；系统性是指二维图纸源自 BIM 模型，图纸质量高；关联性是指模型与图纸相关联，模型变更后可快速、完整地自动更新二维图纸。

（8）沟通协调

业主、政府、专项审批等部门非铁路专业人员对二维设计图的理解能力有限，无法通过想象将二维图纸表达的工程内容与现场实际相结合，造成沟通交流困难，往往需要反复解释。通过 BIM 的可视化表达，可进行高效、准确地沟通，提高沟通效率和准确性。

（9）征地拆迁统计

充分利用 BIM 模型信息承载性好的特点，建立现状地面结构物和附着物模型，并增加社会化属性信息；在征地红线确定后，通过空间分析，可自动统计拆迁量，并在相应的现状模型上记录其拆迁信息；BIM 模型中的征地信息可以直接传递到政府国土资源管理部门，用于办理各项征地手续。

（10）大临工程选址

大临工程选址的主要考虑因素有主体工程分布位置、工程体量、工程域内自然条件、地面既有建筑物、交通运输情况等，这些信息在传统二维设计中很难集成在"一张图"中，分散的信息很容易引起大临工程选址不合理问题。BIM+ 地理信息系统（Geographic Information System，GIS）应用集成了各专业工程设计成果，工程域内自然条件、地面既有建筑物、交通运输情况一目了然；同时现状模型、设计成果模型还可支持填挖分析、排水分析、道路通达性分析、用地分析等。

1.3.3 我国高铁 BIM 设计的历程和现状

我们很难找到国外高铁 BIM 设计方面的资料，主要有两方面的原因：一是国外的高铁多是 BIM 推广至基础设施领域前修建的，而近几年国外修建的高铁不多；二是即使国外高铁想做 BIM 设计，但是由中国主持的国际铁路 IFC 标准尚未发布，设计没有标准可依，更没有内置该标准的大型商业软件可供设计应用。因此，可判断我国高铁 BIM 设计处于国际领跑状态。

截至 2021 年底，我国高铁 BIM 设计技术发展的历程大致可以分为三个阶段：

（1）启动期（2013 年）。这一阶段，原中国铁路总公司（现"中国国家铁路集团有限公司"）决定大力推动 BIM 技术发展，成立了铁路 BIM 联盟，初步梳理出了中国铁路 BIM 标准体系框架，开展了以宝兰高铁石鼓山隧道为代表的隧、桥、路基工点工程的 BIM 设计探索。

（2）集中推动期（2014—2018 年）。这一阶段，铁路 BIM 联盟加入了 buildingSMART，组织行业共同制定发布了 BIM 系列标准，实施了 17 个铁路 BIM 试点项目，其中包括京沈客专成段落、多专业的 BIM 协同设计。

（3）分头探索期（2019—2021 年）。这一阶段，铁路 BIM 联盟组织承担了国际铁路 IFC 标准制定任务，各设计院基于各自发展需要，开展了多个铁路项目全段落的 BIM 设计及应用探索，如中国铁路设计集团有限公司（以下简称"中国铁设"）承担的盐通高铁，中铁第一勘察设计院集团有限公司（以下简称"铁一院"）、中铁二院工程集团有限责任公司（以下简称"铁二院"）承担的川藏铁路等。

2013 年，原中国铁路总公司下发《关于铁路工程建设信息化推进工作会议纪要》（铁总办函〔2013〕309 号）文，开启了 BIM 技术在铁路建设领域的应用。

在系统总结国内国际 BIM 技术研究和应用的经验基础上，经过反复研究和论证，确定了如下实施路径：

（1）标准先行，引领实施。BIM 标准是 BIM 应用的基础，因此要结合铁路行业特点，率先组织设计、施工单位联合攻关建立铁路 BIM 标准体系，统领铁路 BIM 实施工作。

（2）试点验证，完善标准。依托 BIM 试点项目，验证性应用刚编制完成的第一版中国铁路 BIM 标准，并根据试点反馈，对标准进行不断完善，标准制定与研究应用同步开展，先期开展设计协同。

（3）组织构件库开发，培养技术人才。通过试点项目，坚持以建设单位为主体，以建设项目为依托，以设计协同为主线，以标准编制为基础，以建设过程应用探索为延伸，以人才培养为目的。

（4）基于铁路 IFC 标准建立基于 Web 的可交互轻量化 BIM 模型浏览引擎。依托铁路工程信息模型数据存储标准的发布，搭建 BIM 工作平台，解决不同软件产品模型的统一管理、互相识别、互相转化的图形显示问题。

（5）建立统一 BIM 应用建设管理平台。原中国铁路总公司组织联盟单位，积极开展全生命周期信息平台研究，以平台统筹 BIM 技术与应用，提供最佳用户体验。

（6）向运维单位交付工作。依托编码体系和 BIM 标准，由统一的 BIM 工程建设信息化平台负责，在项目竣工验收时，按运维单位需求，将集成了勘察设计、建设管理信息的 BIM 信息推送到运维单位，从而最终达到信息无损传递和全生命周期管理的目标。

2014 年，为进一步推进铁路 BIM 技术的研究，中国铁路总公司根据不同速度等级、不同专业类型，选取了 17 个铁路项目作为 BIM 试点，试点的目的是：

（1）验证已经发布的《铁路工程信息模型分类和编码标准》和《铁路工程信息模型数据存储标准》。由中国铁路总公司工程管理中心牵头，中国铁设和中国铁道科学研究院集团有限公司（以下简称"铁科院"）配合，推进标准国际化工作。

（2）初步制定满足施工应用的 BIM 模型交付精度，编制和验证构件划分、编码规则、模型精度、材料及数量等内容的交付标准。

（3）建立并验证基于 BIM 的设计协同。探索建设项目勘察设计同一专业内部、不同专业之间、同一建设项目的不同勘察设计单位之间的协同设计。

（4）探索 BIM 技术在铁路建设项目管理中的应用场景。以建设项目的进度、质量、安全、环保、投资控制等管理目标为主线，探索应用 BIM 技术进行设计变更、进度跟踪、质量安全和投资控制管理的实施方法。

（5）开展施工阶段 BIM 成果应用的深化研究。研究如何利用 BIM 成果模型进行施组编制、工程量计算、可视化技术交底、物资管理和成本核算。

（6）探索 BIM 成果验收、审核、转发、归档等管理模式和实现途径。

（7）探索基于 BIM 技术的项目管理方法、流程及模式，以标准化管理为目标，促进管理手段的提升。

简而言之，试点的主要目的：一是探索实现 BIM 协同设计；二是应用验证铁路 BIM 联盟组织编制中国铁路 BIM 系列标准，特别是铁路 IFC 标准与铁路分类编码（International Framework for Dictionaries，IFD）标准。

17 个铁路 BIM 试点项目详细情况汇总见表 1-2。

铁路 BIM 试点项目　　　　　　　　　　　　　　表 1-2

序号	项目名称	建设单位	设计单位	应用范围
1	黔张常铁路 BIM 试点	沪昆铁路客运专线湖南有限责任公司	中铁第一勘察设计院集团有限公司	隧道
2	库洛铁路 BIM 试点	中国铁路呼和浩特局集团有限公司	中铁第一勘察设计院集团有限公司	站房
3	银西铁路 BIM 试点	银西铁路甘宁公司	中铁第一勘察设计院集团有限公司	四电工程（通信工程、信号工程、电力工程和电力牵引供电工程）
4	丽江至香格里拉铁路 BIM 试点	中国铁路昆明局集团有限公司	中铁二院工程集团有限责任公司	路基
5	大理至瑞丽铁路（保瑞段）BIM 试点	沪昆铁路客运专线云南有限责任公司	中铁二院工程集团有限责任公司	隧道
6	拉萨至林芝铁路 BIM 试点	拉日铁路建设总指挥部	中铁二院工程集团有限责任公司	隧道
7	川黔线遵义改线 BIM 试点	渝黔、渝万铁路有限责任公司	中铁二院工程集团有限责任公司	站前工程
8	北京至沈阳客运专线 BIM 试点	京沈铁路客运专线辽宁有限责任公司	中国铁路设计集团有限公司	站前工程
9	哈尔滨至佳木斯铁路 BIM 试点	哈佳铁路客运专线有限责任公司	中国铁路设计集团有限公司	路基

续上表

序号	项目名称	建设单位	设计单位	应用范围
10	青岛至日照至连云港铁路BIM试点	中国铁路济南局集团有限公司	中国铁路设计集团有限公司	四电工程
11	怀邵衡铁路BIM试点	沪昆铁路客运专线湖南有限责任公司	中铁第四勘察设计院集团有限公司	站房、轨道
12	深圳至茂名铁路BIM试点	广铁集团公司	中铁第四勘察设计院集团有限公司	桥梁
13	杭州至黄山铁路BIM试点	杭黄铁路有限公司	中铁第四勘察设计院集团有限公司、中国铁路设计集团有限公司	隧道、站房
14	新建南通至上海铁路BIM试点	中国铁路上海局集团有限公司	中铁第四勘察设计院集团有限公司	站前工程
15	徐宿淮扬镇铁路BIM试点	中国铁路上海局集团有限公司	中铁第五勘察设计院集团有限公司、中铁上海设计院集团有限公司	轨道
16	京张高铁BIM试点	中国铁路北京局集团有限公司	中铁工程设计咨询集团有限公司	站场
17	沪通长江大桥BIM试点	沪通长江大桥建设指挥部	中铁大桥勘测设计院集团有限公司	桥梁

各勘察设计单位通过试点，分别采用达索、欧特克、奔特力等不同的软件平台，建立了涉及桥梁、隧道、路基、轨道、四电、站房等30个专业的三维协同设计平台，初步形成了三维协同设计能力，全面应用、验证了铁路BIM联盟发布的铁路IFC、铁路IFD标准，并提出了修改完善的具体意见。在桥梁、隧道、站房等专业，结合试点工程还进行了施工应用的初步探索，包括可视化技术交底、数字化施工、激光/照相成模以及进度跟踪等。试点取得了预期成果。

其中，中国铁设2015年完成的北京至沈阳客运专线站前工程BIM试点，在中国铁路历史上第一次基于BIM协同设计平台，成段落、多专业协同地完成了BIM设计，分类编码和信息存储分别符合中国铁路IFD标准和IFC标准，成果精度、信息深度等符合中国铁路BIM表达标准、精度标准和交付标准。标志着中国铁路已经能够独立完成符合标准的铁路BIM设计。京沈客专BIM试点段落模型如图1-6所示。

图1-6 京沈客专BIM试点段落模型

第1章 绪 论

试点项目结束后，BIM标准、BIM平台和工具软件得到了验证和完善。此后，各大铁路设计院，根据承担的铁路工程的类型、要求、特点，选择典型项目，继续积极开展了BIM设计与应用探索。表1-3列出了部分项目。

铁路BIM试点项目后的BIM设计探索 表1-3

序号	项目名称	设计单位	应用范围	备 注
1	阳泉至大寨铁路BIM应用	中国铁路设计集团有限公司	全线全专业	中国铁设工程总承包
2	克拉玛依至塔城铁路BIM应用	中国铁路设计集团有限公司	路基	中国铁设工程总承包
3	北京至沈阳客运专线铁路望京隧道BIM应用	中国铁路设计集团有限公司	隧道	
4	济南至青岛客运专线铁路青阳隧道BIM应用	中国铁路设计集团有限公司	隧道	
5	牡丹江至佳木斯客运专线铁路BIM应用	中国铁路设计集团有限公司	全线全专业	
6	印尼雅加达至万隆高速铁路BIM应用	中国铁路设计集团有限公司	全线全专业	"一带一路"项目
7	北京至雄安高速铁路BIM应用	中国铁路设计集团有限公司	全线全专业	智能京雄
8	盐城至南通铁路BIM应用	中国铁路设计集团有限公司	全线全专业	中国铁设工程总承包
9	川藏铁路	中铁二院工程集团有限责任公司、中铁第一勘察设计集团有限公司	全线全专业	
10	西安至十堰客运专线	中铁第一勘察设计院集团有限公司	全线全专业	
11	宁淮高铁	中铁二院工程集团有限责任公司	站前专业	
12	京沈高铁北京朝阳站	中国铁路设计集团有限公司	站房	
13	盐通铁路南通动车所	中国铁路设计集团有限公司	动车所全专业	中国铁设工程总承包
14	牡丹江动车所	中国铁路设计集团有限公司		
15	宣绩高铁	中国铁路设计集团有限公司	路基	中国铁设工程总承包
16	赣深高铁羊台山隧道	中铁第四勘察设计院集团有限公司	隧道	
17	安九铁路	中铁第五勘察设计院集团有限公司	站前站后	
18	京雄铁路北京大兴站	中铁第五勘察设计院集团有限公司	站房	
19	池黄铁路	中铁上海设计院集团有限公司	全专业	
20	西安至十堰客运专线	中铁第一勘察设计院集团有限公司	全线全专业	

中国铁设完成了牡丹江至佳木斯客运专线、北京至雄安高铁、印尼雅万高铁等铁路项目全线的BIM设计，率先将BIM设计成果向建设管理和施工完整交付。特别是，中国铁设在自己承担的工程总承包（Engineering Procurement Construction，EPC）项目中，做了大量BIM设计，并在建设、施工全过程应用，取得了良好的效果，有的还将竣工BIM模型交给了运维单位。中国铁设的BIM设计主要有如下三个特点：一是基于自己搭建的铁路BIM协同设计平台实现了全线、全专业协同设计；二是完成的设计符合中国铁路BIM标准，因为中国铁设把中

国铁路 BIM 技术标准（主要是铁路 IFC 标准、铁路 IFD 标准）内置到了自己搭建的 BIM 协同设计平台中；三是设计中大量运用了知识工程技术，智能设计基因明显，效率较高、模型质量好、信息完整传递无障碍。

必须清醒地看到，铁路 BIM 设计技术发展也面临着诸多问题：一是观念认识不到位，如仍有很多人质疑铁路 BIM 工作的必要性，"看画论""三维论"不绝于耳；二是工程管理模式不匹配，如建设管理法规仍规定设计图纸等文件才是法定交付成果，BIM 在铁路建设中的功能、定位仍不明晰；三是市场机制不顺，如铁路行业仍没有出台 BIM 应用验收考核机制和取费机制，致使设计单位应用 BIM 的积极性逐渐消退；四是后续应用跟不上，如很多施工单位仍不具备深入应用 BIM 的技术能力，致使 BIM 设计模型不能在施工中发挥应有的作用；五是设计单位能力参差不齐，如有的设计院仍是原始的"翻模"而不是 BIM 设计，在一定程度上助长了 BIM 低端化的市场印象；六是铁路 BIM 设计的主流软件平台仍是在达索、奔特力、欧特克软件平台上进行二次开发而成，软件的开放性不够、配套的产业链应用软件不全、受国际局势影响大，属于"卡脖子"技术。总之，铁路行业 BIM 设计仍以辅助性应用为主，尚未成为基础性应用，中国铁路 BIM 技术的发展任重道远。

更深层次的问题是：无论是 BIM 理念还是工程实践均表明，实施 BIM 的最大受益阶段是运维阶段，受益人是业主；第二受益阶段是施工阶段，受益人是施工单位和建设单位；第三受益阶段是设计阶段，受益人是设计院。铁路行业应用 BIM 理应不例外，但是由于种种原因，我国的铁路 BIM 探索，更多集中在设计阶段，BIM 的信息还未普遍传递下去充分实现其价值，也不经意间助推了"看画论""三维论"等。

第 2 章
铁路 BIM 标准体系

BIM 标准体系一般包括技术和应用两个层面的标准。技术层面旨在建立标准语义和信息交换规则，为工程全生命周期各阶段、各专业的信息资源共享和业务协作提供统一基准。应用层面主要是对 BIM 应用过程中涉及的资源、行为、交付物等进行规范。BIM 是贯穿工程全生命周期所有业务活动的载体，BIM 标准的制定将直接影响到 BIM 的应用与实施。BIM 技术在中国不同行业的应用，逐步形成了国家标准、行业标准、团体标准等不同层次的标准体系。中国铁路行业在 BIM 应用之初就提出了"BIM 应用、标准先行"的指导思想。本章在回顾铁路 BIM 标准发展历程的基础上，阐述铁路 BIM 标准体系框架，并概述各个标准的主要内容。

2.1 国内外 BIM 标准

2.1.1 国外 BIM 标准

（1）美国

美国分别于 2007 年、2012 年和 2015 年先后发布了《国家 BIM 标准》（第 1 版）（*NBIMS-US V1*）、《国家 BIM 标准》（第 2 版）（*NBIMS-US V2*）和《国家 BIM 标准》（第 3 版）（*NBIMS-US V3*）。*NBIMS* 规定了最为基础的 BIM 标准，旨在通过引用现有标准和制定信息交换标准，为建筑工程施工行业整个生命周期的信息化提供统一操作依据。

NBIMS-US V1 的名称的第一部分为"综述、原理和方法论"（Overview，Principles，and Methodologies）。严格来讲，该版 *NBIMS* 还不能称之为 BIM 标准，因为它没有提出具体的 BIM 标准体系，而是着眼于介绍 BIM 相关基础概念、建立 BIM 标准体系的需求，提出 BIM 标准编写的原理和方法论，每一章节针对一个主题探讨概念定义、背景、与用户的关系、*NBIMS* 委员会讨论的方法和结论等。它认为 *NBIMS* 的目标是为每个设施建立标准的机器可读的信息模型，包含此设施的所有可用信息，可以被整个生命周期中所涉及的所有用户使用，从而达成一个改良的计划、设计、施工、运营和维护过程。信息交换模板、BIM 交换数据库、信息传递手册（Information Delivery Manual，IDM）和模型视图定义（Model View Definition，MVD）一起组成 NBIMS 标准制定与应用过程的核心部分。其中信息交换模板和 BIM 交换数据库将作为基于网络的工具用来提供对已定义交换的搜索、发现和选择等功能；IDM 用以识别、记录信息交换的过程和要求；MVD 是将许多 IDM 进程中的交换要求，按照 BIM 进程范围分类整合为具有逻辑性的、由软件应用程序支持的模型视图的抽象过程。在 BIM 的执行需求中，需要对数据格式进行统一，以便程序之间进行数据交互，例如使用 IFC，共享数据的内容则需要根据本地的建筑构成来制定，例如北美地区使用 CSI OmniClass 和 UniFormat。另外，为保证不同用户和程序对概念的理解一致，还需提出一个字典的概念，例如国际数据字典框架库（IFDLibrary）。

第一版 *NBIMS* 最终并未发布原计划中的第二部分，而是于 2012 年 5 月直接发布了第二版 *NBIMS*。*NBIMS-US V2* 依据第一版的需求和方法论明确了 BIM 标准体系，大体包括引用标准、数据交换标准和 BIM 实施实用文件，其中引用标准和数据交换标准的目标读者为软件开发者与销售者，BIM 实施实用文件的目标读者为建筑、工程和施工（Architecture，Engineering & Construction，AEC）工业实施者。引用标准即已被国际认证或在世界范围内投入使用的标准，包括工业基础类（IFC）、可扩展标记语言（eXtensible Markup Language，XML）、OmniClass

建筑信息分类、国际数据字典框架库（IFDLibrary）；数据交换标准基于 IDM 和 MVD 制定了数据管理、信息控制担保、信息可靠性的标准，为具体应用场景定义了不同的交换标准，包括施工运营建筑信息交换（Construction Operations Building information exchange，COBie）、空间分析（Spatial Program Validation，SPV）、建筑能耗分析（Building Energy Analysis，BEA）、数量与成本估算（Quantity Takeoff，QTO）；BIM 实施实用文件为 AEC 工业的使用者提供 BIM 项目实施指导，包括 BIM 能力与成熟度判别模型（Capability Maturity Model，CMM）、BIM 项目执行计划向导和内容模板（BIM Project Execution Plan Guide and Content）、建筑安装模型与交付中机械、电气、管道和防火系统（Mechanical，Electrical，Plumbing，and Fire Protection Systems，MEP）三维立体协同要求、规划、执行和管理信息移交向导（Planning，Executing and Managing Information Handover）。

NBIMS-US V3 在 *NBIMS-US V2* 的基础上增加了如下内容：①引用标准中增加了 BIM 协作格式（BIM Collaboration Format，BCF）、LOD 规范（LOD Specification）、美国国家 CAD 标准（United States National CAD Standard，NCS）。之所以增加二维 CAD 标准，是由于 BIM 不仅仅意味着三维甚至更高的维度，还应具有将二维、三维等更高维度数据格式进行结合的功能，二维图纸在 BIM 技术实际运用过程中仍然具有不可替代的作用。②信息交换标准中增加了建筑规划信息交换标准（Building Programming information exchange，BPie）、电气信息交换标准（Electrical information exchange，SPARKie）、空调系统信息交换标准（Heating，Ventilation and Air Conditioning information exchange，HVACie）、给排水系统信息交换标准（Water Systems information exchange，WSie）。③BIM 实施实用文件中增加了三项内容：设施业主 BIM 规划指南（BIM Planning Guide for Facility Owners）、实作 BIM 契约要求（Practical BIM Contract Requirements）、BIM 的用途（The Uses of BIM）。*NBIMS-US V3* 标准体系框架如图 2-1 所示。

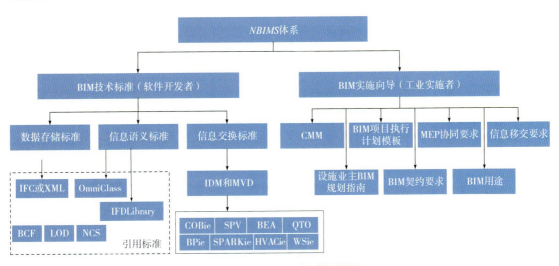

图 2-1　*NBIMS-US V3* 标准体系框架

（2）英国

英国 BIM 标准主要包括 PAS 1192、BS 8536 和 ISO 19650。

2011 年，英国内阁办公室发布国家智慧建设五年发展计划，内容包括：制定 BIM 相关标准与规范；于 2016 年强制公共工程必须使用 BIM，并以推动产业供应链达到 BIM Level 2 为目标；提升英国在国际市场的份额以带动经济增长。因此，英国标准协会（BSI）与英国 BIM 工作组（UK BIM Task Group）合作推出 BS/PAS 1192 系列，以提供业界实施 BIM Level 2 的方法框架。

BS 8536 与 PAS 1192 类似，属于管理标准。BS 8536-1 是关于建筑设计与建设管理的标准，BS 8536-2 是关于基础设施设计与建设管理的标准。

ISO 19650 标准体系基于英国 1192 标准，其名称为《建筑和土木工程信息的组织和数字化——使用 BIM 进行信息管理》(Organization and digitization of information about buildings and civil engineering works, including building information modelling (BIM) – Information management using building information modelling)，共包含五本标准。其中，ISO 19650-1（概念和原则）和 ISO 19650-2（资产交付阶段）于 2018 年底发布，ISO 19650-3（资产运维阶段）和 ISO 19650-5（信息管理的安全防范方法）于 2020 年发布，ISO 19650-4（信息交换）还在编制中，如图 2-2 所示。

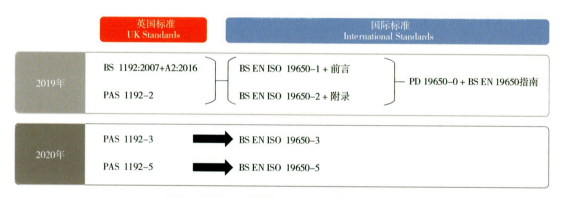

图 2-2 英国 1192 标准与 ISO 19650 标准之间的关系

（3）日本

日本建筑学会（Japan Institute of Architects，JIA）于 2012 年 7 月发布了《JIA BIM 指南》，从 BIM 团队建设、BIM 数据处理、BIM 设计流程，应用 BIM 进行预算、模拟等方面为日本的设计院和施工企业应用 BIM 提供了指导。2014 年，日本国土交通省发布了基于 IFC 标准的《BIM 导则》。

（4）新加坡

新加坡建设局（BCA）于 2012 年 5 月发布了《新加坡建筑信息模型（BIM）指南》1.0 版，该指南包含 BIM 说明书和 BIM 模型及协作流程，明确了在 BIM 项目中各成员在不同阶段承担的角色和职责。2013 年 8 月，BCA 发布了《新加坡 BIM 指南》2.0 版。2018 年 11 月，BCA

发布了《资产信息交付 BIM 指南》1.0 版，该指南从业主与运营方的角度定义了资产信息需求，以指导项目咨询方与承包方建立适于资产运营与维护的信息模型。

（5）韩国

韩国国土交通海洋部于 2010 年 1 月发布了《建筑领域 BIM 应用指南》，为在公共项目中系统地实施 BIM 和为企业建立 BIM 实施标准提供了指导。韩国公共采购服务中心（Public Procurement Service，PPS）于 2010 年 4 月发布了 BIM 路线图，同年 12 月发布了《设施管理 BIM 应用指南》，针对设计、施工图设计、施工等阶段中的 BIM 应用进行指导，并于 2012 年 4 月对其进行了更新。2017 年，韩国启动 BIM 标准与应用技术研究计划，包括 BIM 标准平台技术、BIM 规则检查技术、BIM 运维应用技术三个部分。

（6）buildingSMART

buildingSMART 是一个中立化、国际性、独立的服务于 BIM 全生命周期的非营利组织，旨在促进建筑工程全生命周期各参与方之间的信息交流与协同合作，致力于 BIM 工作标准化。其所倡导的 OpenBIM 理念，由于其开放共享的精神，为推动 BIM 的发展做出了极大的贡献，被业内广泛认同和接受，其成员包括政府管理部门、基础设施投资公司、设计企业、施工企业、科研院所等，与 ISO、开放地理空间信息联盟（Open Geospatial Consortium，OGC）、欧洲标准化委员会（Comité Eueopéen de Normalisation，CEN）等标准组织有广泛合作。

目前，buildingSMART 共发布了五项标准，见表 2-1。

buildingSMART 标准 表 2-1

名　称	对应标准	说　明
IFC （Industry Foundation Class）	ISO 16739	工业基础类
bSDD （buildingSMART Data Dictionary）	ISO 12006-3	数据字典
IDM （Information Delivery Manual）	ISO 29481-1 ISO 29481-2	信息传递手册
MVD （Model View Definition）	buildingSMART MVD	模型视图定义
BCF （BIM Collaboration Format）	buildingSMART BCF	BIM 协作格式

其中，IFC 是数据标准，也是 buildingSMART 标准体系的核心，旨在实现项目团队成员以及不同软件应用程序之间的信息共享与交换。IFC 标准的第一个版本于 1997 年 1 月发布，并于 2005 年被接受为 ISO 标准（ISO 16739）。2013 年，buildingSMART 发布 IFC4.0，主要涵盖建筑领域。2020 年，buildingSMART 发布 IFC4.3 RC2，涵盖建筑、铁路、公路、桥梁、港口等基础设施领域。buildingSMART 计划于 2022 年发布 IFC4.3 正式版，并于 2023 年成为 ISO 标准。buildingSMART 基础标准体系如图 2-3 所示。

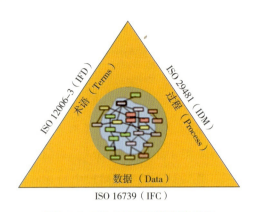

图 2-3　buildingSMART 基础标准体系

bSDD 是由 buildingSMART 依照 ISO 12006-3 标准框架建立的一个数据字典，是一个由对象和属性组成的开放库，且可在对象和属性之间建立关联。其目的是实现概念定义的标准化，便于信息交互。

IDM 从用户的角度，定义信息的交换需求，其目标在于使得针对全生命周期某一特定阶段的信息需求标准化，并将需求提供给软件商，与数据标准 IFC 进行映射。MVD 从软件实现的角度定义了 IFC 数据信息如何在不同的应用软件之间进行数据交换，是 IFC 数据模型的子集。

BCF 是一个开放的 XML 文件格式标准，对消息进行编码，以实现不同 BIM 软件之间的工作流程通信。BCF 开发既包括 XML 文件格式，也包括表述性状态转移（Representational State Transfer，RESTful）网络服务。

（7）railML

铁路标记语言（railway Markup Language，railML）是一种基于 XML 的开放数据交换格式，自 2002 年开始由德国德累斯顿弗劳恩霍夫运输系统与基础设施研究所（German Fraunhofer Institute for Transportation Systems and Infrastructure in Dresden）和瑞士联邦理工学院交通规划与系统研究所（Swiss Federal Institute of Technology's Institute for Transportation Planning and Systems）负责开发。目前，railML 组织还包含来自大学、铁路运营公司、研究所及咨询公司的研究人员。

2005 年，railML1.0 版本发布；2009 年，railML2.0 版本发布；2016 年，railML2.3 版本发布；2017 年，railML3.0 版本发布；2019 年，railML3.1 版本发布。2014 年，railML 组织与国际铁路联盟（International Union of Railways，UIC）建立协作关系，许多国有铁路公司（如澳铁、德铁、法铁等）也成了 railML 组织的合作伙伴。

railML 主要用于铁路数据的交互操作，旨在使铁路系统的各种应用能够互联互通。RailTopoModel（简称"RTM"）和 railML 共同构成了标准化的数据交换格式。railML 的子域使用其他 XML 方案，如数学标记语言（Mathematical Markup Language，MathML）和地理标记语言（Geographic Markup Language，GML）。railML3.1 版本由五个子模式组成：Interlocking（联锁）、Infrastructure（基础设施）、Rollingstock（车辆）、Timetable and Rostering（时刻表和排班）、Common（通用）。

（8）UIC

UIC 于 1922 年 12 月在巴黎成立，是非政府性铁路联合组织。其宗旨是推动国际铁路行业的发展，促进国际合作，改进铁路技术装备和运营方法，开展有关科学问题研究，实现铁路构筑物及设备技术标准的统一。

UIC 编制和发布的国际铁路解决方案（International Railway Solution，IRS），是用于铁路行业的结构化文档框架（a structured framework of documents）。IRS 将一系列解决方案融合在一起，以支持铁路系统的设计、建造、运营维护及相关服务。

UIC 于 2016 年 4 月将 RailTopoModel 1.0 发布为 IRS 30100，并于 2017 年 11 月发布 RailTopoModel 1.1。RTM 是一种描述铁路网络的逻辑模型，用于标准化铁路基础设施相关数据的表达。RTM 从微观、中观和宏观三个维度，定义了拓扑、物理对象、非物质对象、逻辑对象等功能对象，如图 2-4 所示。

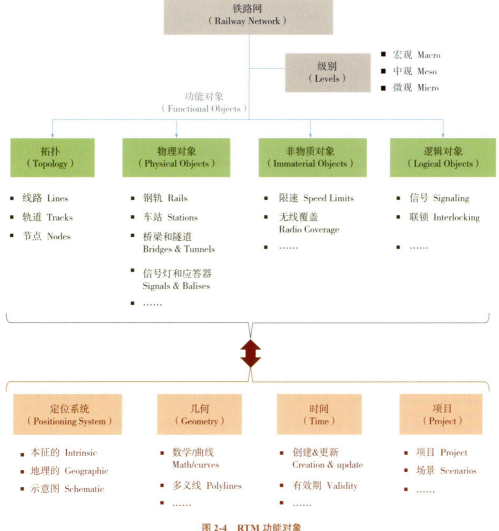

图 2-4　RTM 功能对象

在 IRS 30100 标准中，RTM 由四个包构成，即基本包（Base package）、拓扑结构包（Topology package）、定位系统包（Positioning Systems package）及网络实体包（Net Entities package）。这些包由 UML 类及其对象进行定义。基本包主要定义了"BaseObject""Network"和"LevelNetwork"等类对象。拓扑包本质上是将图论概念引入 RTM 中。定位系统包主要提供了一些定位方法。网络实体包定义了可以结构化铁路网功能描述的类，不只限于拓扑。RTM 软件包组成结构如图 2-5 所示。

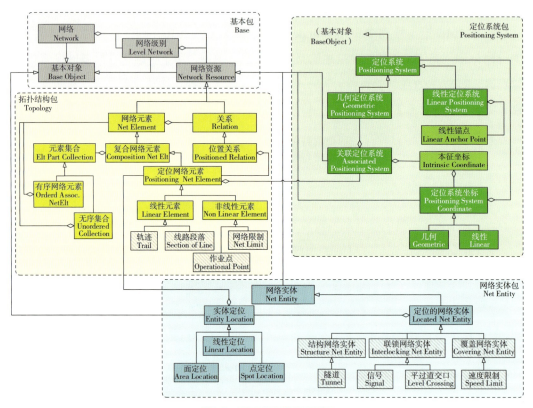

图 2-5　RTM 软件包组成结构

2.1.2　国内 BIM 标准

国内 BIM 标准基本可以分为四类：第一类是中国建筑信息模型标准框架（CBIMS），主要是从信息化的角度，从理论层面论述 BIM 标准体系的框架和方法论，可以作为我国国家和行业 BIM 标准编制的理论基础；第二类是中国国家 BIM 标准系列，为住建部主持编写的建筑领域国家 BIM 标准，借鉴国际 BIM 标准并兼顾国内建筑规范和建设管理流程要求；第三类是行业 BIM 标准，对特定行业领域 BIM 应用进行规定；第四类是地方 BIM 标准，主要是对地域内建筑 BIM 应用的统一规定。

（1）中国建筑信息模型标准框架

2011 年 12 月，由清华大学 BIM 课题组主编的《中国建筑信息模型标准（Chinese

Building Information Modeling Standard，CBIMS）框架研究》正式发行。

CBIMS 的分类方法与 NBIMS 类似，针对目标用户群将标准分为两类：一是面向 BIM 软件开发者的 CBIMS 技术标准，二是面向建筑工程从业者的 CBIMS 实施标准。CBIMS 标准体系如图 2-6 所示。

图 2-6　CBIMS 标准体系

CBIMS 技术标准包括数据存储标准、信息语义标准、信息传递标准。

CBIMS 数据存储标准是基于 IFC、产品模型数据交换标准（Standard for the Exchange of Product Model Data，STEP）、XML、Web 服务等，并结合中国行业状况提出的，包含数据格式、语义扩展、数据访问接口、一致性测试规范四项内容。数据格式采用 IFC 与 ifcXML，语义扩展将 IFC 自身的语义结合我国建筑行业语义定义进行协调，数据访问接口使用标准数据 Web 接口服务，测试规范引用 ISO10303-31、ISO10303-32、ISO10303-34、ISO10303-35 和抽象测试集。

CBIMS 信息语义标准包括分类编码和数据字典两部分。分类编码以《施工工程信息的组织　第 2 部分：信息分类框架》（ISO 12006-2）为基础，结合我国行业情况建立 SinoClass。SinoClass 采用面分类法，通过 14 张表格分别定义建筑全生命周期的信息（如：建筑构件表、建筑产品表、建筑工项表等），每张表格又分为若干张子表，用来描述一个实体的不同方面。数据字典基于《施工工程信息的组织　第 3 部分：面向对象的信息框架》（ISO 12006-3）建立 SinoIFD，对行业中的概念语义进行规范，数据字典中的每个概念都对应一个全局唯一标识符（Globally Unique Identifer，GUID）。

CBIMS 信息传递标准包括流程定义标准、软件实现标准和 BIM 服务标准。流程定义标准参考《信息传递手册　第 1 部分：方法论与格式》（Information Delivery Manual，IDM Part 1: Methodology and format）（ISO 29481-1）制定了 SinoIDM。软件实现标准参考《模型视图定义》（Model View Definition）标准并将其与 SinoIFC 关联制定了 SinoMVD。SinoBWS 是为了解决网络异构环境中 Web 服务的协作而制定的标准。

CBIMS 的实施标准包括资源标准、行为标准、交付标准和协同管理。

资源标准包括环境资源、模型构件库、BIM 文件格式等。对环境资源的要求主要是指企业实施 BIM 的基本条件，例如软件系统、硬件配置、网络环境等；对模型构件库的要求主要是指企业应具有共享的 BIM 模型构件和进行构件分类、检索、管理的软件；对 BIM 文件格式的要求主要是指文件的输出格式、文件命名规范、二维出图要求等。

行为标准包括建模和模型分析与检查。对建模的要求主要是指模型的内容（如轴网、家具布置等）和模型的深度；对模型分析与检查的要求主要是指可持续分析、舒适度分析、安全性分析和模型检查。

交付标准包括交付深度、交付内容与格式、归档文件。对交付深度的要求主要是指设计阶段交付的模型深度和用于交流的交付物深度；对交付内容与格式的要求包括政府归档模型、阶段性模型、不同专业的模型、可形成资产的交付物、重要的过程修改记录和确认后进行电子签章；对归档文件的要求主要是指应使用企业软件可打开的格式将所有正式文件和有价值的非正式文件进行归档。

协同管理应用在设计的方案阶段、初步设计阶段和施工图阶段，包括协作资源配置、协作行为沟通、协作交付管理。协作资源的协同管理包括目录和构件库的读写权限设置、工程目录设置等；协作行为的协同管理包括设计目标和内容、设计协同策划、工作内容分解和过程记录等；协作交付的协同管理包括交付设计内容审核和模型构件文件审核等。

（2）中国国家 BIM 标准

2012 年 1 月，住建部《关于印发 2012 年工程建设标准规范制订修订计划的通知》（建标〔2012〕5 号），将 BIM 标准列为国家标准制定项目。中国国家 BIM 标准分为基础标准与应用标准两个层次，如图 2-7 所示。其中，基础标准包括《建筑信息模型分类和编码标准》（GB/T 51269—2017）、《建筑信息模型存储标准》（GB/T 51447—2021）、《建筑信息模型设计交付标准》（GB/T 51301—2018）；应用标准包括《建筑信息模型应用统一标准》（GB/T 51212—2016）、《建筑信息模型施工应用标准》（GB/T 51235—2017）、《建筑工程设计信息模型制图标准》（JGJ/T 448—2018）。

图 2-7　中国国家 BIM 标准层次

（3）行业 BIM 标准

国内多个行业开展了 BIM 标准的编制，此处主要介绍城市轨道交通、公路工程、水利水电工程、水运工程、民用机场等行业 BIM 标准。

①城市轨道交通

2018 年 5 月，住建部发布了《城市轨道交通工程 BIM 应用指南》，旨在引导城市轨道交通工程 BIM 应用及数字化交付，提高信息应用效率，提升城市轨道交通工程建设信息化水平。指南主要内容包括：总则、术语、基本规定、模型创建与管理、可行性研究阶段 BIM 应用、初步设计阶段 BIM 应用、施工图设计阶段 BIM 应用、施工阶段 BIM 应用、BIM 数据集成与管理平台建设等。

城市轨道交通 BIM 系列团体标准共包括《城市轨道交通 BIM 实施管理规范》（T/CSPSTC 35—2019）、《城市轨道交通 BIM 协同管理指南》（T/CSPSTC 36—2019）、《城市轨道交通 BIM 数据交付管理要求》（T/CSPSTC 37—2019）、《城市轨道交通信息模型成果技术规范》（T/CSPSTC 38—2019）、《城市轨道交通数据对象与编码》（T/CSPSTC 39—2019）5 项标准。《城市轨道交通 BIM 实施管理规范》（T/CSPSTC 35—2019）的主要技术内容包括 BIM 系统实施的管理目标、管理原则、各方职责、质量及进度管控措施、管理流程、管理要求等。《城市轨道交通 BIM 协同管理指南》（T/CSPSTC 36—2019）规定了城市轨道交通 BIM 协同管理过程中的各方职责、平台架构和平台使用行为。《城市轨道交通 BIM 数据交付管理要求》（T/CSPSTC 37—2019）从数据交付流程、数据交付管理职责、数据交付技术要求、数据交付物等维度作出了规定。《城市轨道交通信息模型成果技术规范》（T/CSPSTC 38—2019）主要技术内容包括模型总体规定、模型成果的建模规范和深度等级要求、模型图元属性定义、模型工程属性定义等。《城市轨道交通数据对象与编码》（T/CSPSTC 39—2019）规定了轨道交通工程数据对象编码的技术要求，包括建设管理系统和规划、可研、设计、施工和竣工阶段管理所需的项目对象、功能对象、空间对象、设备设施对象、组织机构对象、人员对象、文档对象、文档存储位置对象、施工对象的编码规则等。

②公路工程

公路行业 BIM 标准由中国交通建设股份有限公司主导。公路工程信息模型标准体系由基础类标准和专用类标准两大类组成。

基础类标准包括《公路工程信息模型应用统一标准》（JTG/T 2420—2021）；专用类标准包括《公路工程设计信息模型应用标准》（JTG/T 2421—2021）、《公路工程施工信息模型应用标准》（JTG/T 2422—2021）等。《公路工程信息模型应用统一标准》（JTG/T 2420—2021）规范了信息模型在公路工程全生命周期应用的技术要求，主要技术内容包括：总则、术语、基本规定、模型架构、分类编码、数据存储、交付。《公路工程设计信息模型应用标准》（JTG/T 2421—2021）、《公路工程施工信息模型应用标准》（JTG/T 2422—2021）对公路工程设计、施工等阶段模型设计、应用、交付等方面进行了规定。

③水利水电工程

中国水利水电勘测设计协会于2017年11月发布了《水利水电BIM标准体系》（中水协秘〔2017〕72号）。根据标准的内在联系及水利水电工程的特点，水利水电工程BIM标准体系框架由数据标准、应用标准和管理标准三部分组成，共包含70项标准，如图2-8所示。

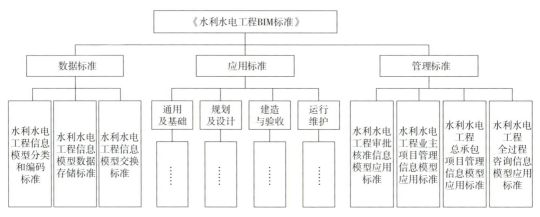

图2-8 《水利水电工程BIM标准》体系框架

水利水电工程BIM数据标准主要是为实现水利水电建设项目全生命周期内不同参与方与异构信息系统间的互操作性，用于指导和规范水利水电工程BIM软件开发，共设置三项标准：水利水电工程信息模型分类和编码标准、水利水电工程信息模型数据存储标准、水利水电工程信息模型交换标准。

水利水电工程BIM应用标准主要是用于指导和规范水利水电工程专业类及项目类BIM技术应用，分为通用及基础、规划及设计、建造与验收、运行维护四个类别，共设置62项标准。

水利水电工程BIM管理标准主要用于指导和规范水利水电工程项目管理BIM技术应用，共设置四项标准：水利水电工程审批核准信息模型应用标准、水利水电工程业主项目管理信息模型应用标准、水利水电工程总承包项目管理信息模型应用标准、水利水电工程全过程咨询信息模型应用标准。

《水利水电工程设计信息模型应用标准》（T/CWHIDA 005—2019）和《水利水电工程设计信息模型交付标准》（T/CWHIDA 006—2019）于2019年发布。《水利水电工程信息模型分类和编码标准》（T/CWHIDA 0007—2020）和《水利水电工程信息模型存储标准》（T/CWHIDA 0009—2020）于2020年发布。

④水运工程

水运行业BIM标准主要包括《水运工程信息模型应用统一标准》（JTS/T 198-1—2019）、《水运工程设计信息模型应用标准》（JTS/T 198-2—2019）、《水运工程施工信息模型应用标准》（JTS/T 198-3—2019）。

《水运工程信息模型应用统一标准》(JTS/T 198-1—2019)由中交第二航务工程勘察设计院有限公司主编,旨在规范水运工程信息模型技术应用行为,统一信息模型应用基本要求,提高信息模型应用效率和效益。其主要技术内容包括:总则、术语、基本规定、信息模型、协同、分类与编码、数据交换、交付、模型应用。其总体结构如图2-9所示。

图2-9 《水运工程信息模型应用统一标准》(JTS/T 198-1—2019)总体结构

⑤民用机场

民用机场行业标准主要包括《民用运输机场建筑信息模型应用统一标准》(MH/T 5042—2020)、《民航运输机场建筑信息模型分类和编码标准》(编制中)、《民用运输机场建筑信息模型设计应用标准》(编制中)、《民用运输机场建筑信息模型施工应用标准》(编制中)等。《民用运输机场建筑信息模型应用统一标准》(MH/T 5042—2020)共分十章两个附录,包括总则、术语和代号、基本规定、模型架构、命名规则、模型要求、准备要求、建设过程应用、成果移交、运维阶段应用等内容。

(4)地方标准

随着BIM技术的应用越来越广泛和深入,国内多个省(区、市)发布了地方BIM标准,见表2-2。

国内各省(区、市)BIM标准一览表　　　　表2-2

省(区、市)	标准名称	发布时间
安徽省	《安徽省建筑信息模型(BIM)技术应用指南》 《安徽省BIM技术服务计费参考依据》	2017年12月 2020年10月
北京市	《民用建筑信息模型设计标准》	2014年2月
重庆市	《重庆市建设工程信息模型技术深度规定》 《重庆市建设工程信息模型交付技术导则》 《重庆市建设工程信息模型设计审查要点》 《重庆市工程勘察信息模型实施指南》 《重庆市市政工程信息模型实施指南》 《重庆市建筑工程信息模型实施指南》	2017年12月 2017年12月 2017年12月 2017年12月 2017年12月 2017年12月
福建省	《福建省建筑信息模型(BIM)技术应用指南》	2017年12月
厦门市	《厦门市轨道交通工程建设阶段BIM模型交付标准》 《厦门市建设工程BIM模型规划报建交付标准》 《建筑信息模型(BIM)技术应用导则》	2017年6月 2018年9月 2019年11月

续上表

省（区、市）	标准名称	发布时间
甘肃省	《建筑信息模型（BIM）应用标准》 《甘肃省建设项目 BIM 技术服务计费参考依据》	2018 年 9 月 2021 年 6 月
广东省	《广东省建筑信息模型应用统一标准》 《广东省 BIM 技术应用费用计价参考依据》 《城市轨道交通建筑信息模型（BIM）建模与交付标准》	2018 年 7 月 2018 年 7 月 2019 年 8 月
广州市	《民用 BIM 设计技术规范》	2018 年 8 月
深圳市	《深圳市建筑工务署 BIM 实施管理标准》 《房屋建筑工程招标投标建筑信息模型技术应用标准》 《建筑工程信息模型设计交付标准》 《城市道路工程信息模型分类和编码标准》 《道路工程勘察信息模型交付标准》 《市政道路工程信息模型设计交付标准》 《综合管廊工程信息模型设计交付标准》 《市政道路管线工程信息模型设计交付标准》 《市政桥涵工程信息模型设计交付标准》 《市政隧道工程信息模型设计交付标准》 《建筑信息模型数据存储标准》	2015 年 4 月 2019 年 11 月 2020 年 8 月 2021 年 2 月 2021 年 2 月 2021 年 2 月 2021 年 2 月 2021 年 2 月 2021 年 2 月 2021 年 2 月 2022 年 5 月
广西壮族自治区	《城市综合管廊 BIM 建模与交付标准》 《建筑工程建筑信息模型设计施工应用标准通用技术指南》 《广西壮族自治区 BIM 技术应用费用计价参考依据》	2017 年 11 月 2018 年 9 月 2019 年 1 月
海南省	《海南省 BIM 技术应用费用参考价格》	2021 年 1 月
河北省	《建筑信息模型应用统一标准》 《建筑信息模型设计应用标准》 《建筑信息模型施工应用标准》 《建筑信息模型交付标准》 《河北省 BIM 技术应用服务计价参考依据》	2016 年 7 月 2018 年 12 月 2018 年 12 月 2020 年 1 月 2021 年 8 月
河南省	《水利工程信息模型应用标准》 《民用建筑信息模型应用标准》 《市政工程信息模型应用标准（综合管廊）》 《市政工程信息模型应用标准（道路桥梁）》 《河南省房屋建筑和市政基础设施工程信息模型（BIM）技术服务计费参考依据》	2018 年 9 月 2018 年 9 月 2018 年 9 月 2018 年 9 月 2021 年 4 月
黑龙江省	《黑龙江省装配式建筑设计 BIM 应用技术导则》 《黑龙江省 BIM 施工应用建模技术导则》	2017 年 12 月 2020 年 3 月
湖南省	《湖南省民用建筑信息模型设计基础标准》 《湖南省建筑工程信息模型设计应用指南》 《湖南省建筑工程信息模型施工应用指南》 《湖南省建筑工程信息模型交付标准》 《湖南省 BIM 技术服务计费参考依据》	2017 年 8 月 2017 年 9 月 2017 年 9 月 2017 年 12 月 2018 年 12 月
江苏省	《江苏省民用建筑信息模型设计应用标准》	2016 年 9 月
辽宁省	《装配式建筑信息模型技术应用规程》	2019 年 9 月
内蒙古自治区	《内蒙古自治区 BIM 技术实施应用收费指南》	2020 年 4 月
山东省	《BIM 技术应用试点示范项目管理细则》 《山东省市政工程 BIM 技术应用导则》 《水利信息模型应用标准》	2019 年 5 月 2019 年 9 月 2021 年 3 月

续上表

省（区、市）	标准名称	发布时间
青岛市	《青岛市 BIM 技术应用导则（房屋建筑工程）》	2020 年 11 月
山西省	《山西省 BIM 技术应用服务费用计价参考依据》	2019 年 9 月
陕西省	《陕西省建筑信息模型应用标准》 《陕西省市政工程信息模型应用标准》（征求意见稿）	2017 年 9 月 2021 年 6 月
上海市	《上海市建筑信息模型技术应用指南（2015 版）》 《建筑信息模型应用标准》 《上海市建筑信息模型技术应用指南（2017 版）》 《上海市保障性住房项目 BIM 技术应用验收评审标准》 《岩土工程信息模型技术标准》 《水利工程信息模型应用标准》	2015 年 5 月 2016 年 4 月 2017 年 6 月 2018 年 5 月 2018 年 10 月 2020 年 5 月
四川省	《四川省装配式混凝土建筑 BIM 设计施工一体化标准》	2018 年 1 月
成都市	《成都市民用建筑信息模型设计技术规定》 《成都市 BIM 技术服务费用计价参考依据》	2016 年 9 月 2021 年 9 月
天津市	《民用建筑信息模型设计技术导则》 《天津市城市轨道交通管线综合 BIM 设计标准》 《天津市民用建筑信息模型设计应用标准》 《天津市市政工程信息模型设计技术导则》	2016 年 5 月 2019 年 9 月 2019 年 10 月 2019 年 12 月
新疆维吾尔自治区	《民用建筑信息模型实施管理标准》 《城市综合管廊建筑信息模型应用标准》 《装配式混凝土建筑信息模型施工应用规程》	2019 年 10 月 2019 年 11 月 2021 年 12 月
浙江省	《浙江省 BIM 技术应用导则》 《浙江省 BIM 技术推广应用费用计价参考依据》 《建筑信息模型（BIM）应用统一标准》	2016 年 4 月 2017 年 9 月 2018 年 6 月

2.1.3 铁路 BIM 标准发展历程

2013 年 6 月，《中国铁路总公司关于铁路工程建设信息化推进工作会议纪要》（铁总办函〔2013〕309 号）中提出，明确以铁路工程设计、建设、运营全生命周期管理为目标，以标准化管理为抓手，以 BIM 为主要技术框架，以云服务为平台架构，以感知技术作为下部数据基础，以移动互联为主要传输结构，专题进行安全设计研究，建立统一开放的工程信息化平台和应用。

2013 年底，铁路 BIM 联盟成立并积极组织铁路 BIM 标准的研究和编制。在铁路 BIM 联盟的组织下，中国铁设于 2014 年 1 月完成并发布了《中国铁路 BIM 标准体系框架》。在此框架的指导下，铁路 BIM 联盟在 2014—2019 年间，组织各理事单位陆续编制并发布了 15 项铁路 BIM 标准，并于 2020 年在"全国团体标准信息平台"正式发布，成为正式团体标准。

2017 年，国家铁路局启动了行业 BIM 标准《铁路工程信息模型统一标准》（TB/T 10183—2021）的编制工作。《铁路工程信息模型统一标准》（TB/T 10183—2021）于 2021 年 3 月发布，2021 年 6 月实施。

铁路 BIM 标准的发展历程如图 2-10 所示。

2013年	2014年	2015年	2016年	2017年	2018年	2019年	2020年	2021年
·铁总办[2013]309号文提出以BIM为主要技术框架 ·铁路BIM联盟成立	·中国铁路BIM标准体系框架 ·铁路工程实体结构分解指南 ·铁路工程信息模型分类和编码标准	·铁路工程信息模型数据存储标准	·铁路四电工程信息模型数据存储标准	·铁路工程信息模型表达标准 ·铁路工程信息模型交付精度标准 ·基于信息模型的铁路工程施工图设计文件编制办法 ·面向铁路工程信息模型应用的地理信息交付标准 ·铁路工程WBS工项分解指南 ·铁路工程数量标准格式编制指南 ·铁路工程信息交换模板编制指南	·铁路工程信息模型设计阶段实施标准 ·铁路工程信息模型施工阶段实施标准	·铁路基础设施元数据标准 ·铁路基础设施元数据管理规范	·铁路BIM联盟标准成为正式团体标准	·铁路工程信息模型统一标准

图 2-10　铁路 BIM 标准发展历程

2.2　铁路 BIM 标准体系框架

高速铁路工程建设周期长，参与方众多，涉及专业领域多，统筹考虑铁路工程规划、勘察设计、施工管理、运营养护维修的需要，铁路 BIM 标准体系框架涵盖测绘地理信息、工程地质、线路、轨道、路基、桥梁、隧道、站场、建筑、结构、暖通、电力、通信、信息、信号、接触网、供变电、机务车辆、机械、给排水、环保、工程经济等专业领域。

铁路 BIM 标准体系包括基础标准、技术标准和实施标准，如图 2-11 所示。

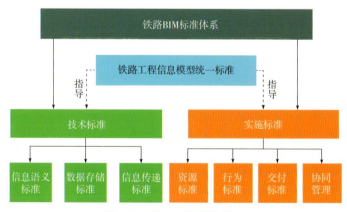

图 2-11　铁路 BIM 标准体系框架

基础标准是指《铁路工程信息模型统一标准》（TB/T 10183—2021）。作为铁路工程 BIM 领域的第一部行业标准，《铁路工程信息模型统一标准》（TB/T 10183—2021）发挥基础性、指导性与引领性作用，其主要目的是规范和引导 BIM 技术在铁路工程全生命周期的应用，统一铁路 BIM 技术要求。

技术标准分为信息语义标准、数据存储标准、信息传递标准，其主要目标是实现铁路建设项目全生命周期内不同参与方与异构信息系统间的互操作，用于指导和规范铁路 BIM 软件开发。

实施标准主要从资源、行为、交付物、协同管理四个方面指导和规范铁路行业规划、设计、施工、建设管理、运营企业实施 BIM 标准。

中国铁路 BIM 标准序列分为三个层次，如图 2-12 所示。

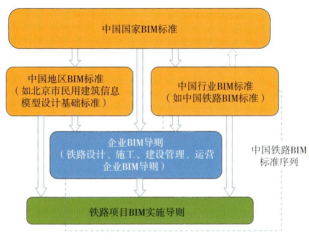

图 2-12　中国铁路 BIM 标准序列

第一层，行业 BIM 标准。作为行业标准规范，应满足和遵守国家 BIM 标准的相关要求和规定。

第二层，企业 BIM 标准（导则）。铁路设计、施工、建设管理、运营企业，在 BIM 国家标准、行业标准、地方标准的约束指导下，为实施本单位 BIM 项目制定的工作手册或作业指导书。

第三层，项目 BIM 标准。企业项目团队，针对具体的建设项目制定具有高度项目相关性的项目 BIM 工作导则。

铁路 BIM 标准一览表见表 2-3。

铁路 BIM 标准一览表　　　　表 2-3

序号	标 准 名 称	编　　号	标准类型
1	铁路工程实体结构分解指南	T/CRBIM 001—2014	团体标准
2	铁路工程信息模型分类和编码标准	T/CRBIM 002—2014	团体标准
3	铁路工程信息模型数据存储标准	T/CRBIM 003—2015	团体标准
4	铁路四电工程信息模型数据存储标准	T/CRBIM 004—2016	团体标准
5	铁路工程信息模型表达标准	T/CRBIM 005—2017	团体标准

续上表

序号	标准名称	编号	标准类型
6	基于信息模型的铁路工程施工图设计文件编制办法	T/CRBIM 006—2017	团体标准
7	铁路工程信息模型交付精度标准	T/CRBIM 007—2017	团体标准
8	面向铁路工程信息模型应用的地理信息交付标准	T/CRBIM 008—2017	团体标准
9	铁路工程 WBS 工项分解指南	T/CRBIM 009—2017	团体标准
10	铁路工程数量标准格式编制指南	T/CRBIM 010—2017	团体标准
11	铁路工程信息交换模板编制指南	T/CRBIM 011—2017	团体标准
12	铁路工程信息模型设计阶段实施标准	T/CRBIM 012—2018	团体标准
13	铁路工程信息模型施工阶段实施标准	T/CRBIM 013—2018	团体标准
14	铁路基础设施元数据标准	T/CRBIM 014—2019	团体标准
15	铁路基础设施元数据管理规范	T/CRBIM 015—2019	团体标准
16	铁路工程信息模型统一标准	TB/T 10183—2021	行业标准

2.3 《铁路工程信息模型统一标准》

2.3.1 总体结构

2021 年 3 月，《铁路工程信息模型统一标准》（TB/T 10183—2021）由国家铁路局发布，自 2021 年 6 月 1 日起实施。该标准由中国铁设主编，是铁路工程 BIM 技术开发与应用的上位标准，规定了铁路 BIM 标准编制的基本规则，其目的是发挥基础性、指导性与引领性作用，推动建立铁路工程信息模型应用统一框架，规范和引导 BIM 技术在铁路工程全生命周期的应用。

《铁路工程信息模型统一标准》（TB/T 10183—2021）由 7 部分组成，其内容包括总则、术语和缩略语、基本规定、信息模型创建、信息模型应用、协同工作、信息模型交付，如图 2-13 所示。

图 2-13 《铁路工程信息模型统一标准》（TB/T 10183—2021）总体结构

《铁路工程信息模型统一标准》(TB/T 10183—2021)主要技术内容包括如下几个方面：

(1)明确铁路工程信息模型实施主体责任、应用阶段、信息分类、数据存储、信息交换、保密安全等方面的总体要求。

(2)规定铁路工程信息模型创建的主要原则和基本方法。

(3)提出铁路工程信息模型应用成熟度评价指标及计算方式。

(4)明确设计阶段、施工阶段铁路工程信息模型应用的主要内容。

(5)规定各参与方应用铁路工程信息模型的主要工作。

(6)统一基于信息模型技术的项目协同工作要求、工作程序、工作平台的功能与特性。

(7)明确铁路工程信息模型交付的基本原则、交付物、交付精度、交付物格式及交付方式等要求。

2.3.2 铁路工程项目信息模型应用流程

铁路工程信息模型的应用贯穿铁路工程项目全生命周期，其应用流程如图 2-14 所示。该流程图是铁路工程信息模型统一标准的编写主线。流程图横轴表示铁路工程全生命周期各阶段，包括预可行性研究、可行性研究、初步设计、施工图、施工、运维六个阶段。流程图纵轴表示铁路工程项目主要参与方，包括建设单位、设计单位、施工单位、咨询单位、监理单位、设备制造单位、运维单位。

关键交付物包括预可行性研究模型、可行性研究模型、初步设计模型、施工图模型、产品模型、施工模型、竣工模型和运维模型。这些模型是铁路工程项目全生命周期各阶段信息模型交付成果的统称。当各阶段信息模型应用于特定目的时，一般需要根据应用需求选取各阶段信息模型的部分内容。

2.3.3 铁路工程信息模型应用成熟度

铁路工程信息模型应用成熟度用于对项目应用 BIM 技术的程度进行分析和对比评判，以促进 BIM 技术应用向深度和广度扩展。

铁路工程信息模型应用成熟度评价指标体系遵循以下基本原则：

(1)过程导向。以信息模型应用过程中采用的数据共享机制和数据环境的技术先进性作为评价标准。以信息模型技术应用的广度、深度为评价标准。

(2)结果导向。以交付的信息模型成果有利于信息共享和复用为评价标准。

铁路工程信息模型应用成熟度评价指标包括纵向广度、横向广度、应用深度、技术深度。

纵向广度是指在项目全生命周期各阶段应用 BIM 技术的广度，分为 5 个等级，各等级定义见表 2-4。

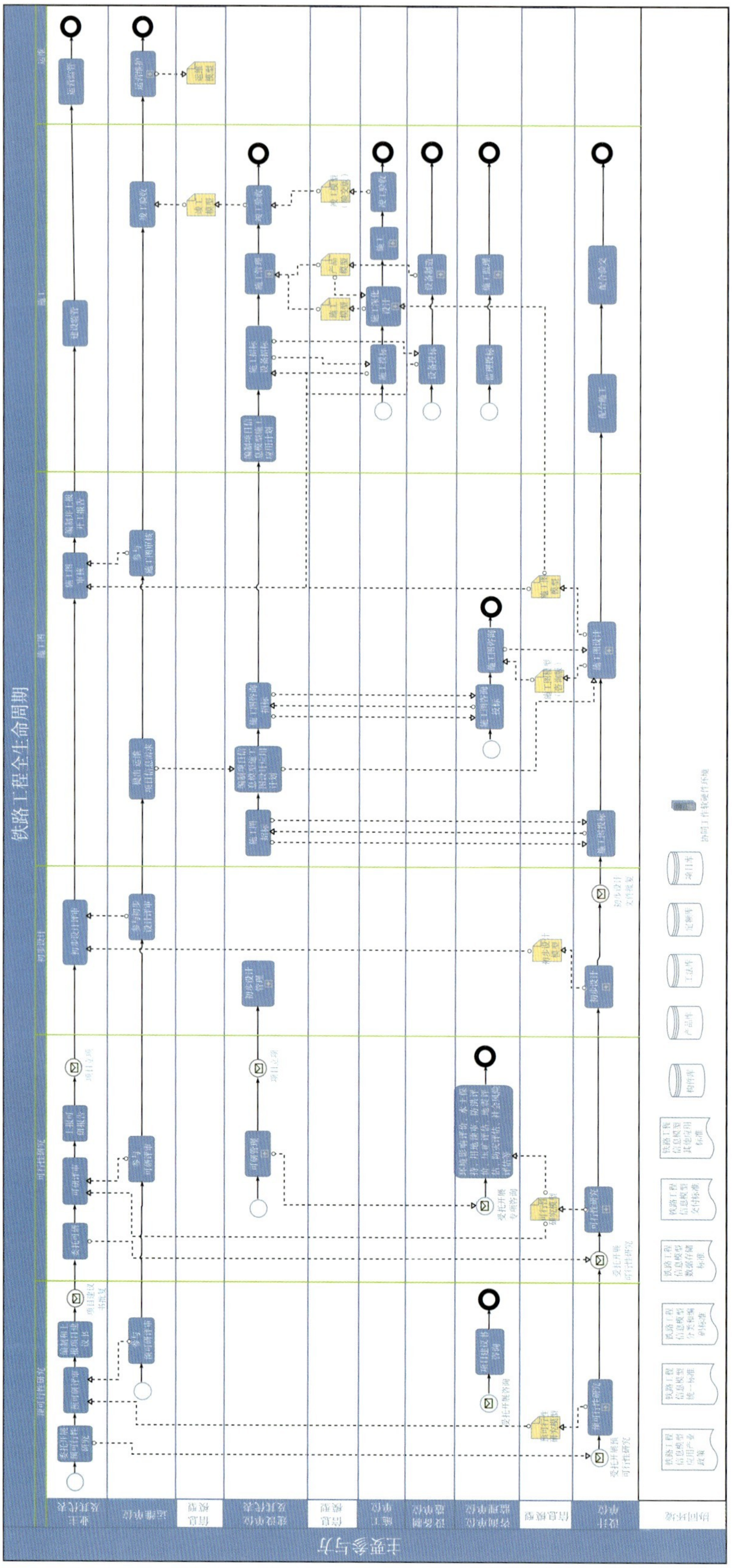

图 2-14 铁路工程项目信息模型应用流程

第 2 章 铁路 BIM 标准体系

纵向广度等级定义   表 2-4

等级(f_1)	广度	描述
0	无应用	没有应用信息模型
1	单阶段应用	仅在一个阶段应用信息模型
2	多阶段应用（孤立）	在两个或多个阶段应用信息模型，但各阶段应用互相孤立，未实现跨阶段的信息传递
3	多阶段应用（协同）	在两个或多个阶段应用信息模型，且实现了跨阶段的信息传递
4	全生命周期应用	在项目全生命周期应用信息模型，且实现了信息在全生命周期的共享和传递

横向广度是指 BIM 技术在专业领域和参与方之间的应用广度，分为 5 个等级，各等级定义见表 2-5。

横向广度等级定义   表 2-5

等级(f_2)	广度	描述
0	无应用	没有应用信息模型
1	单方单专业应用	单一参与方应用信息模型，且未实现跨专业领域的信息模型共享
2	多方或多专业应用（孤立）	项目多个参与方应用信息模型或单方在两个或多个专业领域应用信息模型。但各参与方间应用互相孤立，未实现跨参与方信息模型共享
3	多方或多专业应用（协同）	项目多个参与方应用信息模型或单方在两个或多个专业领域应用信息模型，且实现了跨参与方或跨专业领域的信息模型共享
4	全参与方全专业应用	在综合性铁路工程中全参与方全专业领域应用信息模型，且实现了信息模型在全参与方和全专业领域内共享

应用深度是指 BIM 技术应用的难度和复杂度，分为 5 个等级，各等级定义见表 2-6。

应用深度等级定义   表 2-6

等级(f_3)	深度	描述
0	无应用	没有应用信息模型
1	初级	详见表 2-8
2	中级	详见表 2-8
3	高级	详见表 2-8
4	创新级	全方位的信息模型应用或创新性应用

技术深度是指实施 BIM 采用的协同工作平台技术先进性和信息模型共享机制开放性，分为 4 个等级，各等级定义见表 2-7。

技术深度等级定义 表2-7

等级(f_4)	深度	描述
0	无应用	无公共数据环境，非标准化的二维图或电子文档作为数据交换的主要机制
1	初级	简单的公共数据环境，标准化的二维图和电子文档作为数据交换的主要机制
2	中级	基于封闭的公共数据环境和专有格式的信息模型共享机制
3	高级	基于开放的公共数据环境和开放格式的信息模型共享机制

典型信息模型应用深度划分为初级、中级、高级、创新级4个等级，各等级包含的应用及定义见表2-8。

典型信息模型应用深度等级定义 表2-8

应用等级	应用	描述
初级	勘察应用	创建地理信息模型、工程地质模型并用于可视化，辅助现场调查，辅助选线、选址、方案比选等
	选线、选址与方案比选	数字高程模型、数字影像模型和数字线划图辅助的选线、选址
	施工管理	基于信息模型开展初步的施工管理，开展施工进度可视化、方案汇报等应用
	三维可视化应用	创建静态三维可视化场景，制作动画、视频等静态可视化成果，并初步用于交流展示
中级	勘察应用	创建地理信息模型、工程地质模型并用于计算分析，为选线、选址、场地分析等应用提供数据支撑；地理信息模型、工程地质模型与设计、施工、运维模型集成的应用
	选线、选址与方案比选	基于三维场景，结合工程量估算、场地分析的选线、选址和方案比选应用，且应用成果为后续专业共享
	仿真模拟	从信息模型中获取数据，完成结构力学计算分析，建筑光照、通风、能耗等绿色建筑分析，行人仿真模拟、行车仿真模拟等应用
	管线综合	基于传统设计成果创建综合管线模型，协调优化管线布局
	冲突检测	基于信息模型进行冲突检测，根据冲突检测报告调整优化设计
	工程量计算与投资估（概、预）算	主要工程内容可从信息模型中获取数据，完成工程量计算和投资估（概、预）算
	制图	基于对信息模型投影、剖切或信息提取，辅助生成主要设计（竣工）图
	施工深化设计	结合施工现场实际情况，对施工图模型进行细化、补充、完善，形成施工模型，并将成果应用于质量、安全、进度、成本管理等
	施工管理	基于信息模型开展提升管理效率的施工管理，开展施工组织和施工方案优化、重点工程部位或节点的施工工艺工法仿真模拟、可视化技术交底等应用
	数字化加工	从信息模型中获取数据，驱动加工设备完成钢筋等小型、结构简单的施工材料、预制件加工的应用
	三维可视化应用	创建三维可视化场景，实现动态三维场景漫游、剖切等功能，实现各类模拟仿真结果动态展示，并应用于意见征集、审查、技术交底、信息公开等沟通交流场景，提高沟通效率

续上表

应用等级	应用	描述
高级	三维协同设计	综合应用 BIM 和 GIS 技术，主要在三维虚拟场景下、主体专业间协作完成铁路工程设计
	制图	突破传统二维制图标准，结合 BIM 特点制定新的制图规则，应用于设计（竣工）图交付，在项目中获得推广应用
	工程量计算与投资估（概、预）算	从信息模型中获取数据，完成工程量计算和投资估算，计算结果反馈至信息模型，基于信息模型实现单位工程、分部工程、分项工程多粒度工程量和投资统计
	施工管理	基于信息模型开展全方位施工管理。开展精细化验工计价、工程投资控制分析、智能施工组织优化、智能资源配置等应用
	数字化加工	从信息模型中获取数据，驱动加工设备完成复杂钢结构、大型复杂预制构件等加工的应用
	数字化施工	建立现场数字化施工环境，从信息模型中获取数据，驱动施工机械自动完成施工的应用
创新级	全信息模型交付	在设计、施工阶段使用信息模型代替传统图纸作为法定交付物
	效率超越	在设计、施工等阶段全面应用信息模型技术，整体效率超越传统工作方式
	成熟的数字化施工	质量、效率、效益超越传统施工方法，可全面推广的数字化施工应用
	其他创新应用	信息模型与云计算、大数据、物联网、人工智能、移动互联等前沿技术结合，且创新应用价值突出

2.4 《铁路工程信息模型分类和编码标准》

2.4.1 总体结构

《铁路工程信息模型分类和编码标准》（1.0 版）内容由"总则、术语、信息模型分类、信息模型编码、附录"五部分组成，如图 2-15 所示。该标准采用"按功能分建筑物、按形态分建筑物、按功能分建筑空间、按形态分建筑空间、元素、工作成果、行为、专业领域、工具、信息、材料、属性、按功能分铁路单项工程、按形式分铁路单项工程、铁路工程构件、铁路工程工项、铁路工程项目阶段、铁路工程人员角色、铁路工程组织角色、铁路工程产品、铁路工程特性、地理信息"共 22 张分类表组织铁路工程信息模型。

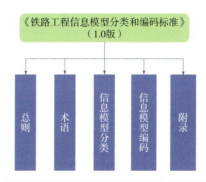

图 2-15 《铁路工程信息模型分类和编码标准》（1.0 版）总体结构

2.4.2 信息分类与编码的基本方法

为了规范各行业信息分类和编码的方法，我国于 2002 年颁布了《信息分类和编码的基本原则与方法》(GB/T 7027—2002)，对信息分类和编码的基本原则与方法进行了具体规定，并对各种分类编码方法的优缺点进行了对比分析，为各类信息分类编码提供了原则和依据。

信息分类是根据信息内容的属性或特征信息按一定的原则和方法进行区分和归类，并建立起一定的分类体系和排列顺序。

分类对象和分类依据是信息分类的两个要素。分类对象由若干个被分类的实体组成。分类依据取决于分类对象的属性或特征。信息内容属性的相同或相异，形成了各种不同的类目。

信息分类的基本方法有三种：线分类法、面分类法、混合分类法。

线分类法是将分类对象（即被划分的事物或概念）按所选定的若干个属性或特征逐次地分成相应的若干个层级的类目，并排成一个有层次的、逐渐展开的分类体系。在这个分类体系中，被划分的类目称为上位类，划分出的类目称为下位类，由一个类目直接划分出来的下一级各类目，彼此称为同位类。同位类类目之间存在着并列关系，下位类与上位类类目之间存在着隶属关系。

面分类法是将所选定的分类对象的若干属性或特征视为若干个"面"，每个"面"中又可分成彼此独立的若干个类目。使用时，可根据需要将这些"面"中的类目组合在一起，形成一个复合类目。

混合分类法是将线分类法和面分类法组合使用，以其中一种分类法为主，另一种作为补充的信息分类方法。

信息分类方法优缺点比较见表 2-9。

信息分类方法优缺点比较　　　　　　　　　　　　　　　　表 2-9

分类方法	优　点	缺　点
线分类法	①层次性好，能较好地反映类目之间的逻辑关系； ②实用方便，既符合手工处理信息的传统习惯，又便于电子计算机处理信息	①结构弹性较差，分类结构一经确定，不易改动； ②效率较低，当分类层次较多时，代码位数较长，影响数据处理的速度
面分类法	①具有较大的弹性，一个"面"内类目的改变，不会影响其他的"面"； ②适应性强，可根据需要组成任何类目，同时也便于机器处理信息； ③易于添加和修改类目	①不能充分利用容量，可组配的类目很多，但有时实际应用的类目不多； ②难于手工处理信息

信息编码是将事物或概念（编码对象）赋予具有一定规律、易于计算机和人识别处理的符号，形成代码元素集合。代码元素集合中的代码元素就是赋予编码对象的符号，即编码对象的代码值。信息编码包含的内容有：数据表达成代码的方法、数据的代码表示形式、代码元素

集合的赋值。信息编码的主要作用是标识、分类与参照。

信息编码的基本原则包括：

（1）唯一性：在一个分类编码标准中，每一个编码对象仅应一个代码，一个代码只唯一表示一个编码对象。

（2）合理性：代码结构应与分类体系相适应。

（3）可扩充性：代码应留有适当的后备容量，以便适应不断扩充的需要。

（4）简明性：代码结构应尽量简单，长度尽量短，以便节省机器存储空间和减少代码的差错率。

（5）适用性：代码应尽可能反映编码对象的特点，适用于不同的相关应用领域，支持系统集成。

（6）规范性：在一个信息分类编码标准中，代码的类型、结构以及编写格式应当统一。

信息编码的代码类型包括无含义代码和有含义代码，可进一步细分为顺序码、无序码、缩写码、层次码、矩阵码、并置码、组合码，如图 2-16 所示。

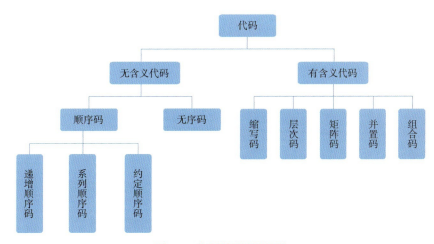

图 2-16　信息编码的代码类型

（1）顺序码

从一个有序的字符集合中顺序地取出字符分配给各个编码对象。顺序码一般作为以标识或参照为目的的独立代码来使用，或者作为复合代码的一部分来使用，后一种情况经常附加着分类代码。在码位固定的数字字段中，应使用零填满字段的位数直到满足码位的要求，例如，在 3 位数字字段中，数字 1 编码为 001，而数字 15 编码为 015。顺序码有以下三种类型：递增顺序码、分组顺序码、约定顺序码。

（2）无序码

无序码是将无序的自然数或字母赋予编码对象。此种代码无任何编写规律，是靠机器的随机程序编写的。无序码既可用作编码对象的自身标识，又可作为复核代码的组成部分。

（3）缩写码

这种代码的本质特性是依据统一的方法缩写编码对象的名称，由取自编码对象名称中的一个或多个字符赋值成编码表示。

（4）层次码

层次码以编码对象集合中的层级分类为基础，将编码对象编码成连续且递增的组（类）。位于较高层级上的每一个组（类）都包含并且只能包含它下面较低层级全部的组（类）。这种代码类型以每个层级上编码对象特性之间的差异为编码基础。每个层级上编码对象的特性必须互不相容。细分至较低层级的层次码实际上是较高层级代码段和较低层级代码段的复合代码。

（5）矩阵码

矩阵码以复式记录表的实体为基础。编码对象的代码是矩阵表中行列值的组合。这种方法的目的是对矩阵表中的编码对象赋予有含义的代码值，这些编码对象在不同的组合中具有若干共同特性。矩阵码可用于标识具有良好结构和稳定特性的编码对象。

（6）并置码

并置码是由一些代码段组成的复合代码，这些代码段提供了编码对象的特性。这些特性是互相独立的。这种方法的编码表达式可以使用任意类型（顺序码、缩写码、无序码）的组合。

（7）组合码

组合码也是由一些代码段组成的复合代码，这些代码段提供了编码对象的不同特性。与并置码不同的是，这些特性相互依赖并且通常具有层次关联。组合码经常被用于标识目的，以覆盖宽泛的应用领域。

2.4.3 铁路工程信息模型分类和编码的基本原则

铁路工程信息模型分类和编码标准以《施工工程信息的组织　第2部分：信息分类框架》（ISO 12006-2—2015）标准体系框架为基础，对铁路工程建设各阶段的信息进行合理分类，根据铁路行业特点组织自己的分类表，基本原则如下：

（1）基本依照《施工工程信息的组织　第2部分：信息分类框架》（ISO 12006-2—2015）框架组织铁路BIM信息。

（2）分类编码的基本原则应符合《信息分类和编码的基本原则与方法》（GB/T 7027—2002）要求。

（3）建筑、结构、暖通、室内给排水等建筑领域相关内容直接引用国家标准，铁路特有的内容单独组织。此处国家标准是指《建筑信息模型分类和编码标准》（GB/T 51269—2017）。

（4）分类的内容参照现有的工程分解结构（Engineering breakdown structure，EBS）、铁路定额体系、《建筑工程工程量清单计价规范》（GB 50500—2013）、《铁路工程工程量清单计价指南（土建部分）》（铁建设〔2007〕108 号）等现有的规范和标准。

（5）顶层分类采用面分类法，各面内采用线分类法进行划分。采用 22 张分类表组织铁路 BIM 信息。

（6）单个分类表内的分类层级不应超过六级。同位类目的数量不应大于 99 个。

2.4.4 铁路工程信息模型分类方案

铁路工程信息模型分类体系中的基本概念划分依据图 2-17 所示的简单过程模型，将信息模型分为建设资源、建设过程、建设成果、其他四大类。

图 2-17 工程建设简单过程模型

建设资源包括：产品、工具、人员、组织、信息。

建设过程包括：行为、项目阶段。

建设成果包括：建筑物、单项工程、空间、构件、工项。

其他包括：专业领域、材料、属性、地理信息。

采用面分类法，将铁路工程信息模型按照表 2-10 进行分类。

铁路工程信息模型分类表　　　　表 2-10

序号	表编号	分类表名称	附录及编制说明
1	10	按功能分建筑物	附录 A，在国家标准《建筑信息模型分类和编码标准》（GB/T 51269—2017）基础上扩充铁路工程内容
2	11	按形态分建筑物	引用国家标准表 11
3	12	按功能分建筑空间	附录 B，在国家标准《建筑信息模型分类和编码标准》（GB/T 51269—2017）基础上扩充铁路工程内容
4	13	按形态分建筑空间	引用国家标准《建筑信息模型分类和编码标准》（GB/T 51269—2017）表 13
5	14	元素	引用国家标准《建筑信息模型分类和编码标准》（GB/T 51269—2017）表 14
6	15	工作成果	引用国家标准《建筑信息模型分类和编码标准》（GB/T 51269—2017）表 15
7	21	行为	引用国家标准《建筑信息模型分类和编码标准》（GB/T 51269—2017）表 21
8	22	专业领域	附录 C，在国家标准《建筑信息模型分类和编码标准》（GB/T 51269—2017）基础上扩充铁路工程内容

续上表

序号	表编号	分类表名称	附录及编制说明
9	32	工具	引用国家标准《建筑信息模型分类和编码标准》（GB/T 51269—2017）表32
10	33	信息	引用国家标准《建筑信息模型分类和编码标准》（GB/T 51269—2017）表33
11	40	材料	引用国家标准《建筑信息模型分类和编码标准》（GB/T 51269—2017）表40
12	41	属性	引用国家标准表41
13	51	按功能分铁路单项工程	附录D，独立编制
14	52	按形式分铁路单项工程	附录E，独立编制
15	53	铁路工程构件	附录F，独立编制
16	54	铁路工程工项	附录G，独立编制
17	55	铁路工程项目阶段	附录H，独立编制
18	56	铁路工程人员角色	附录I，独立编制
19	57	铁路工程组织角色	附录J，独立编制
20	58	铁路工程产品	附录K，独立编制
21	59	铁路工程特性	附录L，独立编制
22	60	地理信息	附录M，在《地理信息分类与编码规则》（GB/T 25529—2010）基础上扩充铁路工程内容

（1）表10-按功能分建筑物，用于按照功能或用户活动特征分类建筑物。该表引用国家标准《建筑信息模型分类和编码标准》（GB/T 51269—2017），并在适当的类目下扩充铁路工程建筑物。

（2）表11-按形态分建筑物，用于按照形态特征分类建筑物。该表引用国家标准。

（3）表12-按功能分建筑空间，用于按照功能或用户活动特征分类建筑空间。该表引用国家标准，并在适当的类目下扩充铁路工程功能空间。

（4）表13-按形态分建筑空间，用于按照封闭程度特征分类建筑空间。该表引用国家标准。

（5）表14-元素，用于按功能特征分类建筑元素。该表引用国家标准。

（6）表15-工作成果，用于按照工作类型特征分类建筑工程工作成果。该表引用国家标准。

（7）表21-行为，用于分类行为。该表引用国家标准。

（8）表22-专业领域，用于分类专业领域。该表引用国家标准，并在适当的类目下扩充铁路工程专业领域。

（9）表32-工具，用于按照功能特征分类工具。该表引用国家标准。

（10）表33-信息，用于分类信息。该表引用国家标准。

（11）表40-材料，用于分类材料。该表引用国家标准。

（12）表41-属性，用于分类属性。该表引用国家标准。

（13）表51-按功能分铁路单项工程，用于按照功能特征分类铁路单项工程。

（14）表52-按形式分铁路单项工程，用于按照形式特征分类铁路单项工程。

（15）表53-铁路工程构件，用于按照功能特征分类铁路工程构件。

（16）表54-铁路工程工项，用于按照工作类型特征分类铁路工程工项。

（17）表55-铁路工程项目阶段，用于分类铁路工程项目阶段。

（18）表56-铁路工程人员角色，用于分类铁路工程人员角色。

（19）表57-铁路工程组织角色，用于分类铁路工程组织角色。

（20）表58-铁路工程产品，用于按照功能和材料特征分类铁路工程产品。

（21）表59-铁路工程特性，用于分类铁路工程实体特性。

（22）表60-地理信息，用于分类地理信息和工程地质信息。该表引用《地理信息分类与编码规则》（GB/T 25529—2010），并在"铁路基础设施及营运与管理要素"类目下扩充铁路工程地理要素，在"地层单元""含水层""地质灾害分布区划地质灾害类型"类目下扩展铁路工程地质信息。

2.4.5 铁路工程信息模型编码方案

（1）铁路工程信息模型编码标准采用全数字编码方式。编码长度不大于15位。

（2）分类表代码采用两位数字表示。

（3）"表60-地理信息"中的分类对象编码遵照《地理信息分类与编码规则》（GB/T 25529—2010）中的有关规定。

（4）除"表60-地理信息"外，其他分类表内各层级代码采用两位数字表示，层级代码值小于10时用前导零补齐。"00"不用于层级代码。

（5）表内分类对象代码由分类表代码和各层级代码组成，分类表代码与层级代码之间用"-"连接。各层级代码位数不足6位时用"00"补齐。

（6）分类对象代码可借助代码标记符号联合使用。代码标记符号有"+""/"">""<"。符号的用法及含义见表2-11。

代码标记符号的用法及含义 表2-11

符 号	用法及含义
"+"	用于将同一表或不同表中的代码联合在一起
"/"	用于表示单个表中由"/"前的代码开始，直至"/"后的代码结束的连续的分类对象代码
"<"">"	用于表示分类对象间的从属或主次关系。"<"前的对象是"<"后对象的一部分，">"后的对象是">"前对象的一部分

2.5 《铁路工程信息模型数据存储标准》

2.5.1 总体结构

《铁路工程信息模型数据存储标准》（1.0版）定义了铁路工程信息模型基础数据体系结构，涵盖和涉及铁路线路、轨道、路基、桥梁、隧道、站场、路基排水、地质8个专业领域，适用于铁路 BIM 实施标准制定、BIM 软件研发和 BIM 应用研究。总体结构如图 2-18 所示。

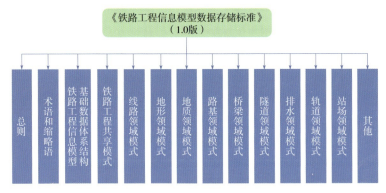

图 2-18　《铁路工程信息模型数据存储标准》（1.0 版）总体结构

2.5.2 基本原则

《铁路工程信息模型数据存储标准》（1.0版）的制定遵循以下基本原则：

（1）兼容性。与现有国内外相关标准保持最大限度的兼容。

（2）可移植性。本标准仅规范铁路工程领域的基础数据模型。该数据模型中的元素可以被不同技术平台的不同编码方式使用。

（3）抽象性。本标准仅定义在国内、国外广泛应用，被整个领域共同认知与接受的重要铁路工程元素，使得本标准的固定模型最小化。

（4）可扩展性。本标准可与具体的信息分类、编码、字典相结合，对本标准定义的元素进行进一步"修饰"或"限定"，而不扩大元素的基本含义，从而满足特定用户的信息存储与交换需求。

（5）可选择性。本标准中定义的任何元素在数据交换与存储的需求中都是可选的。

（6）可重复性。本标准中定义的任何元素在数据交换与存储的应用中都是可重复的。

（7）易用性。本标准提供标准作者之间、作者与软件开发人员之间描述标准的形式化文件与可读性文件，从而不给相关人员增加过多的工作负担。

2.5.3 标准定义框架

铁路工程信息模型数据存储标准在 IFC4 标准的基础上，通过静态扩展与动态扩展的方式对铁路领域概念进行表达，如图 2-19 所示。

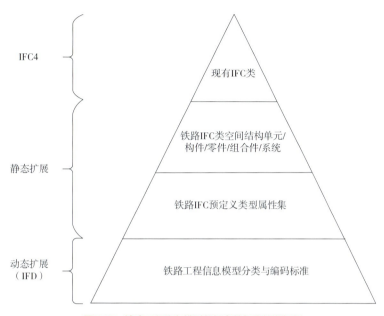

图 2-19　铁路工程信息模型数据存储标准扩展框架

静态扩展是指在 IFC Schema 中添加铁路实体的定义。遵循面向对象的继承原则，层级化地定义铁路工程的实体。静态扩展的结果为 EXPRESS 模式文件，软件开发通过解析 EXPRESS 文件来完成对铁路 IFC 对象的识别。

动态扩展是指在现有 IFC 实体的基础上，不更改 IFC Schema（EXPRESS 模式文件），通过将现有 IFC 实体的特定字段设置为表达标准化的铁路领域信息的数据，从而起到标记、识别铁路工程信息模型的方法。

IFC 表达的铁路工程信息模型纵向分为现有 IFC 实体类、铁路扩展 IFC 实体类、铁路扩展 IFC 实体类的预定义类型、铁路工程信息模型分类与编码四个层级，横向分为空间结构单元、构件、零件、组合件、系统五种类型，来组织各个专业的铁路工程信息模型。

此外，IFC 通过属性（Property）与属性集（Property Set）表达 IFC 实体的特征。本标准通过属性集定义（Property Set Definition，PSD）XML 描述语言定义铁路工程信息模型实体的属性。

2.5.4 数据表达方法

（1）描述方法

通过《工业自动化系统与集成产品数据表达与交换　第 11 部分：描述方法：EXPRESS

语言参考手册》（GB/T 16656.11—2010）中定义的 EXPRESS 语言和 EXPRESS-G 图来描述铁路工程各个专业的实体、实体包含的属性、属性的类型，以及实体之间的关系。EXPRESS 是一种概念模式语言，能够描述某个领域里的实体，以及实体的属性或者约束信息。EXPRESS-G 图是 EXPRESS 语言的图形子集，用图形化的方法来描述概念与概念之间的关系。

（2）实体定义

实体定义一般包含空间结构单元、构件、组合件、零件、系统、关系以及类型对象的扩展。

空间结构单元表示空间概念上的分解，通常是一个物体的空间主体以及它的主要组成结构。空间结构单元是一个抽象概念，一般是以整体包含多个局部的方式出现。

构件是重要的物理存在的实体，可以被包含在空间结构中。构件的定义一般具有一定的概括性，而又不失通用性。概括性是指一般将相同或相似的实体定义为一种构件。通用性是指将这些类别定义为一种构件不会引起误解，不违反一些"约定俗成"的规则。

组合件由多个构件组合而成，本质上还是一种构件，只是为了强调某种构件是组合而成的，故将其专门定义成组合件。组合件是物理存在的实体，具备一定的功能，可以发挥具体作用。组合件一般没有单独的几何形状，它的几何形状一般由组成它的构件的几何形状共同表示。

零件是附加在构件上或包含在构件中，起加固或连接构件等辅助作用的小物件。从整体角度上看，一般不太关注这些小物件，但是这些小物件又确实发挥着重要作用。零件一般不作为空间划分的边界。

系统表示为完成某种特定功能而将一系列空间或实体对象组合起来的集合对象。

关系对象用于将几何信息和语义信息关联到具体的建筑实体。IFC4 标准中的关系实体都继承自抽象类 IfcRelationship（关系对象），按照各自不同的作用来关联建筑中的几何信息或者语义信息。

类型对象（IfcTypeObject）继承自 IfcObjectDefiniiton，用来定义一个类型所有实例的通用属性，使用一组属性集（IfcPropertySet）进行表示。

2.5.5 铁路工程信息模型数据结构

铁路工程信息模型基础数据结构如图 2-20 所示，在 IFC4 标准架构基础上，针对铁路工程领域的特点进行扩展。在资源层的几何资源中增加了线路中心线的部分定义。在核心层的产品扩展模块中扩展了 IFC Alignment（线路中心线）类。在共享层中增加了铁路工程共享模式定义。在专业领域层，扩展了线路、地质、路基、桥梁、隧道、排水、轨道、站场 8 个模块。

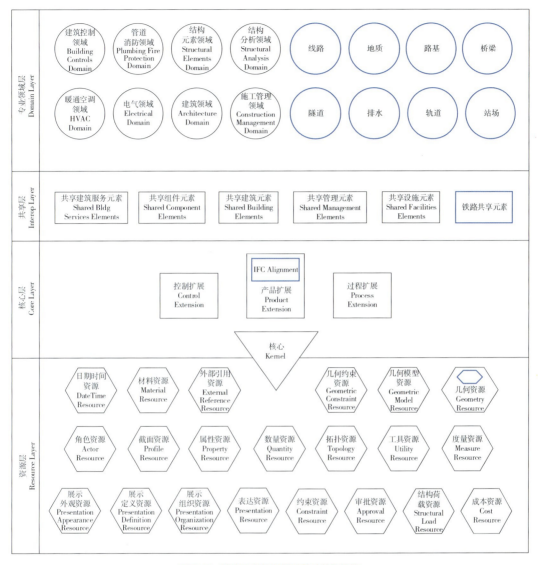

图 2-20　铁路工程信息模型基础数据结构

铁路工程信息模型实体继承关系如图 2-21 所示。路基、桥梁、隧道、轨道、站场通过定义相应的空间结构单元、构件、组合件、零件的方式进行扩展。实体定义分为空间结构单元、构件、组合件、零件、线路中心线和系统。

对于空间结构单元，先从 IFC 标准中的 IfcSpatialStructureElement（空间结构构件）类派生出土木工程空间结构（IfcCivilStructureElement）类。考虑到铁路、公路、市政等工程中均有路基、桥梁、隧道，直接从土木工程空间结构派生出路基空间结构（IfcSubgradeStructureElement）、桥梁空间结构（IfcBridgeStructureElement）和隧道空间结构（IfcTunnelStructureElement），而轨道和站场两个铁路工程特有的领域则先从土木空间结构派生出铁路工程空间结构（IfcRailwayStructureElement），然后再在铁路工程空间结构下派生出轨道（IfcTrack）和站场（IfcRailwayStation）空间结构。

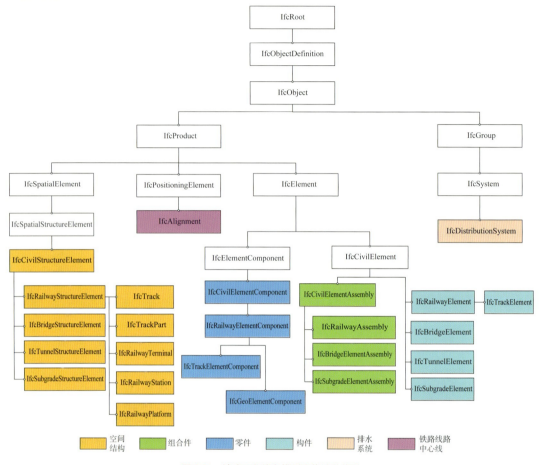

图 2-21 铁路工程信息模型实体继承关系

对于构件，路基、桥梁、隧道直接从 IFC 标准中的 IfcCivilElement（土木工程构件）类派生，而轨道和站场先从 IfcCivilElement 类派生出 IfcRailwayElement（铁路工程构件）类，然后再派生各专业的构件。

对于组合件，先从 IFC 标准中的 IfcCivilElement 类派生出 IfcCivilElementAssembly（土木工程组合件）类，然后，路基和桥梁分别派生出 IfcSubgradeElementAssembly（路基工程组合件）和 IfcBridgeElementAssembly（桥梁工程组合件）。而轨道则先从 IfcCivilElementAssembly 类派生出 IfcRailwayAssembly（铁路工程组合件）类，然后再派生轨道组合件。

对于零件，先从 IFC 标准中的 IfcElementComponent（零件）类派生出 IfcCivilElement-Component（土木工程零件）类，再从 IfcCivilElementComponent 类派生出 IfcRailwayElement-Component（铁路工程零件）类，然后从 IfcRailwayElementComponent 类派生 IfcTrackElement-Component（轨道零件）和 IfcGeoElementComponent（岩土零件）。

铁路线路中心线通过对 IFC Alignment 标准进行扩展来表达。铁路路基排水系统采用 IFC 标准中的 IfcDistributionSystem（排水系统）来表达。

2.5.6 铁路工程空间结构组成

铁路工程空间结构组成如图 2-22 所示。其中，IfcRelAggregates 表示聚合关系，是"整体/部分"关系的一种特殊类型，有 RelatingObject 和 RelatedObjects 两个属性。RelatingObject 表示聚合对象，相当于"整体/部分"关系中的"整体"；RelatedObjects 表示被聚合对象，相当于"整体/部分"关系中的"部分"。IfcRelContainedInSpatialStructure 表示空间结构包含关系，有 RelatingStructure 和 RelatedElements 两个属性。RelatingStructure 表示空间结构单元，RelatedElements 表示包含在空间结构单元中的元素。

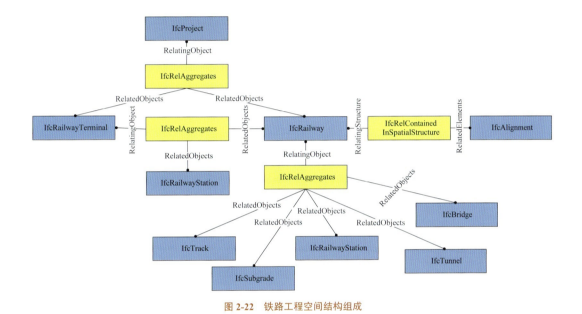

图 2-22 铁路工程空间结构组成

铁路项目（IfcProject）可包含一条或多条铁路线（IfcRailway）和一个或多个铁路枢纽（IfcRailwayTerminal）。铁路线（IfcRailway）可包含一条或多条线路中心线（IfcAlignment），一条或多条轨道（IfcTrack），一个或多个路基（IfcSubgrade）、桥梁（IfcBridge）、隧道（IfcTunnel）、车站（IfcRailwayStation）、建筑（IfcBuilding）工点。铁路枢纽（IfcRailwayTerminal）亦可包含一系列铁路线（IfcRailway）和铁路车站（IfcRailwayStation）。

2.6 铁路工程信息模型交付标准体系

铁路工程信息模型交付标准体系是一个简称为"1+2+n"的交付标准体系，如图 2-23 所示。其中：

"1"指《基于信息模型的铁路工程设计文件编制办法》，是整个交付标准体系的统领。其他交付标准是对本标准中相关内容交付要求的进一步规定细化。

"2"指《铁路工程信息模型交付精度标准》和《铁路工程信息模型表达标准》，是对《基于信息模型的铁路工程设计文件编制办法》中模型、附图、附件内容交付要求的进一步约定。

"n"指交付标准体系中满足特定应用交付需求的交付标准。目前完成的《面向铁路工程信息模型应用的地理信息交付标准》即属于此类交付标准。

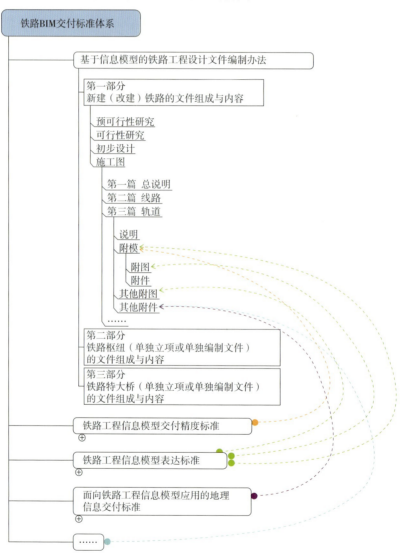

图 2-23　铁路工程信息模型"1+2+n"交付标准体系

铁路工程信息模型交付标准体系中主要规定的内容包括：模型信息深度、几何精度的等级定义；信息模型命名；设计单元的划分与命名；交付内容；交付物格式与组织方式等。

2.7 《基于信息模型的铁路工程施工图设计文件编制办法》

2.7.1 组织结构

《基于信息模型的铁路工程施工图设计文件编制办法》规定了铁路工程施工图阶段的文件编制要求，其组织结构与《铁路建设项目预可行性研究、可行性研究和设计文件编制办法》基本一致，如图 2-24 所示。

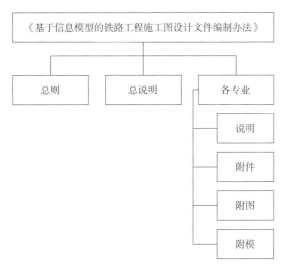

图 2-24 《基于信息模型的铁路工程施工图设计文件编制办法》组织结构

2.7.2 编制原则

《基于信息模型的铁路工程施工图设计文件编制办法》的编制遵循以下原则：

（1）结合 BIM 设计特点，修编《铁路建设项目预可行性研究、可行性研究和设计文件编制办法》（TB 10504—2007）（以下简称"原编制办法"），篇章结构保持不变。编制办法的篇章结构应与原编制办法保持一致。即第一部分 新建（改建）铁路的文件组成与内容，第二部分 铁路枢纽（单独立项或单独编制文件）的文件组成与内容，第三部分 铁路特大桥（单独立项或单独编制文件）的文件组成与内容。第二级为不同设计阶段。第三级为专业篇。

（2）每专业篇中，设计说明应从整体、宏观的角度描述清楚设计内容，为进一步理解、查阅模型、附图、附件等打好基础。设计说明中应增加参考引用的使用，例如项目设计原则各专业应尽量引用总体说明书内容，避免多次出现副本。尽量保证信息的同源性、一致性。

（3）每专业篇中，设计说明与模型、附图和附件的关系应为：设计说明为统领，模型、附图和附件为附属物。

（4）每专业篇中，模型、附图、附件的关系应为：模型为主，模型表达不清楚的地方，辅以附图、附件。其中，附图应尽量以模型为基础进行投影、剖切、简化生成或尽量由与模型同源的数据生成；附件应尽量从模型中提取得到；对于模型中不包含的内容，又需要图表或其他形式表示的可以另行编制生成。文件编制办法各部分之间的关系如图2-25所示。

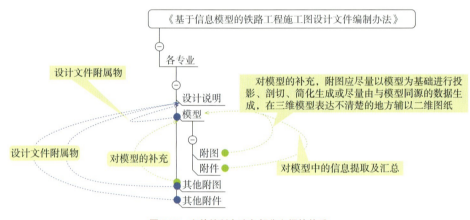

图 2-25　文件编制办法各部分之间的关系

2.7.3　主要内容

与原编制办法相比，《基于信息模型的铁路工程施工图设计文件编制办法》主要修改的内容包括：

（1）总说明和各专业篇章由四部分组成：说明、附件、附图、附模。

（2）总说明和各专业篇章中，说明部分中增加"设计单元（工点）划分情况、模型设计的相关要求或统一规定"等与模型相关的说明。

（3）总说明和各专业篇章中，附件部分中增加"设计单元目录、参考模型目录"等与模型相关的附件，删除可由模型表达和替代的附件。

（4）总说明和各专业篇章中，附图部分中删除可由模型表达和替代的附图和附件。

（5）总说明和各专业篇章中，增加附模部分，附模部分按照参考模型和设计单元模型组织，主要由模型说明、模型、模型附件、模型附图四部分组成。

2.7.4　示例

按照以上编制原则，以施工图设计阶段第三篇轨道为例，基于信息模型的铁路工程施工图设计文件编制办法内容见表2-12。

第 2 章 铁路 BIM 标准体系

施工图设计文件编制办法轨道篇示例　　　　　表 2-12

文件组成及内容			与原编制办法内容比较	说　明
说明	初步设计审批意见的主要内容及执行情况		相同	
	线路概况		相同	
	设计说明		在此基础上补充	设计原则中增加 BIM 模型设计的相关要求或统一规定
	施工注意事项		相同	
	运营注意事项		相同	
	安全施工的措施		相同	
模型	轨道结构设计模型			新增
	主要轨道部件设计模型			新增
附件	加强地段表		相同	
	制动地段表		相同	
	单元轨节布置表（含位移观测桩等）		相同	
	铺设无砟轨道地段表		相同	
	铺设宽枕及其他新型枕下基础地段表		相同	
	有砟轨道铺设钢筋混凝土枕、木枕地段表		相同	
	轨道工程数量汇总表		相同	
	线路标志及信号标志工程数量表、线路安全保护区标桩等工程数量表		相同	
	线路基桩表		相同	
	采用标准图、通用图一览表		相同	
	有关协议、纪要及公文		相同	
	图纸目录		相同	
	BIM 模型文件目录		增加	轨道结构 BIM 模型、轨道工程概况的漫游动画、特殊结构和新结构的三维动画介绍、典型轨道结构施工动画、特殊轨道部件安装动画等
附图	无缝线路设计图		不出	采用轨道模型表达，附设计说明、轨条或轨节布置表、相关数量表
	无砟轨道结构设计图	含路、桥、隧、站地段无砟轨道结构图	除无砟轨道典型横断面有关图纸外其余图纸不出	轨道模型表达，增加特殊结构的三维视图及必要剖面视图，附设计说明及数量表
		典型和特殊平面布置图	除道岔平面布置图、伸缩调节器平面布置图外其余图纸不出	采用模型表达-轨道工程系统模型，增加特殊结构的三维视图及必要剖面视图，附相关设计说明
		过渡段布置图	除过渡段纵断面图外其余图纸不出	平面布置图采用模型表达，增加结构的三维视图及必要剖面视图，附设计说明及数量表
		其他个别设计图	除较为特殊或复杂结构详图外其余图纸不出	结构模型表达，增加特殊结构的三维视图及必要剖面视图，必要时附设计说明及数量表

2.8 《铁路工程信息模型交付精度标准》

2.8.1 总体结构

《铁路工程信息模型交付精度标准》(1.0 版)于 2017 年 9 月由铁路 BIM 联盟批准发布。其主要目的是确保铁路工程建设过程中,工程设计各参与方所交付的铁路工程信息模型几何精度和信息深度科学合理、满足实际工程需求,有利于工程建设参与各方之间的协作。本标准适用于铁路工程设计和建造过程中,基于铁路工程信息模型在具体工作阶段下的数据建立、传递和解析,工程建设参与各方的协作,以及质量管理体系中的管控、交付等过程。

铁路工程信息模型交付精度标准由 7 部分组成,其内容包括总则、术语、基本规定、模型精度规定、信息深度要求、几何精度要求、附录,涉及站前站后主要专业,总体架构如图 2-26 所示。在不同的模型精度下,各个专业对应划分出不同的模型单元,它是承载模型信息的实体及其相关属性的集合,是信息输入、交付和管理的基本对象。每个模型单元由几何精度和信息深度共同定义。根据不同项目的实际要求,对具体专业进行模型单元划分,并附加对应的几何精度和信息深度,从而实现对 BIM 模型交付精度的完整定义。

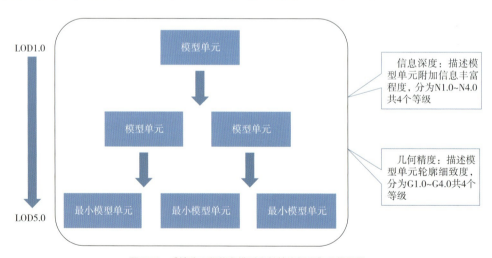

图 2-26 《铁路工程信息模型交付精度标准》总体架构

一般情况下,随着模型精度的递增,模型单元几何精度和信息深度应按照项目应用需求从低几何精度、低信息深度向高几何精度、高信息深度递进。对于特别关注信息附加的应用场景中,如模型以轻量化方式进行项目建设管理,允许模型单元以低几何精度和高信息深度存在。对于特别关注几何造型的应用场景中,如项目精细模型展示、施工进度模拟等场景,允许模型单元以高几何精度和低信息深度存在。

2.8.2 模型精度

模型精度表示按照铁路工程建设阶段划分的相应模型层次要求，是模型单元包含的几何精度和信息深度的全面性、细致程度及准确性的指标，简称 LOD（Level of Detail）。

参照《铁路建设项目预可行性研究、可行性研究和设计文件编制办法》（TB 10504—2007）所定义的各个阶段，定义模型精度基本等级，具体划分见表2-13。根据项目不同阶段及用途，将模型精度划分为6个等级：LOD1.0、LOD2.0、LOD3.0、LOD3.5、LOD4.0、LOD5.0。

模型精度基本等级　　　　　　　　　　　　表2-13

等　　级	英　文　名	简　　称	阶段及用途
1.0级精度	Level of Detail 1.0	LOD1.0	规划阶段、预可
2.0级精度	Level of Detail 2.0	LOD2.0	可研
3.0级精度	Level of Detail 3.0	LOD3.0	初步设计
3.5级精度	Level of Detail 3.5	LOD3.5	施工图设计
4.0级精度	Level of Detail 4.0	LOD4.0	施工深化设计
5.0级精度	Level of Detail 5.0	LOD5.0	竣工、运维

实际应用中，在满足铁路工程建设项目需求的前提下，铁路工程信息模型宜采用较低的模型精度，并应满足现行有关工程文件编制深度的规定，且符合施工工法和措施要求，为施工深化预留条件。对于典型工点项目，其铁路工程信息模型可采用更高等级的模型精度。

2.8.3 信息深度

信息深度是模型单元非几何信息详细程度的衡量指标。铁路工程信息模型单元实体的信息深度共划分为 N1.0、N2.0、N3.0、N4.0 四个等级，每个等级对应不同的信息深度要求，见表2-14。

信息深度等级　　　　　　　　　　　　表2-14

等　　级	英　文　名	代号	等级要求
1级信息深度	Level 1 of information detail	N1.0	宜包含信息模型的基本信息、身份描述、项目信息、组织角色等信息
2级信息深度	Level 2 of information detail	N2.0	宜包含和补充N1.0等级信息，增加实体系统关系、组成及材质、性能或属性等信息
3级信息深度	Level 3 of information detail	N3.0	宜包含和补充N2.0等级信息，增加生产信息和安装信息
4级信息深度	Level 4 of information detail	N4.0	宜包含和补充N3.0等级信息，增加资产信息和维护信息

2.8.4 几何精度

几何精度是模型单元实体几何表达真实性和精确性的衡量指标。参考《建筑工程设计信息模型交付标准》中相关内容，结合铁路行业的特点，定义铁路工程信息模型单元实体的几何精度等级。几何精度共包括4个等级，每个等级分别满足不同的应用需求，具体划分见表2-15。

几何精度等级　　　　　　　　　　表2-15

等 级	英 文 名	代 号	等 级 要 求
1级精度	Grade 1	G1.0	满足符号化识别需求的几何精度
2级精度	Grade 2	G2.0	满足空间占位等粗略识别需求的几何精度
3级精度	Grade 3	G3.0	满足真实外观等精细识别需求的几何精度
4级精度	Grade 4	G4.0	满足结构施工、产品制造等高精度识别需求的几何精度

2.9 《铁路工程信息模型表达标准》

2.9.1 总体结构

《铁路工程信息模型表达标准》（1.0版）于2017年9月由铁路BIM联盟批准发布。其主要目的是规范铁路工程信息模型的表达，协调铁路工程各参与方识别铁路工程信息的方式。本标准适用于铁路工程设计和建造过程中铁路工程信息模型的建立、传递和使用，各专业之间的协同，工程设计各参与方之间的协作等过程。

《铁路工程信息模型表达标准》（1.0版）由12部分组成，其内容包括总则、术语、基本规定、命名规则、模型几何表达等级、模型拆分和组合、模型轻量化、视图表达、外部参照、交付物内容及形式、设计成果交付格式、渲染材质，如图2-27所示。

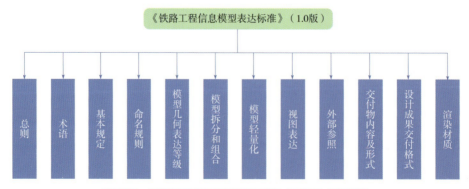

图2-27 《铁路工程信息模型表达标准》（1.0版）总体结构

2.9.2 模型命名规则

信息模型的命名关系到信息模型是否能够准确交换，对信息的传递非常重要。信息模型的命名主要包括对象和参数的命名、文件命名。

铁路工程所描述的对象和各类参数的命名应符合《铁路工程信息模型分类和编码标准》（1.0 版）的规定。为了保证对象及其参数在铁路工程信息模型全生命周期内的有效传递，同一对象和参数的命名应保持前后一致。

在同一项目中，应使用统一的文件命名格式，且始终保持不变。

文件的命名宜包含项目、设计阶段、专业、设计单元和类型描述信息，宜使用汉字、拼音或英文字符、数字和连字符的组合，可由项目名称、设计阶段、专业代码、设计单元、类型描述依次组成，由连字符"-"隔开，如：

项目名称 - 设计阶段 - 专业代码 [- 设计单元]- 类型描述。

其中，项目名称一般由项目管理者制定，宜采用中文表达，如果采用英文或拼音，宜为 4 个字符。设计阶段主要用于识别模型文件应用的设计阶段，如预可行性研究、可行性研究、初步设计、施工图设计等。专业代码主要用于区分项目涉及的相关专业，宜采用中文表达。设计单元用于区别文件从属的设计单元，由"特征标示 ## 工点名称"组成，没有从属设计单元时可以省略。专业代码见表 2-16。

专 业 代 码　　　　　　　　　　　　表 2-16

专业（中文）	专业（英文）	专业代码（中文）	专业代码（英文）
桥梁	Bridge	桥梁	BRI
隧道	Tunnel	隧道	TUN
路基	Subgrade	路基	SGR
站场	Station	站场	STA
轨道	Track	轨道	TRA
线路	Alignment	线路	ALI
接触网	Overhead Contact System	接触网	OCS
牵引变电	Sub-station	变电	SS
电力	Electric	电力	ELE
通信	Communication	通信	COM
信号	Signal	信号	SIG
信息	Information	信息	INF
自然灾害及异物侵限监测	Natural disaster and foreign object monitoring system	灾害监测	DMS
土地利用	Land use	用地	LU

续上表

专业（中文）	专业（英文）	专业代码（中文）	专业代码（英文）
景观	Landscape	景观	LAN
综合检测与维修	Comprehensive maintenance	维修	CM
给排水	Water Supply and Drainage	给排水	WSD
机务设备	Locomotive facilities	机务	LF
车辆设备	Rolling stock facilities	车辆	RSF
动车组设备	EMU facilities	动车	EMU
环保	Environmental protection	环保	EP

2.9.3 模型几何表达等级

模型几何表达等级与《铁路工程信息模型交付精度标准》中的几何精度等级划分一致。

2.9.4 模型拆分和组合

模型拆分是为了更好地表达模型，方便模型的组合，便于工程数量统计和工程造价的计算。

铁路工程信息模型可按照里程范围、部位、断面形式或施工工法拆分成多个系统。各拆分系统都需要建立相同的插入坐标系，便于模型的组合。

模型的组合可分为单系统组合和多系统组合。单系统组合是指由最简构件拼装的模型。多系统组合是指按照先主体结构模型，后附属结构模型进行组合。

2.9.5 模型轻量化

模型的轻量化可通过降低模型的几何表达等级来实现。对于工点级的场景，可采用基本模型表达，对于施工级或制造级的构件，可采用参考模型表达。在满足使用需求的前提下，尽量使用基本模型与参考模型相结合的方式进行表达。

其中，基本模型是一种简化的构件模型，以减小创建实际结构模型的体量；参考模型是精细化的构件模型，可在创建实际结构模型时参考使用。

2.9.6 视图表达

视图表达内容应能够完整、准确地表达设计意图，并满足现场施工需要。视图包括二维视图和三维视图。二维视图可通过模型的投影或剖切生成，也可通过模型参数信息直接生成。三维视图一般由三维模型直接生成，可根据使用需求增补必要的注释信息。铁路工程信息模型视图宜按照"专业代码 - 视图编号 - 视图名称 - 描述"进行命名。

2.10 《面向铁路工程信息模型应用的地理信息交付标准》

2.10.1 总体结构

《面向铁路工程信息模型应用的地理信息交付标准》以约束交付行为、过程和成果为主要目标，内容涵盖了铁路工程全专业设计成果及多个专业设计单元周边信息的 GIS 表达，可为从全局角度对铁路工程进行数字化展现和管理提供规范性参考和依据。其总体结构如图 2-28 所示。

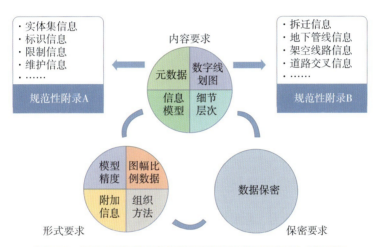

图 2-28 《面向铁路工程信息模型应用的地理信息交付标准》总体结构

铁路工程地理信息模型交付分为规划、预可研与可研、初步设计、施工图设计、施工工法模拟及造价控制 5 个阶段，分别简称为 LoD100～LoD400，其与《铁路工程信息模型交付精度标准》中的阶段对应关系见表 2-17。

地理信息交付的阶段划分　　　　　　　　　　表 2-17

简称	英文全称	阶段名称	对应《铁路工程信息模型交付精度标准》中的阶段
LoD100	Level of Development 100	规划阶段	LOD1.0
LoD200	Level of Development 200	预可研、可研阶段	LOD2.0
LoD300	Level of Development 300	初步设计阶段	LOD3.0
LoD350	Level of Development 350	施工图设计阶段	LOD3.5
LoD400	Level of Development 400	施工工法模拟及造价控制	LOD4.0

2.10.2 元数据

元数据部分参考引用了国家标准《地理信息 元数据》（GB/T 19710—2005），标准中规定了交付的元数据内容，包括"实体集信息""标识信息""限制信息""维护信息""数据质量信息""分发信息""铁路参照系"和"铁路内容信息"八类信息。其中，"铁路参照系"和"铁路内容信息"是结合铁路工程地理信息模型生产中元数据的定义需求，在国家标准基础上进行的扩展，即标准中附录 A 规定的内容，如图 2-29 所示。

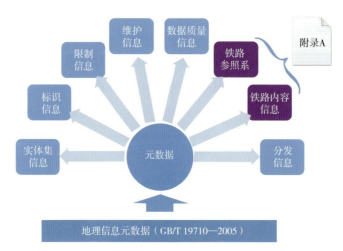

图 2-29　在国家标准基础上扩展对元数据的规定

2.10.3　铁路工程地理信息模型

铁路工程地理信息模型分为：地形模型、铁路工程要素模型、铁路建筑模型和其他模型四类。每类模型包括几何信息、语义信息、属性信息和纹理信息四种信息。

（1）模型细节层次

标准对四类铁路工程地理信息模型的细节层次作出了相应规定。铁路工程地理信息模型按表现细节的不同，可分为 LOD1、LOD2、LOD3、LOD4 四个细节层次（粒度层级），并与铁路工程建设阶段之间构成对应关系，见表 2-18。

信息模型细节层次的划分　　　　　　　　　　　　　表 2-18

建设阶段	粒度层级	信息内容			
		地形模型	铁路工程要素模型	建筑模型	其他模型
LoD100	LOD1	DEM	线路中心线	体块模型	通用符号
LoD200					
LoD300	LOD2	DEM+DOM	线路中心线	基础模型	基础模型
LoD350	LOD3	高精度 DEM+高精度 DOM	标准模型	标准模型	标准模型
LoD400	LOD4	精细模型	精细模型	精细模型	精细模型

注：DEM 指数字高程模型（Digital Elevation Model），DOM 指数字正射影像（Digital Orthophoto Map）。

图 2-30 展示了地形模型 LOD1～LOD4 四个细节层次的内容，图中 LOD1 是 1：10000 大尺度数字高程模型，LOD2 为 1：2000 中等比例尺数字高程模型与数字正射影像，LOD3 为平面精度高于 1：2000 的三维地形图，LOD4 为平面精度高于 1：2000 且高程精确的三维地表精细模型。

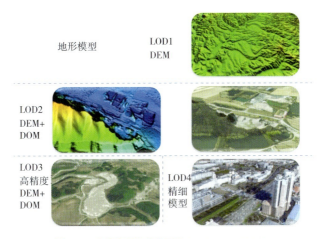

图 2-30　地形模型的细节层次（LOD1～LOD4）

图 2-31 展示了铁路工程要素路基模型四个细节层次的内容，图中 LOD1 和 LOD2 级别下是以 2.5 维线路中心线表示的路基段，LOD3 以通用普遍的几何造型和纹理表现了路基模型，且整个路基为一个整体，在模型粒度上不区分组成路基的路基本体、支挡结构、护坡等构件；LOD4 反映真实的设计成果形式，路基整体由更细模型粒度的路基本体、护坡、排水沟、支挡结构组成。

图 2-31　铁路工程要素模型中路基模型的细节层次（LOD1～LOD4）

图 2-32 展示了铁路工程要素桥梁模型四个细节层次的内容，图中 LOD1 与 LOD2 层次的桥梁段同样以 2.5 维的线路中心线表达；在 LOD3 层级，以通用的造型方式展示了桥梁的空间占位和姿态，此时桥梁作为一个整体模型表达；而到 LOD4 层级精细模型中，桥梁整体由更细

粒度的桥墩（台）、梁、基础等构件组成。

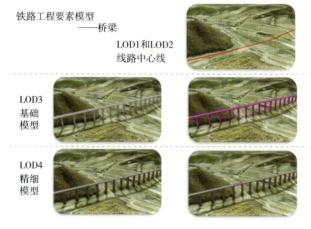

图 2-32　铁路工程要素模型中桥梁模型的细节层次（LOD1～LOD4）

同理，图2-33～图2-35分别展示了隧道、建筑、管线模型不同细节层次下模型的表达方法。

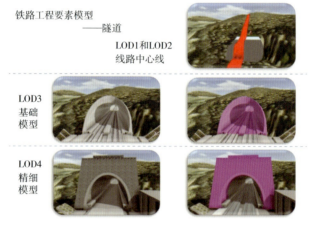

图 2-33　铁路工程要素模型中隧道模型的细节层次（LOD1～LOD4）

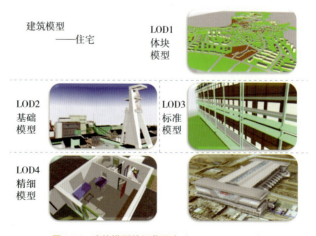

图 2-34　建筑模型的细节层次（LOD1～LOD4）

第 2 章　铁路 BIM 标准体系

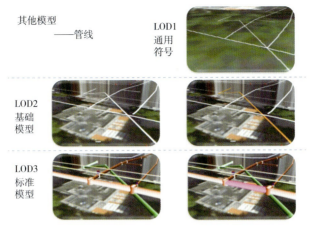

图 2-35　管线模型的细节层次（LOD1 ～ LOD3）

（2）模型精度

标准对四类铁路工程地理信息模型不同细节层次等级的精度要求进行了详细规定。表 2-19 ～ 表 2-22 分别列出了不同细节层次（粒度等级）的地形模型、铁路工程要素模型、建筑模型、其他模型的精度要求。

不同粒度层级地形模型的精度要求　　表 2-19

粒度层级	地形模型					
	DEM 平面精度	DEM 高程精度				DOM 平面精度
		平坦	丘陵	山地	高山地	
LOD1	<10m	<2m	<5m	<10m	<20m	—
LOD2	<5m	<1.4m	<2m	<5m	<10m	<1m
LOD3	<2.4m	<0.6m	<1.4m	<2m	<5m	<0.2m
LOD4	以 1∶500、1∶1000、1∶2000 等比例尺的地形图、航空影像及实地采集数据为基础					

不同粒度层级铁路工程要素模型的精度要求　　表 2-20

粒度层级	模型名称	铁路工程要素模型	备注
LOD1	线路中心线	2.5 维或 3 维曲线，具有高程和平面位置	遵照《铁路工程信息模型分类和编码标准》（CRBIM 1001—2014）中表 60 内容，精度低于同阶段 BIM 模型
LOD2			
LOD3	标准模型	基本反映轨道、路基、桥涵、隧道及明洞等	
LOD4	精细模型	包含铁路模型以及铁路附属设施模型	

不同粒度层级建筑模型的精度要求　　表 2-21

粒度层级	模型名称	建筑模型	
		平面精度	高程精度
LOD1	体块模型	<2m	<3m（高层 <5m）

续上表

粒度层级	模型名称	建筑模型	
		平面精度	高程精度
LOD2	基础模型	<2m	<2m
LOD3	标准模型	<0.5m	<0.5m
LOD4	精细模型	<0.2m	<0.2m

不同粒度层级其他模型的精度要求　　　　表 2-22

粒度层级	模型名称	其他模型	
		纹理	高程精度（占模型自身高度的百分比）
LOD1	通用符号	三维符号	—
LOD2	基础模型	简单贴图	不低于 20%
LOD3	标准模型	高清贴图	不低于 10%
LOD4	精细模型	高清 / 真实贴图	不低于 5%

（3）模型附加信息

模型附加信息对地理信息模型交付成果所含的各类信息作出了规范要求，包括几何、纹理、属性三个方面，如图 2-36 所示。从几何信息的角度，要求交付数据使用一致的长度计量单位、统一的轴心定位点、模型保持独立性、避免冗余的几何信息、建立可以复用的模型库；从纹理信息的角度，要求同类地物的纹理应协调一致，不同层次细节使用不同清晰度的纹理，宜建立可重复使用的纹理库；从属性信息的角度，属性标识应当与模型相对应，确保属性的正确和完整，并且具有扩充的能力。

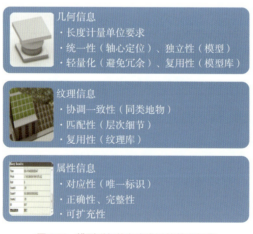

图 2-36　模型附加信息应满足的基本要求

（4）模型数据格式

各类铁路工程地理信息模型的数据格式应符合表 2-23 的规定。

第 2 章 铁路 BIM 标准体系

各类铁路工程地理信息模型的数据格式   表 2-23

模 型 类 型	数 据 格 式
地形模型	.tif、.img、.shp
铁路工程要素模型	.gml、.x、.obj、.mtl、.xls
铁路建筑模型	.gml、.x、.obj、.mtl、.xls
其他模型	.gml、.x、.obj、.mtl、.xls

2.10.4 数字线划图

对于数字线划图（Digital Line Graph，DLG）成果，标准从内容要求和形式要求两方面作出规定，如图 2-37 所示。内容要求方面建议宜包含国家标准《地理信息分类与编码规则》（GB/T 25529—2010）中规定的八类基本信息，并符合相应的图层编码规范，此外特别规定了铁路工程设计单元周边信息的表达内容，即标准的规范性附录 B；在形式要求方面限定了应交付 dwg+xls 或 shp+dbf 格式的成果，图幅尺度遵照国家基本比例尺，且交付的内容应包含在高分辨率地形模型的范围内。

图 2-37　标准对数字线划图成果在内容和形式两个方面的规定

铁路工程不同阶段交付 DLG 成果的图幅比例尺应符合表 2-24 的规定。对照铁路工程建设的五个不同阶段，规定了从 1:5 万到 1:500 尺度范围内的数字线划图成图要求，适宜的比例尺使地理信息线划图成果能够作为各阶段业务的参考资料。

铁路工程不同阶段交付 DLG 成果的图幅比例尺   表 2-24

建设阶段	阶 段 名 称	DLG 比例尺
LoD100	规划阶段	1:5 万
LoD200	预可研阶段	1:1 万、1:5 万
LoD300	可研、初步设计阶段	1:1000（城轨站场）、1:2000、1:5000（隧道）、1:1 万
LoD350	施工图设计阶段	1:1000（城轨站场）、1:2000、1:5000（隧道）、1:1 万
LoD400	施工工法模拟及造价控制	1:500、1:2000

2.10.5 数据组织方法

在数据组织方法部分，标准规定了交付成果可以按照分层、分区、分类的方式进行组织，如图 2-38 所示，除地形模型仅能采用前两类组织方式外，其余三类信息模型均可采用任意一种或多种组合的方式进行组织。

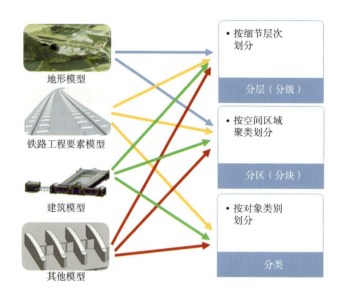

图 2-38　各类模型的数据组织方法

2.10.6 数据保密要求

标准从法律和合同两个方面，对交付地理信息成果的保密性作出要求，如图 2-39 所示。交付时需要审查交付成果，并严格按照测绘成果管理规定进行使用。同时，应签订保密协议，对各类数据操作实行备案登记。

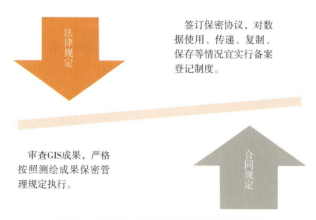

图 2-39　从法律与合同两方面对数据保密作出规定

2.11 《铁路工程信息模型设计阶段实施标准》

《铁路工程信息模型设计阶段实施标准》（1.0 版）于 2018 年 12 月由铁路 BIM 联盟批准发布，其主要目的是推动铁路工程信息模型在铁路设计阶段的深入应用，有效规范项目实施过程。本标准遵循适用性、开放性和可扩展性的原则，从铁路工程信息模型的行为、协同和资源三个基本维度，规定铁路工程信息模型的设计实施方法。

《铁路工程信息模型设计阶段实施标准》（1.0 版）由 6 部分组成，其主要内容包括总则、术语、基本规定、铁路工程信息模型设计行为规定、铁路工程信息模型协同设计规定、铁路工程信息模型设计资源规定，如图 2-40 所示。

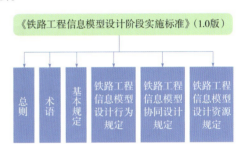

图 2-40 《铁路工程信息模型设计阶段实施标准》（1.0 版）总体结构

铁路工程信息模型设计行为主要从建模与准备、分析与检算、审核与优化、交付与归档等方面规定了建设单位、设计单位和咨询单位的行为。

铁路工程信息模型协同设计主要从协同平台、内部协同、外部协同等方面规定了协同设计平台和协同工作平台应遵循的要求，以及设计单位内部协同及不同单位之间的外部协同应遵循的要求。

铁路工程信息模型设计资源主要从人力资源、环境资源和模型资源等方面进行了规定。

2.12 铁路 BIM 国际标准的编制

2.12.1 铁路 IFC bSI SPEC

为了在 bSI 社区内广泛分享相关研究成果，bSI 提出了公开规范（publicly available SPECification，SPEC）的概念。SPEC 是 bSI 组织批准公开发布的一种共享文档，可由希望对某个领域进行标准化的任何组织或机构制定，但还未达到 bSI 标准的要求。可对 SPEC 进行评论，但与最终的 bSI 标准不同，bSI SPEC 不要求达成共识。

SPEC 的创建是在 bSI 标准流程之前，因此不需要标准委员会（Standard Committee，SC）的认可。标准执行委员会（Standard Committee Executive，SCE）作为 SPEC 的发起者，将决定某项工作成果是否适于作为 bSI SPEC 发布。

bSI SPEC 的流程如图 2-41 所示，具体包括如下流程：

（1）向标准执行委员会提出编制 SPEC 的申请。

（2）SCE 对申请进行审阅，并与 bSI 相关室和工作组共同评估申请内容与 bSI 业务的相关性，以及与 bSI 其他标准是否存在冲突等，以决定该申请是否满足 bSI SPEC 的条件，并告知申请方。

（3）如果 SCE 批准，则申请方按要求编制 bSI SPEC 草案，并提交给 SCE。

（4）SCE 对 SPEC 草案进行审阅，并与相关室和工作组进行进一步评估。

（5）若评估通过，则由 buildingSMART 发布该 SPEC。

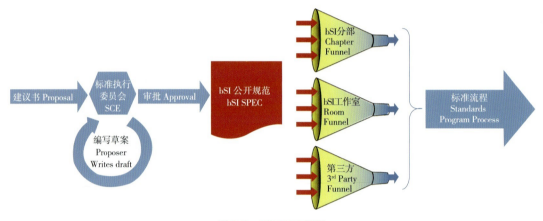

图 2-41　bSI SPEC 流程

2016 年 9 月，由铁路 BIM 联盟组织，中国铁路设计集团有限公司主编的《铁路工程信息模型数据存储标准》（1.0 版）对应的英文版 Railway BIM Data Standard，由 bSI 发布为公开规范（bSI SPEC），这标志着中国铁路 BIM 标准的国际化迈出了重要一步。通过及时将中国铁路 BIM 标准的研究成果在 bSI 社区内与各专业人士分享，便于各国专家提出相关意见或建议，从而有利于标准的进一步完善与提升。bSI SPEC Rail 发布网址和封面分别如图 2-42 和图 2-43 所示。

图 2-42　bSI SPEC Rail 发布网址　　　　　图 2-43　bSI SPEC Rail 封面

2.12.2　IFC Rail 国际标准项目

2017 年，在 buildingSMART 的组织下，IFC Rail 项目成立了由中国铁路 BIM 联盟牵头，包括德国、奥地利、法国、瑞士铁路公司，以及芬兰、瑞典交通局等在内的项目组。该项目旨在将 IFC 标准扩展到铁路工程领域，实现铁路工程全生命周期的信息交换。2018 年 1 月，IFC Rail 国际标准项目在北京正式启动。

图 2-44　IFC Rail 项目组织结构

IFC Rail 项目的组织结构如图 2-44 所示，包括项目指导委员会、项目管理组、项目管理办公室、技术服务组、领域组。

（1）项目指导委员会（IFC Rail Project Steering Committee）：各项目参与方指派代表共同组成项目指导委员会，在项目预算、交付物和计划等方面进行控制和指导。

（2）项目管理组（Project Management）：由中国铁路 BIM 联盟和欧方共同委派代表组成项目管理组。共同牵头和管理本项目，确保项目按时完成。

（3）项目管理办公室（PMO）：对于多个国家参与的国际项目，PMO 主要负责与项目各参与方进行沟通协调，并组织会议交流等。

（4）技术服务组（Technical Service）：由项目各参与方和 bSI 共同选派技术专家加入项目技术服务组，主要负责方法、流程及工具的研发，为 IFC Rail 标准编制提供技术支持。

（5）专业领域组（Domains）：由各项目参与方指派各专业领域人员具体负责 IFC 铁路标准的编制。每个领域组由欧方和中方各指派一名负责人。

IFC Rail 项目范围涵盖轨道、能源、信号、通信等专业领域，如图 2-45 所示。

IFC Rail 项目分为标准编制和标准验证两个阶段，第一阶段为 2018—2019 年，第二阶段为 2020—2021 年。2019 年 10 月，IFC Rail 项目完成了候选标准的编制，并在 bSI 北京标准峰会上发布，主要成果包括：数据需求报告（Data Requirements Report）、需求分析报告（Requirement Analysis Report）、概念模型报告（Conceptual Model Report）等。2020 年 4 月，IFC Rail 标准的研究成果与 IFC Road、IFC Bridge 等基础设施领域标准一起纳入 IFC4.3 RC1 发布。2020 年 11 月，bSI 发布了 IFC4.3 RC2，其封面采用中国铁路设计集团有限公司提供的东平水道特大桥图片，如图 2-46 所示。IFC4.3 标准最终版预计 2022 年发布，并于 2023 年成为 ISO 标准。IFC Rail 项目成果文件如图 2-47 所示。

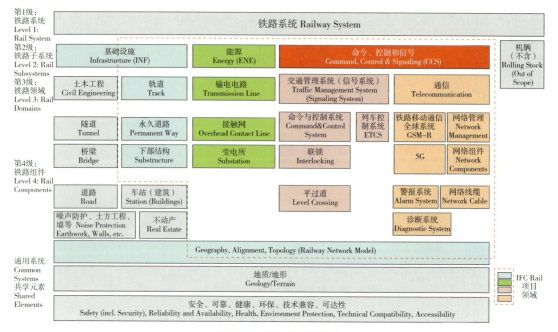

图 2-45　IFC Rail 项目范围

图 2-46　IFC4.3 RC2 标准封面

图 2-47　IFC Rail 项目成果文件

第 3 章
BIM 主流设计软件及特点

软件是支持 BIM 设计及实施的工具。目前市场上有多种 BIM 软件，各自具有不同的特点。本章主要介绍当前 BIM 应用中使用较多、有代表性的部分软件产品及其行业解决方案，包括达索系统（Dassault Systèmes）、奔特力（Bentley）、欧特克（Autodesk）、BIMBase、广联达 BIMSpace 及其他软件等。

3.1 达索系统

达索系统是一家成立于1981年的科研创新型公司,总部位于法国,长期以来致力于为全球企业提供先进的三维数字化解决方案。达索系统起源于3D设计,在发展过程中不断完善了3D数字样机(Digital Mock-Up,DMU)、3D生命周期管理(Product Lifecycle Management,PLM)、3D体验(3D EXPERIENCE,3DE)平台以至人体虚拟孪生体验的解决方案。

3.1.1 全生命周期数字平台架构

达索系统3D体验平台通过统一的数据环境,将13个品牌的专业工具以及面向不同业务流程的解决方案集成在同一个平台上,打通了建筑全生命周期业务产业链之间的各个环节,打破了传统割裂且低效的勘察、设计、采购、施工的业务模式。达索全生命周期数字平台架构如图3-1所示。

图3-1 达索全生命周期数字平台架构

通过平台和专业的工具技术,业务人员可以实时协同、并行,甚至是前置式地开展工作;通过虚拟孪生技术最大限度地预演工程项目的各个环节,从而反复迭代优化设计;借助平台的知识工程体系可以积淀成熟的设计产品,从而实现项目面向交付的整体性优化设计。同时,企业可以实现向技术和知识的整合者发展,把传统的行业相关全产业链、全流程业务有机地结合成一个智慧系统进行交付,实现业务转型及创造增值。

达索3D体验平台集成的核心功能如图3-2所示。

第 3 章　BIM 主流设计软件及特点

图 3-2　达索 3D 体验平台（3D EXPERIENCE）核心功能

（1）CATIA 3D 建模

计算机辅助三维交互式应用程序（Computer Aided Tri-dimensional Interactive Application，CATIA）是工程设计软件，可实现完整的工程 3D 设计，广泛应用于汽车、航空航天、船舶、军工、仪器仪表、土木工程、电气管道、通信等行业。面向基础设施行业，CATIA 提供了土木工程设计工具集的专有行业模块，并允许用户弹性地增添功能模块，以满足各专业 BIM 模型设计需要。其中的曲面设计模块，特别适用于复杂曲面造型的 3D 设计建模。此外，CATIA V6 及以上版本还支持地形建模，可通过等高线、点云数据、航拍数据生成地形，支持土方开挖计算、钢筋建模等。

（2）GEOVIA 地形地质建模

GEOVIA 是地形地质建模工具，通过易于使用、功能强大的 3D 图形，以及可与公司特定流程和数据流保持一致的工作流程自动化，可提高效率和准确性。

GEOVIA 软件可满足基础设施领域内地质学家、勘测人员和工程师的核心要求，并且非常灵活，适用于钻孔数据管理、地质建模、块建模、地质统计、矿区设计、矿业规划、资源评估等。

（3）SIMULIA 有限元分析

SIMULIA 是计算机仿真软件。目前产品线包括统一有限元技术（Unified FEA）、多物理场分析技术（Multiphysics）和仿真生命周期管理平台（Simulation Lifecycle Management）三部分内容。

（4）DELMIA 施工仿真

DELMIA 是仿真模拟工具。DELMIA 建立在一个开放式结构的产品、工艺与资源组合模

- 081 -

型（PPR）上，与 CATIA 设计解决方案、ENOVIA 和 SMARTEAM 的数据管理和协同工作解决方案紧密结合，以工艺为中心的技术来模拟分析工程施工过程中的各种问题，并给出优化解决方案。

DELMIA 可从工序级别（时间）、工艺级别（做法），甚至人机交互级别（显示施工人员的具体操作过程，并分析操作可行性），来帮助用户优化施工方案，以减少错误，提高效率。

（5）ENOVIA 项目管理

ENOVIA 是项目全生命周期管理平台，可提高生产效率，优化产品流程，提升企业效率。ENOVIA 把人员、流程、内容和系统联系在一起，能够带给企业巨大的竞争优势。通过贯穿产品全生命周期，统一和优化产品开发流程，ENOVIA 在企业内部和外部帮助企业轻松地开展项目并节约成本。

（6）3D EXCITE 高质量图形/图像输出

3D EXCITE 是一款支持虚拟现实（Virtual Reality，VR）的高质量图形/图像输出工具，允许用户在整个创作过程中持续检查几何图形、材料和设计。3D EXCITE 所提供的专用工具和功能可让用户实时有效地自由沟通各种创意，从一开始就吸引决策者。实时 3D 设计理念虚拟制图允许讨论、评估和测试，带来高度逼真的产品体验，其展示效果可达到超大银幕（IMAX）电影级的水平。

（7）EXALEAD -NETVIBES 大数据信息智能决策

EXALEAD-NETVIBES 解决方案可从大量异构多源数据中挖掘有价值的信息，以帮助用户做出决策，改善业务流程并获得竞争优势。

3.1.2 土木工程行业解决方案

借助 3D 体验平台新一代数据信息管理技术，达索系统面向建筑、城市与地域开发行业用户，提供了不同领域的解决方案。土木工程行业解决方案如图 3-3 所示。

图 3-3 土木工程行业解决方案

土木基础设施工程解决方案，主要是针对铁路、道路、桥梁、隧道、水利水电等大型基础设施的设计及建造业务，基于知识和经验支持项目快速、高质量地交付。

建筑设计制造一体化解决方案，包含了创新的建筑设计解决方案和面向预制及装配的建筑解决方案。

工程一体化集成管理解决方案，支持基于统一BIM数据环境的项目综合管理，并将多个项目的经验积累下来，方便供更多的项目共享和复用。

未来智慧城市解决方案，广泛集成城市管理中所面对的各种数据，运用BIM及数据分析技术辅助城市管理决策，创建更加智慧的城市。

3.1.2.1 土木基础设施工程

土木基础设施工程解决方案的核心是基于知识和经验的复用，通过面向快速交付的设计及施工技术，提升土木基础设施工程设计及施工的效率与质量。土木基础设施工程解决方案如图3-4所示。

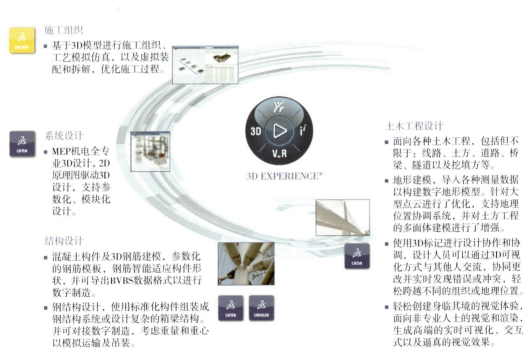

图3-4 土木基础设施工程解决方案

（1）数字地形应用

数字地形处理支持大地测量坐标系，允许通过测量点或等高线等原始数据生成数字地形模型。此外，激光扫描数据（LAS和LAZ格式）、倾斜摄影数据（dae格式）以及GIS格式（CityGML、OSM格式、shp格式）等数据也已逐步支持。数字地形处理还能方便地生成地形的纵/横断面，且能满足土方计算的需要。数字地形应用如图3-5所示。

（2）从方案到深化的连续性设计

支持从点云数据创建地形和地质模型，并提取特征数据，用于线路平曲线和竖曲线的创建。通过构件的规格、配置以及模板实例化线性模型（道路、铁路、隧道等），实现智能化的设计及计算。比如，根据横断面模板创建带状的道路曲面，包括边坡挖填；将道路曲面与地形曲面合并，生成完整的地形曲面；快速土方挖填量计算等，如图3-6所示。

图3-5　数字地形应用

图3-6　从方案到深化的连续性设计

（3）结构设计

结构设计（图3-7）包括常用的3D建模功能。平台专为土木工程提供了参数化建模工具和上百种预定义的土木工程构件模板，适合于桥梁、隧道等工程设计。结合强大的参数化能力，还能实现与混凝土联动的钢筋设计。

同时还包括钢结构方案和施工图设计功能，支持各种标准/非标准型钢截面，焊接拼装梁和加劲肋钢板等。集成BIM信息后，能实现精确输出工程量物料清单，还提供对常用钢结构设计软件的数据兼容功能（如Solidworks等）。钢结构设计如图3-8所示。

（4）通用建筑设计

通用建筑设计（图3-9）支持建筑结构的快速三维设计，包括快速建模、协同设计、材料表统计，并自带丰富的通用建筑构件库。

第 3 章　BIM 主流设计软件及特点

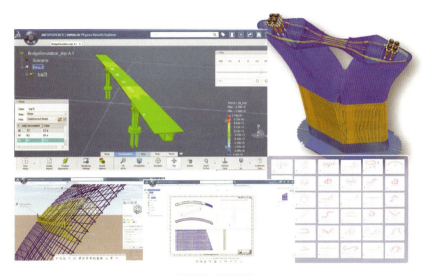

图 3-7　结构设计

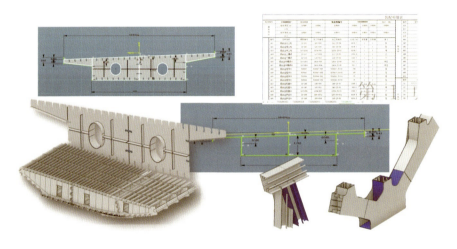

图 3-8　钢结构设计

图 3-9　通用建筑设计

（5）机电设计

机电设计（图3-10）提供全面的满足机电专业三维设计的功能，智能的MEP设计，可以实现2D机电原理图和3D模型的相互映射及关联，原理图驱动3D模型设计。同时可以实现"机电软"的一体化仿真，并进行优化迭代。

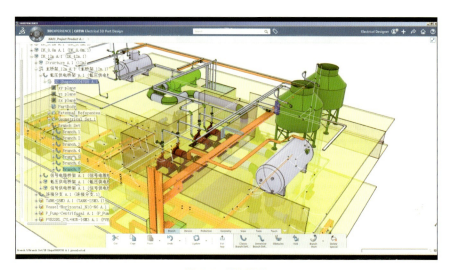

图3-10　机电设计

（6）施工组织

达索系统提供了不同精细程度的施工模拟能力，不仅可以实现工序、工艺级别的模拟仿真，还可以实现人机交互级别的模拟仿真。覆盖的常见应用场景包括：施工整体规划、施工工法编制、车辆物流分析、设备参数可视化、人体视觉及疲劳分析、组合件重心分析、吊索姿态分析、扫掠路径分析、运动干涉预警等。通过可视化方式，把模型根据施工工序进行分解。定义各个工序结点的时间进度和资源，并生成甘特图和4D模拟动画，如图3-11所示。

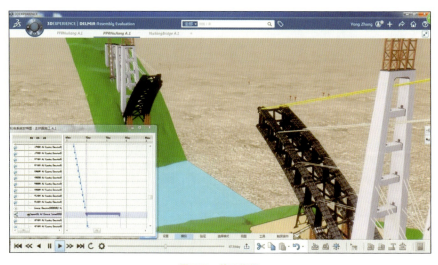

图3-11　施工组织

可精确模拟 3D 对象的运动方式，从而进行精细化的施工工艺仿真分析，如图 3-12 所示。

图 3-12　施工工艺仿真分析

与 VR 设备相结合，可以在不做任何额外操作的情况下，实现一键浏览 VR 效果。广泛适用于工作汇报、展台演示等应用场景，如图 3-13 所示。

图 3-13　VR 效果

3.1.2.2　建筑设计制造一体化

建筑设计制造一体化解决方案提供了覆盖建筑领域全专业、全流程的设计及仿真优化能力，同时面向装配式建筑以及建筑的产业化提供集成式的设计施工解决方案，如图 3-14 所示。

建筑"模块化建造""产品化交付"以及"产业化建筑"离不开产品的设计研发体系，只有在设计研发环节中进行投入，才能真正地实现成本、运营及风险的可控。

首先，需要根据市场需求研发"产品"和"产品线"，将其体系化编码并在系统中进行收录。其次需要进一步研发"部品部件"以及相关的配套，如参数、图纸、计算书、规格、工艺、装配流程、3D 演示、说明文档等。然后，可针对标准的构件研发生产加工技术。对于不断出现的新需求，也可以采用参数化、模块化拼装的方式来快速响应定制化需求，同时考虑是否将定制化的产品纳入产品库中，从而不断完善产品线。基于知识工程的建筑模块化自动拼装如图 3-15 所示。

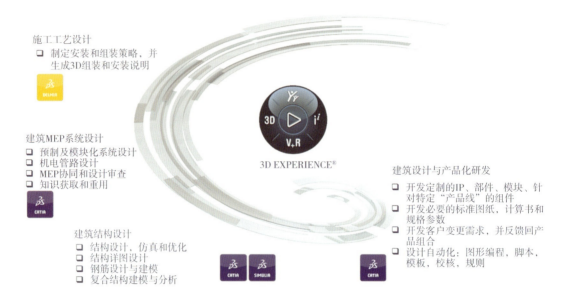

图 3-14　建筑设计制造一体化解决方案

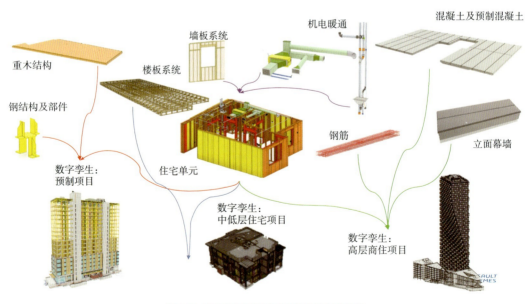

图 3-15　基于知识工程的建筑模块化自动拼装

达索系统提供了"面向预制及装配的设计"解决方案，借鉴了制造业的丰富经验，打通了建筑产业价值链，为实现"像造汽车一样造房子"提供了平台条件及技术支持，如图 3-16 和图 3-17 所示。

第 3 章　BIM 主流设计软件及特点

图 3-16　达索"像造汽车一样造房子"产品化设计研发路径

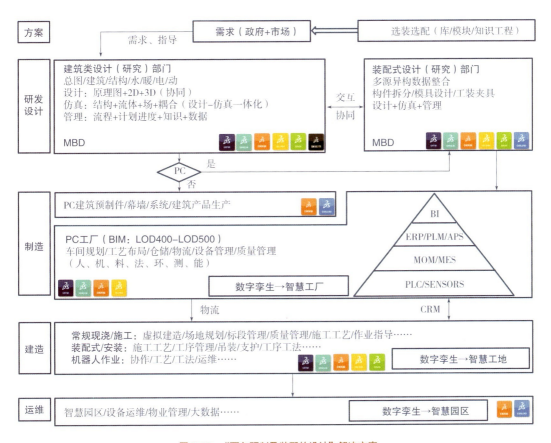

图 3-17　"面向预制及装配的设计"解决方案

- 089 -

3.1.2.3 设计仿真一体化

达索系统的多学科、多尺度仿真技术，可以实现从 3D 设计模型到仿真的一体化集成，在前期设计中不断展开多学科仿真验证，从而达到提高设计品质的目的。设计仿真一体化解决方案如图 3-18 所示。

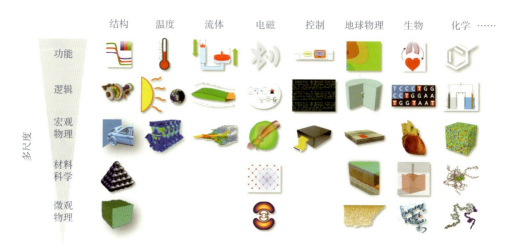

图 3-18 设计仿真一体化解决方案

在铁路工程领域常用到的 ABAQUS 结构有限元分析，可以满足复杂结构、节点、岩土、抗震等多种应用场景的分析。计算流体动力学（Computional Fluid Dynamics，CFD）仿真技术，可以用于室内外的气流分析、隧洞内的污染物扩散及控制分析、通风设施效率分析以及多种应用场景，如图 3-19 所示。

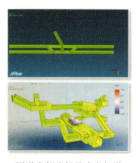

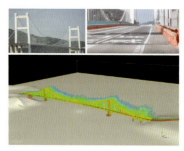

隧道内部流场及火灾烟雾扩散XFLOW流程　　大型建筑风荷载分析 吉隆坡石油双塔　　桥梁分析风荷载分析

图 3-19 CFD 计算流体动力学仿真

在施工过程中，可以应用设计模型加载不同的荷载工况进行施工模拟仿真，比如在不同风力组合条件下，计算分析构件吊装过程中的受力情况以及绳索的摆动位移等，如图 3-20 所示。

第 3 章　BIM 主流设计软件及特点

图 3-20　施工模拟仿真

3.1.2.4　项目一体化集成管理

项目一体化集成管理解决方案，通过贯穿项目全生命周期的统一数据标准和优化的业务流程，在企业内部和外部实现信息数据的高效协同，如图 3-21 所示。

图 3-21　项目一体化集成管理解决方案

在铁路行业项目模式正快速向 EPC 模式转型的大背景下，越来越强调密切的团队协作，并及时获取来自各方的信息，以确保项目的顺利实施。同时，随着铁路行业业主对运营维护的需求不断提高，越发希望借助 BIM 模型来优化项目全生命周期的成本与收益。

（1）项目管理

项目经理可以建立工作分解结构（Work Breakdown Structure，WBS），制定资源计划及财务预算等，并把任务分配给各个项目成员。项目成员将从系统中自动接收任务，并可随时把任务完成情况汇报到系统中。同时，系统自动生成项目监控图表板，供项目经理和相关负责人随时了解项目进展情况。

此外，还可以把项目任务与 BIM 对象关联起来，因此每个任务可从 BIM 模型中获取相关信息。

对于已在使用 Microsoft Project（项目管理软件）、P6（Primavera 6.0）等系统的用户，ENOVIA 可以与这些系统进行双向集成。例如，项目经理可以在 P6 中制定初步的进度计划，然后导入 BIM 平台进行仿真验证和优化，最后再把优化之后的进度计划导到 P6 中。

（2）文档与流程

在项目空间和文件夹中对各种信息进行管理和共享，其中不仅是 BIM 模型数据，也可以包括各种 Office 文档、CAD 等文件，确保项目各方都能随时获得最新的工作信息。

用户也可以自定义文档创建、审阅、批准和分发的流程与权限。同时，可在系统中管理文档的历史版本和操作记录，实现信息管理的可追溯性。此外，专为 AutoCAD 开发的集成接口，可以在 AutoCAD 中直接访问 ENOVIA 以保存/打开 DWG 文件，并集成了权限和版本管理等功能。

（3）数据模型校审

设计校审人员可以集成多种不同来源的 BIM 数据。对模型进行整合、浏览，并进行批注、测量以及动态 3D 截面、碰撞检查等，还可对新旧不同版本的对象进行 3D 可视化对比。如果在模型校审中发现问题，可将问题分配给责任人并跟踪解决情况。责任人解决问题后，提交审核人员确认关闭问题。

（4）知识管理

企业运营中往往产生大量的业务知识，这些知识是非常宝贵的无形资产。通过 ENOVIA 应用，可以建立企业知识库（包括规范库、标准库、风险库等），以便在不同的项目中重用和执行。

知识管理还包含对三维模型构件库的管理，以实现最大化利用标准化的实体产品，在不同项目中进行快速复制，达到节约设计周期，降低生产制造成本，加快施工进度的目的。

（5）用户管理

铁路行业相关企业（包括业主、勘察设计单位、施工企业）往往同时进行多个项目，每个项目有不同的人员参与。在 3DE 平台中，可以给每个项目（或项目群）创建一个协作空间分别进行管理。每个人员可以在不同的协作空间中承担不同的角色，获得不同的权限。

（6）协作创新

3DE 平台以构件为单位进行 BIM 模型管理，并且支持多用户在网络平台上开展并发式协同设计。系统可以针对每个构件设定操作权限，并管理数据的历史版本。例如，工程师可以把水工或坝工模型的一个稳定版本分享给设备工程师作为参考，并使设备工程师只能读取水工或坝工模型而不能修改。与此同时，工程师继续改进水工或坝工模型，直至获得下一个稳定版本，然后再分享给设备工程师。

针对大型 BIM 模型，3DE 平台还提供了"Explore"和"Edit"两种不同的打开模式。"Explore"模式下，使用轻量化方式打开模型进行快速浏览，可获得较高的系统性能；而当需要修改模型时，在"Edit"模式下可以打开局部模型进行修改，而不需要打开整个 BIM 模型。通过这种方式，可以管理非常大型的模型，并把系统性能控制在合理的范围。

（7）数据标准管理

在管理 BIM 模型信息时，需要制定数据标准。在 3DE 系统的相关模块中已经预置了基于国际标准 IFC 编制的 BIM 模型数据，其中定义了各种对象类型及相关属性，并与 IFC4 完全兼容。通过 IFC 数据接口，可以把多种业界软件创建的 BIM 模型导入"3D 体验"平台中进行管理。

在此基础上，系统管理员可以通过专门的工具来自定义新的对象类型和属性，以满足企业灵活多变的业务需求。例如，同一个对象在项目生命期不同阶段需要使用不同的属性信息，或者根据不同应用场景挂接不同的信息，并进行分类统计或查询检索。某些信息可以根据模型自动计算出来，例如面积、体积等，而其他信息可以根据预先定义的公式进行组合计算，或者从其他系统导入，又或者由用户手工填写。

（8）更广泛集成的智慧城市

达索系统 3D EXPERIENCE 平台广泛的数据集成能力，在园区级甚至城市级大规模集成上都具备丰富的应用场景。通过数字孪生，助力城市的规划、设计、建造和管理；模拟仿真各种城市场景并做出预测分析；通过集成一体化的管理环境促进各种形式的城市治理、协作和沟通；基于互联互通的数据平台实现城市信息的智能展示和辅助决策。

3.1.3 特点与优势

达索系统平台具有以下特点与优势：

（1）单一数据源的协同平台

达索系统 3D EXPERIENCE 平台是基于网络数据库技术的一体化系统平台，所有数据信息存储于服务器端的数据库中。以往的数据传递依托于文件或 DWG 图纸，3D EXPERIENCE 平台不再以文件、工具为核心，而是强调以数据为核心，更加聚焦对象化的数据和构件，如某片梁、某个桥墩等。在工程全生命周期中，工程各参与人员访问同一个数据服务器，多人并发式实时协同设计，设计数据在平台内无缝连续传递至施工、运维等不同场景。基于同一套数据，在同一平台内，完成不同场景和阶段的设计，完成三维设计、施工模拟仿真、有限元仿真计算等一体化设计。

平台内建构件级别的 BIM 数据库，可直接查询 BIM 信息而无须打开 3D 模型。具备多人并发式实时协同设计机制，可实现基于构件的权限管理、历史版本管理、设计成熟度管理、信息查询等。同时可以集成第三方软件的数据，具备强大的信息管理功能和灵活的扩展性，可建立企业级的 BIM 信息管理标准和平台，可以覆盖项目的全生命周期应用。

基于平台数据库，可以直接对接模拟仿真以进行验证和优化，模块能实现工序级、工艺级、人机级等不同颗粒度的 4D 仿真，并管理相关的设备、资源、成本等信息，同时可通过工艺模板和设备编程实现一定程度的自动化仿真。CAD/计算机辅助工程（Computer Aided Engineering，CAE）设计仿真一体化，则可以进行结构、流体、温度、电磁、声音等多专业的科学分析，利用基于平台的仿真生命周期管理，可以复用仿真数据和流程，大大加快设计研发的速度。

（2）支持 BIM 标准

从对 BIM 标准的支持来看，3D EXPERIENCE 平台本身具有完整的对象类型和属性集，且支持 buildingSMART 发布的 IFC 标准。此外，平台根据行业、企业自身数据标准，支持扩展定制专属的标准包、对象类型、属性集等（图 3-22）。

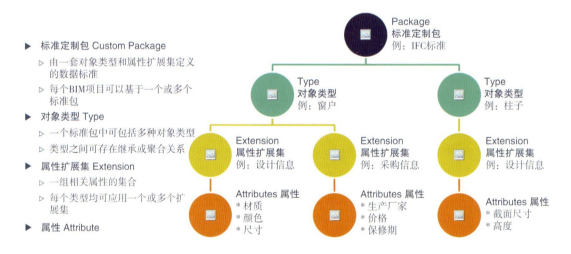

图 3-22　3D EXPERIENCE 平台 BIM 数据标准定制

（3）业界领先的三维曲面建模引擎

在三维建模方面，达索系统拥有自主的三维几何内核 CGM。收敛几何建模器（CGM Modeler）包括 CAD 互操作性、多面体建模、特征识别、约束求解等解决方案。

采用基于非均匀有理 B 样条（Non-Uniform Rational B-Splines，NURBS）曲面的建模引擎，支持精确、光滑的连续曲面，算法复杂，难度更高，常用于参数化的造型设计，同时支持高精度的数字化制造。

此外，达索系统研发了一种新的多边形网格（Polyhedral Mesh），且在不断完善其与 NURBS 曲面的混合设计。

（4）参数化体系建模能力

CATIA 具备强大的参数化体系建模能力，以及骨架线驱动、参数传递、基于知识的自动化设计能力，通过构件模板可实现正向设计流程。

（5）科学的 BIM 信息标准管理机制

在 3D EXPERIENCE 平台中，可以自定义对象类型和属性，支持各种语义逻辑，支持新增的 IFC 对象类型或者相互关系。在平台上可以实现企业 BIM 数据标准的建立和部署，利用标准定制包来定义特定的建筑产品所默认包含的对象集、属性扩展集以及属性，确保企业 BIM 数据标准的贯彻执行。

（6）自顶向下、逐级分解的"装配"结构树

源于制造业的"装配"型结构树，达索平台支持多专业协同的逻辑关联与数据共享，可按需决定模型拆分深度，可分解成最小对象单元。基于平台设计任务可以按任意专业和对象分解，不同设计人员可以结构化加载模型对象，而不是对整个文件进行加载，从而实现构件级的协同设计。

（7）强大的系统逻辑设计与仿真能力

基于单一数据源建立系统模型，根据系统原理图，进行机电管路的正向设计，创新地实现了系统与三维设计的集成。在设计初期实现设备布置与空间初设统一协调，精确预估总体布局是否满足建筑空间需求，架构模型和早期空间占位同步设计；系统可追溯性布置设计，使得布置专业在工程早期即可依据不同成熟度的上游数据提前开展设计工作，2D 工艺系统和 3D 管道布置同步设计；2D 电路系统与 3D 桥架可批量自动同步，通过电路端接信息自动匹配 3D 设备接线端子，自动计算路径、等级和桥架填充率，最大化避免电缆敷设产生的重复劳动和错误。

（8）企业级的全生命周期协同

达索平台支持对象级的协同设计，数据管理与协同一体化集成。3D 对象数据库以数据库方式管理每个设计对象，几何与属性信息均保存于系统平台，支持搜索引擎查询、统计和报表输出，支持基于 Web 端的 3D 实时同步浏览；具备成熟的协同设计机制，可按项目、角色赋予用户权限，针对每个对象设置访问权限，多人同时编辑时进行锁定保护，支持设计版本管理如历史版本与变更，可以根据设计成熟度进行校审流程。

3.2 Bentley 软件

Bentley 软件公司总部位于美国，致力于为工程师、建筑师、地理信息专家、施工人员和业主运营商提供推进基础设施的设计、施工和运营的软件解决方案。Bentley 基于 MicroStation

的开放式建模应用程序及其开放式模拟应用程序可加快设计集成；ProjectWise 和 SYNCHRO 产品可加速项目交付；AssetWise 软件可提升资产和网络性能；Bentley 的 iTwin Services 涵盖整个基础设施工程领域，可从根本上推动 BIM 和 GIS 向 4D 数字孪生模型演进。

3.2.1 轨道交通解决方案

Bentley 轨道交通解决方案覆盖工程建设全生命周期，提供统一的模型平台和协同平台，覆盖线路、建筑、结构、轨道、暖通、给排水、供电、通信、信号、设备等多专业的工具。为轨道交通行业的三维设计、协同管理、信息移动及资产运维管理创造了良好的基础和条件。Bentley 轨道交通整体解决方案如图 3-23 所示。

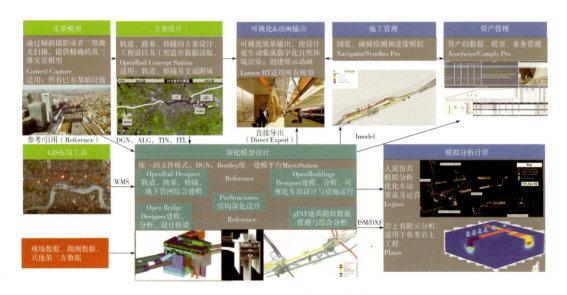

图 3-23 Bentley 轨道交通整体解决方案

Bentley 轨道交通解决方案针对工程建设每个阶段都有相应的产品，以解决该阶段的问题。比如，在设计阶段可通过概念设计（OpenRail ConceptStation）、详细设计（OpenRail Designer）进行轨道交通的概念设计和详细设计；在施工阶段，可使用移动端模型浏览（Navigator）、施工管理（Synchro）4D 进行施工的动态模拟；在运维阶段，可以利用 iTwin 进行资产管理。Bentley 轨道交通分阶段解决方案如图 3-24 所示。

Bentley 产品覆盖了轨道交通行业大部分专业，提供了不同专业的解决方案，如图 3-25 所示。

3.2.1.1 设计应用流程

Bentley 软件开展 BIM 设计应用的流程如图 3-26 所示，在设计、施工阶段可采用 ProjectWise 进行协同管理，在运维阶段可采用 iTwin 进行资产管理。具体流程如下：

（1）测绘数据及现场照片采集，应用 ContextCapture 创建实景模型，为设计工作提供原始资料。

第 3 章　BIM 主流设计软件及特点

图 3-24　Bentley 轨道交通分阶段解决方案

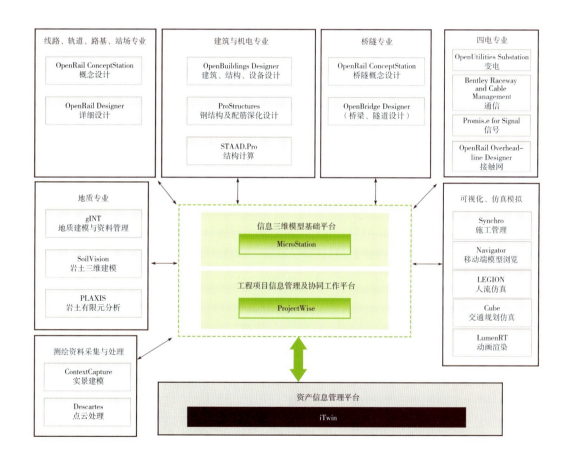

图 3-25　Bentley 轨道交通分专业解决方案

（2）利用 OpenRail ConceptStation 进行概念设计。

（3）各专业平行展开详细设计。

（4）应用 OpenRail Designer 进行模型总装，发布轻量化模型 i-Model。

（5）将总装模型导入 LumenRT 进行动画制作，满足汇报与展示要求。

（6）应用 Navigator 浏览发布的 i-Model 模型，进行审阅和碰撞检查及施工进度模拟，也可应用 Synchro 进行进度管理。

（7）全过程应用 ProjectWise 进行协同管理、文档管理。

（8）模型成果经过设计与施工阶段细化后，应用 iTwin 进行运营维护管理。

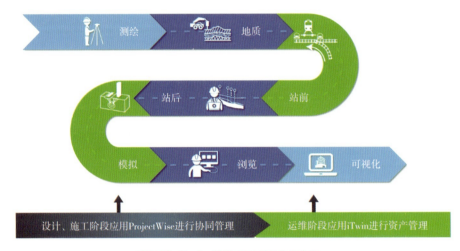

图 3-26 Bentley 软件 BIM 设计应用流程

3.2.1.2 主要产品

（1）ContextCapture

ContextCapture 可以利用普通照片快速为各种类型基础设施项目生成极具难度的三维模型和快速创建细节丰富的三维实景网格，并使用这些模型在项目整个生命周期内为设计、施工和运营决策提供准确的现实环境背景。ContextCapture 支持超过 4000 种空间坐标系，并且可以通过用户自定义的坐标系进行扩展，同时支持 GIS 所支持的各种切块系统。原始照片及生成的三维实景模型如图 3-27 所示。

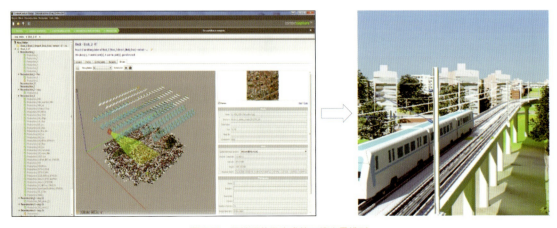

图 3-27 原始照片及生成的三维实景模型

第3章 BIM主流设计软件及特点

（2）OpenRail ConceptStation

OpenRail ConceptStation 是轨道交通概念与方案设计软件。利用公共地图资源、实景模型或现有地形数据及软件自带的轨道、道岔、接触网、道床、路基、隧道、桥梁等模板，快速创建轨道交通方案。可以将模型导入 OpenRail Designer 实现从概念到详细设计，并保证模型的完整性。该软件内嵌 LumenRT 模块，可对方案进行快速渲染与动画表现。该软件主要用于快速制定方案、汇报与展示，其界面及渲染效果如图 3-28 所示。

图 3-28　OpenRail ConceptStation 软件界面及渲染效果

（3）OpenRail Designer

OpenRail Designer 是一款用来对各种规模的铁路基础设施进行初步设计和详细设计的软件，可以进行站场/站点设计、隧道和路线设计、轨道设计、接触网设计、污水和雨水管网设计等。适用于轻轨、地铁、重轨、高铁和磁悬浮铁路项目。该软件界面及多专业集成效果如图 3-29 所示。

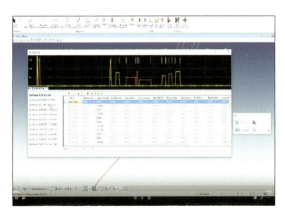 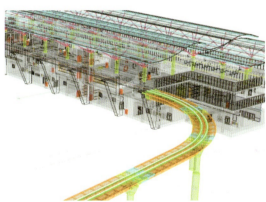

图 3-29　OpenRail Designer 软件界面及多专业集成

（4）gINT

gINT 是地质勘察数据管理系统（图 3-30），用于管理地质勘察数据，具有协同、校验和生成地质报告等功能，并能分享到其他系统中。可以利用数据直接生成钻孔记录图、测井曲线图、围栏报告及截面图。可快速完成各种实验室报告、表格、图表和摘要。能够和

MicroStation、OpenRail Designer 进行数据交换。直接生成三维 i-model 钻孔可视化模型，并可以发布多种钻孔数据，如照片、报告及 GoogleEarth 数据。

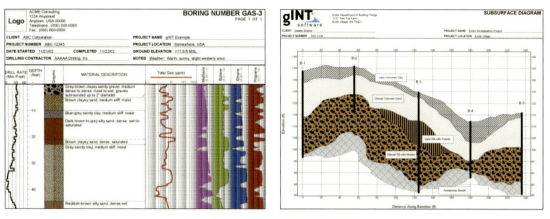

图 3-30　gINT 地质勘察数据管理系统

（5）PLAXIS

PLAXIS 是岩土有限元计算软件，现在已广泛应用于各种复杂岩土工程项目的有限元分析中，如大型基坑与周边环境相互影响、盾构隧道施工与周边既有建筑物相互作用、大型桩筏基础（桥桩基础）与邻近基坑的相互影响、板桩码头应力变形分析、水库水位骤升骤降对坝体稳定性的影响、软土地基固结排水分析、基坑降水渗流分析及完全流固耦合分析、建筑物自由振动及地震荷载作用下的动力分析、边坡开挖及加固后稳定性分析等。

（6）OpenBuildings Designer

OpenBuildings Designer 是多专业土建设计软件，主要包括建筑、结构、电气及设备四个专业模块，应用于车站的设计和建模。

建筑设计模块：贯穿建筑设计的各个阶段，包括概念设计、方案设计、施工图设计；提供智能化的工具，用于创建、编辑参数化建筑信息模型；空间规划，用于建筑设计前期空间规划与分析；具有高级渲染和动画功能；由 3D 智能模型抽取详细设计图纸，自动进行统计工程量和报表；可与 Bentley Facilities 等其他专业软件全面集成；与后期运营管理系统（FM）共享数据。

结构设计模块：创建及管理所有通用的结构构件；生成材料统计报告；进行物理构件的力学分析。

设备模块：是智能化建筑设备管道设计系统，包含暖通（HVAC）和给排水（Plumbing）两个设计模块，适用于其他管道专业；涵盖从模型创建、图纸输出、材料报表、碰撞检测等整个设计流程；与上游、下游专业协同工作，并提供了良好的数据接口。

电气模块：包含动力系统、照明系统、火灾报警系统、桥架设计系统。

（7）LEGION

LEGION 是一款行人仿真、人流模拟和建模软件，用来模拟和分析铁路与地铁站、体育馆、购物中心及机场等基础设施的客流量（图 3-31）。可准确测试设计和运营或商业计划，以完善客流量、路线导航、人群管理以及安全和保障策略。通过 LEGION 软件，用户可以优化空间利用，从而提高安全性、效率和收益。

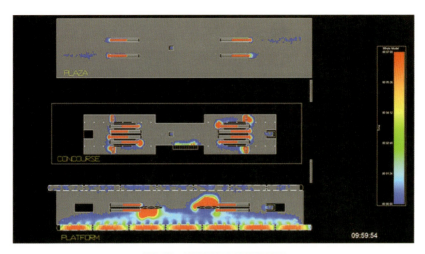

图 3-31　LEGION 人流仿真模拟

（8）OpenBridge Designer

OpenBridge Designer 桥梁设计软件支持桥梁 BIM 模型与有限元分析计算模型的无缝对接，内嵌多个国家设计规范，应用 OpenRail Designer 的线路数据，开展桥梁正向设计与结构分析工作（图 3-32）。

图 3-32　OpenBridge 设计与建模模块

（9）ProStructures

ProStructures 是结构深化软件，包括两个相对独立又高度集成的模块，即 ProConcrete 和 ProSteel，可以快速批量生成钢筋混凝土结构配筋、钢结构的精准详图设计和施工图，为项目的进度控制和造价控制提供有力的支持。可以通过三维模型生成二维图纸，并生成详细的材料报表，提供加工级别的数据，直接进行钢筋加工。

（10）OpenUtilities Substation

OpenUtilities Substation 是一款变配电专业设计软件（图3-33），变电专业可以利用OpenUtilities Substation 完成参数化模型创建、主接线设计、三维设备布置设计、快速三维导线设计、自动生成平断面图、自动进行材料标注、尺寸标注、安全范围标注、自动统计材料、生成安装图；可进行防雷设计、接地设计、照明系统设计、带电距离校验；OpenUtilities Substation 以数据库为核心，可以实现二维符号和三维模型的数据共享和导航检索。

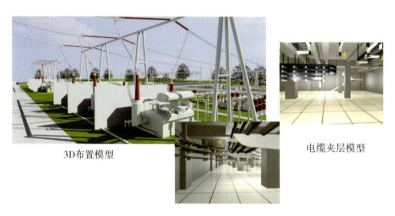

图 3-33　变电设计

（11）OpenRail Overheadline Designer

OpenRail Overheadline Designer 是铁路接触网设计软件（图3-34），主要功能包括创建轨道、接触网支撑结构设计、悬链系统设计、接触网锚段关节布置、硬横跨设计、标注及生成报告。

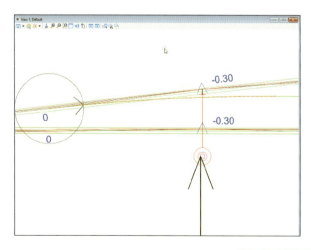 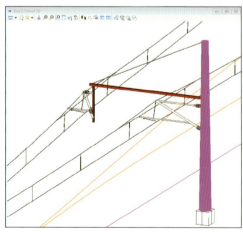

图 3-34　接触网设计

（12）Promis.e for signal

Promis.e for signal 是信号专业设计软件（图3-35）。信号专业可以利用 Promis.e for signal

快速绘制二维信号原理图，完成轨道布置图、盘柜布置图设计；可自动生成报表、端子接线图；可完成信号机、转辙机布置，电气设备布置，控制室布置；可完成竖井、电缆通道布置，定义电缆路径，敷设电缆。

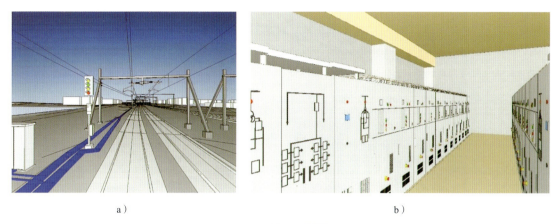

a）   b）

图 3-35 信号设计模块

（13）Bentley Raceway and Cable Management

Bentley Raceway and Cable Management 是电缆桥架设计软件（图 3-36），是第一个也是唯一一个集成布置、走线、材料统计的系统，可节省时间和降低成本，可同时设计桥架和电缆系统。可利用概念设计和详细设计的自动设计流程快速跟踪下一个项目。通过使用智能三维模型来减少碰撞，确保间距，并且得到准确的偏移来防止工程建设延期。满足通信、控制、电力电缆敷设的需求，其概念设计模块支持项目计划阶段材料和空间预估。

图 3-36 电缆桥架设计

（14）LumenRT

LumenRT 是项目可视化设计软件。将数字化栩栩如生的特性与基础设施模型设计整合，为项目利益相关方创造震撼的视觉效果且能制作易于理解的可视化文件。软件支持向三维场景中补充增加人物、动物、车辆等动画模型,支持自定义对象动画路径;可视化引擎可实时渲染出具有电影质感、照片实感的可视化成果,包括视频、图片、交互式可导航三维动画等。LumenRT 制作的场景如图 3-37 所示。

图 3-37　LumenRT 制作的场景

(15) Navigator

Navigator 是项目审阅与查询软件。支持现场访问工程项目数据,交互查看、分析并补充各种不同的项目信息。通过协同工作加快审批解决设计中的问题,在办公室、网页端和现场互相协作来更清晰地了解项目规划和执行情况。支持查看、浏览和标记三维 i-model 以及相关的工程图和各类文档;以统一方式实时收集现场数据,通过定制表单输入数据并将数据与项目同步;通过 ProjectWise 安全地访问模型和相关文件,确保最新版本的项目信息;对模型进行沉浸式导航;以触控方式导航浏览项目,利用常用手势旋转、缩放和平移模型;可在联机或者脱机模式下工作。Navigator 软件界面如图 3-38 所示。

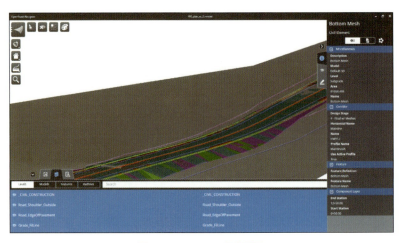

图 3-38　Navigator 软件界面

（16）Synchro 4D

Synchro 4D 是施工模拟软件，具有成熟的施工管理功能，可以为整个项目的各参与方（包括业主、建筑师、结构师、承包商、分包商、材料供应商等）提供实时共享的工程数据。工程人员可以利用 Synchro 4D 软件进行施工过程可视化模拟、施工进度计划安排、高级风险管理、设计变更同步、供应链管理以及造价管理（图 3-39）。目前的 4D 工程模拟大部分是针对大型复杂工程建设及其管理开发使用的，Synchro 同样具备整合其他工程数据的能力，能提供丰富形象的 4D 工程模拟。

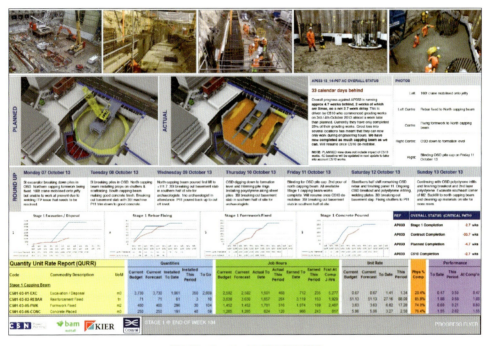

图 3-39 Synchro 4D 施工管理界面

（17）Cube

Cube 是一款功能完备的交通规划软件产品，用于交通系统综合建模。可进行交通影响分析，交通可达性分析，城市道路及公路交通量预测分析，城市轨道客流预测分析，评估各种交通政策的影响，模拟交通基础设施建设方案、运营方案以及交通政策变化的影响并进行优化，提供紧急疏散方案和策略，基于土地价值、交通可达性、历史趋势及各种政策预测土地利用的变化。Cube 交通规划如图 3-40 所示。

（18）iTwin 数据平台

iTwin 是基础设施数字孪生平台，将工程数据、实景数据和物联网数据结合起来，营造三维/四维沉浸式体验，获得对基础设施资产更深层次的认知。iTwin Services 有助于快速交付实时数字孪生模型，使用混合现实实现数据可视化，利用人工智能和机器学习，让决策者对数据产生新的认识。iTwin 平台架构如图 3-41 所示。

图 3-40 Cube 交通规划

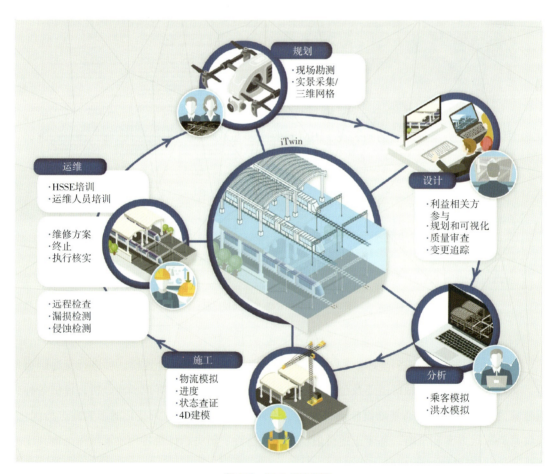

图 3-41 iTwin 平台架构

3.2.2 特点与优势

Bentley 轨道交通解决方案为用户搭建了一个三维协同工作环境和建模环境，各专业以并行方式发生交互，具有以下特点与优势：

（1）专业且全面。Bentley 轨道交通解决方案中，每个产品都具有良好的基础设施行业的基因，都历经全球工程建设者至少 10 年以上的检验。

（2）覆盖全生命周期。Bentley 解决方案覆盖了工程建设的全生命周期，每一个阶段都有相应的产品，以解决该阶段的问题。

（3）良好的数据结构。Bentley 良好的数据结构确保了其产品具有大体量的模型承载能力。此外，在数据底层，Bentley 建立了 EC 数据规则，保证了各个专业软件的数据格式在程序内部都具有统一的规则，这一点正是 Bentley 可以很好支持 IFC 的理论基础。

（4）技术稳定保持创新。为了保证用户使用的连续性，Bentley 的产品格式更新保持着一定的节奏，每一个大版本的格式都拥有 5～10 年的生命力。

（5）统一的数据格式。可以确保各专业在提资和协作的过程中，数据不丢失，成果流转顺畅。

（6）统一的协同平台。可以有效地规范设计流程，管理设计变更，提升设计质量，减少因沟通不畅造成的设计返工和重复工作，节省工作时间。

（7）专业的三维建模工具。可以帮助用户快速高效地完成交付，利用一个模型可以完成二维图纸交付、方案展示、动画表现、BIM 模型等多重成果。

（8）良好的底层数据架构。Bentley 建立了 EC 数据规则，保证了各个专业软件的数据格式在程序内部都具有统一的规则。

（9）开放与兼容。Bentley 产品与市面上主流的 CAD 产品相兼容，同时，有专门的接口工具，可以满足用户二次开发的需求。

3.3 Autodesk 软件

欧特克（Autodesk）公司成立于 1982 年，总部位于美国，其产品和解决方案被广泛应用于制造业、工程建设行业和传媒娱乐业。

3.3.1 铁路工程行业解决方案

根据铁路行业特点，结合 Autodesk 现有产品的功能与优势，按照实际项目的不同阶段和不同专业，合理配置最恰当的三维平台，并以此平台来发展各个专业的三维设计工具。Autodesk 铁路工程 BIM 总体解决方案如图 3-42 所示。

各产品在专业上的配置与定位如下：

（1）CIVIL 3D 是应用于铁路与交通行业最主要的基础平台之一，可广泛应用于勘测、线路、路基、站场、地质等专业领域。

（2）INFRA WORKS 是集成地理信息并进行规划设计的平台，可用于铁路项目的线路规划、桥隧设计、水文分析以及多专业模型的整合等。

（3）REVIT 是本系统的最主要基础平台之一，可广泛应用于桥梁、隧道、车站、设备布置等专业领域。

（4）在机车制造、钢轨设计、桥隧构件领域，Inventor 也可在三维设计中发挥主要作用。

（5）NAVISWORKS 广泛应用于施工建设阶段的项目协作、冲突检测、工序工法模拟、4D/5D 进度计划等。

（6）对于项目的漫游、渲染、分析等方面，3ds Max、Insight、Dynamo 等产品可基于 BIM 模型满足各方面的工程需求。

（7）利用 Civil 3D、Revit 等三维产品提供的开放的二次开发接口，进行必要的二次开发，可满足各专业具体应用需求。

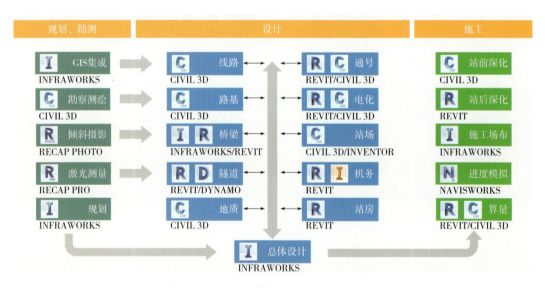

图 3-42 Autodesk 铁路工程 BIM 总体解决方案

3.3.1.1 铁路站前工程解决方案

（1）勘察、测绘

铁路工程的勘察测绘应用场景，主要分为以下几类：项目基础地理信息资料获取与整理、地形测量、地质勘察、遥感地形测量（低空无人机、航空、航天、地面激光扫描）、BIM+GIS 等。

①项目基础地理信息资料获取与整理

InfraWorks 中专门提供了"模型生成器"功能，支持使用云来获取免费的基础地理信息资料。一次可以生成最大面积为 200km² 的模型，包含从数字高程模型（Digital Elevation Model，DEM）和数字正射影像图（Digital Orthophoto Map，DOM）数据图层中获取的地形、水域、道路、铁路、建筑和其他基础设施等。InfraWorks "模型生成器"获取的城市区域数字模型如图 3-43 所示。

DEM + DOM

图 3-43 InfraWorks "模型生成器" 获取的城市区域数字模型

InfraWorks 支持地理坐标系，在配置数据源时可以实现数据源坐标系（不论其是地理坐标系、投影坐标系还是笛卡尔坐标系）到模型坐标系（地理坐标系）的转换。同时，InfraWorks除了支持 Autodesk 产品系列的文件格式以外，还支持 GIS 格式、IFC 格式、Land XML、CityGML 点云、光栅、SQLite 等多种数据格式的导入，能满足各种基础资料的汇集。

②地形测量

正式的勘测阶段，将会根据设计或大纲要求对地形数据进行采集并绘制草图，数据采集方法有全站仪极坐标法、交会法、免棱镜法、RTK 法、断面法等，可根据实地情况灵活选择。这些外业采集数据传输到计算机中，根据记录内容进行数据修正，生成坐标散点数据。根据工作草图，采用人机交互方式，编辑地物图块数据及属性录入。在 Civil 3D 中，有专门的测量模块来管理测量点数据（图 3-44），并且能根据这些测量点数据或地物数据构建三角网地形曲面（图 3-45）。内业人员可根据地形实际情况进行三角网编辑，初步生成等高线。对于特殊需要处理的部位，可通过 Civil 3D 对测量点、等高线或直接对地形曲面进行编辑，使之与实地相符。

图 3-44 Civil 3D 中管理测量点数据

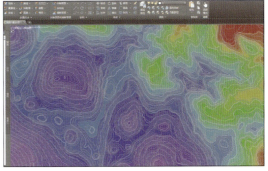

图 3-45 Civil 3D 中测绘数据创建的数字地形

③地质勘察

地质勘探阶段的外业数据采集可结合包含数字地形、卫星影像和 GIS 数据的数字模型开展。地质勘探包含物探、钻探和简易勘探等技术手段。这些勘探的数据成果采用数据导入的方式在 Civil 3D 中可以生成三维地质层曲面或实体。Civil 3D 专门提供了一个地质模块（Geotechnical Module）供用户用勘察的钻孔数据创建地质模型，如图 3-46 所示。

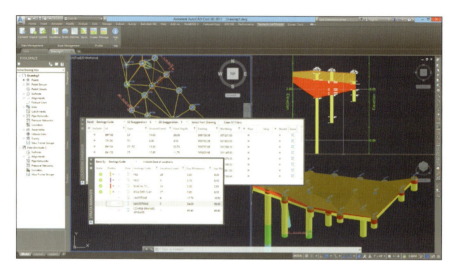

图 3-46　Civil 3D "地质模块" 管理和表达三维地质勘察数据

④遥感地形测量（低空无人机、航空、航天、地面激光扫描）

激光扫描的数据，可以通过 Recap 自动处理为准确可扩展的 3D 点云数据。而这个工程环境的点云模型可用于设计阶段各站前专业。Autodesk 联合徕卡（Leica）测量系统和拓普康（Topcon）等知名硬件设备产商，将数据处理软件与激光扫描设备或数字全站仪集成，提供更简便易用的解决方案。

无人机航拍（倾斜摄影）以及其他方式拍摄的海量照片，同样可以通过 Recap 自动处理转换为三维模型。这些数据可以和 GPS 定位结合，以提高测绘准确度。使用 ReCap 能在整个点云数据中进行测量、标记和沟通，并与协作者共享。

Autodesk 产品不仅能够基于点云生成三维实体，而且可以从点云中提取设计数据。利用 InfraWorks 可以采用自动或手动的方法，通过点云数据生成线性要素（图 3-47）。按照点云中的一些线性要素（也包含高程信息）进行新的设计规划，能极大地方便线路、路基和站场等专业设计过程。

⑤ BIM+GIS

Autodesk 产品 InfraWorks 和 Civil 3D 等均可以导入多种格式的 GIS 数据；InfraWorks 提供了从 FDO 数据库提取多种 GIS 数据的功能；自 2018 年 Autodesk 与美国环境系统研究所（Enrironmental Systems Reasearch Institute，Esri）开展战略合作，双方共同增强 BIM 与 GIS 工作流的互通，其中 InfraWorks 的功能 Autodesk connector for ArcGIS 帮助用户直接登录 ArcGIS 账户，浏览数据图层并导入数据至 BIM 平台（图 3-48）。

第 3 章　BIM 主流设计软件及特点

图 3-47　InfraWorks 提取点云线性要素

图 3-48　InfraWorks 中浏览 GIS 数据图层和导入 GIS 数据

（2）地质

地质专业首先基于三维地形曲面和三维线路模型，通过 Civil 3D 软件沿路线高密度采样，生成包含地形信息的多个横断面，基于平、纵、横复杂关系，建立三维地层，并将附在地层信息的所有横断面一次性耦合形成三维地层曲面，最终通过 Civil 3D 曲面建立实体功能，完成三维地质模型，并依据地质模型完成剖切，输出平面图、剖面图。

（3）线路

在前期规划阶段，InfraWorks 提供的线路设计功能可以直观地在仿真环境中实现，其平、纵编辑方便直观，参数化的数据输入随时可展示模型在现实地形中的效果。在详细设计阶段，Civil 3D 提供更丰富的铁路线路设计功能，可满足平、纵断面中的直线、曲线、缓和曲线的自由编辑、修改、标注和出图，且集成了铁路曲线外轨超高的计算。InfraWorks 与 Civil 3D 的线路数据可无缝地进行数据交互。InfraWorks 中基于仿真环境进行线路平、纵规划如图 3-49 所示。Civil 3D 中铁路线路的曲线超高数据如图 3-50 所示。

图 3-49　InfraWorks 中基于仿真环境进行线路平、纵规划

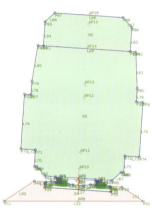

图 3-50　Civil 3D 中铁路线路的曲线超高数据

（4）路基

对于复杂路基设计，可采用 Civil 3D 中的部件编辑器，利用可视化编程手段，构建路基部件，然后以"搭积木"的方式将多种参数化标准路基结构按不同路基断面形式进行装配，并随地形曲面自适应生成路基模型，实现路基与地形曲面的联动。基于路基模型，可实现路基横断面的出图和计算工作，实现路基 BIM 正向动态设计。Civil 3D 中路基工程的平、纵、横设计如图 3-51 所示。

（5）桥涵

InfraWorks 提供的相关工具能够在整体基础设施设计项目的实景环境中建模和设计桥梁。其桥梁部件如梁、墩、基础、桥台等的参数化调整可直接在模型中表现。除了 InfraWorks 自带的丰富桥梁组件以外，用户还可以利用 Inventor 去定制更复杂的结构组件，实现复杂桥型的建模。InfraWorks 创建的桥梁可发布至 Revit 进行配筋、标注和出图。Revit 中的可视化编程工具 Dynamo 为桥梁设计与出图提供了极大方便。InfraWorks 创建的复杂桥梁如图 3-52 所示。

第 3 章　BIM 主流设计软件及特点

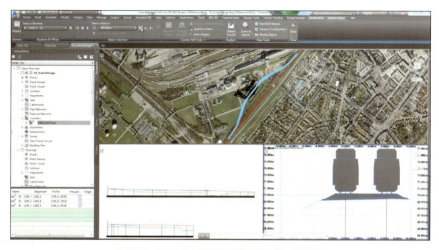

图 3-51　Civil 3D 中路基工程的平、纵、横设计

图 3-52　InfraWorks 创建的复杂桥梁

（6）隧道

InfraWorks 中提供了参数化创建隧道模型的功能。隧道的横断面构造以及洞门等复杂构造均可由用户按照设计需求来定制参数化的组件对象。同时利用 Revit 中可视化编程工具 Dynamo 进行隧道快速建模和组装，也是行业内极为普遍的 BIM 设计方法。

（7）站场

铁路站场设计涉及专业多，需要集成设计铁路线路、轨道与道岔、路基等模型，并且要结合房屋建筑等站后工程进行设计。利用 Civil 3D 可以针对不同桩号里程区间编辑站场的路基和站台，以及实现其中的过渡段。利用 Civil 3D 与 Revit 的交互，建筑专业可以获取站场地形资料进行站房建筑设计。完整的站场模型可以在 InfraWorks 中进行数据整合和呈现。Civil 3D 中的站场设计如图 3-53 所示。

图 3-53　Civil 3D 中的站场设计

3.3.1.2　铁路站后工程解决方案

（1）机务

铁路机务专业复杂的车辆模型可采用 Inventor 参数化创建和组装。Inventor 数据成果既可以保存为族供 Revit 设计使用，也可以导入 InfraWorks 被路基或桥隧专业引用。机务检修的车辆段等房建可利用 Revit 进行建模，对于车辆段的地表部分（包括铁路线路、轨道、道砟等）可利用 Civil 3D 的场地功能与 Revit 进行协作，同时也可使用可视化编程工具 Dynamo 辅助完成。机车与机务段 BIM 模型如图 3-54 所示。

图 3-54　机车与机务段 BIM 模型

（2）给排水

对于铁路给水站，旅客车站消防给水、生产、生活给水系统，污水系统，包括给水厂或污水处理站，可结合建筑与土建设施在 Revit 中实现。Revit 提供的管道设计包含管道的弯头设置、阀门附件以及坡度的设置。对于特殊的给排水设备也可以通过族的方式进行创建和管理。室内给排水模型如图 3-55 所示。

第 3 章　BIM 主流设计软件及特点

图 3-55　室内给排水模型

在室外部分，沿铁路线路的给排水管沟可以在 Civil 3D 中与路基建模相结合进行创建（图 3-56）。其他的室外雨污排水管网则利用 Civil 3D 中管网功能进行设计、编辑与分析。

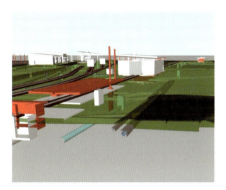 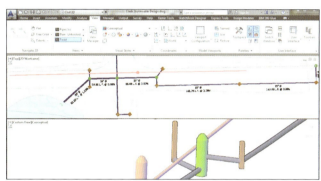

图 3-56　室外给排水模型

（3）四电

四电工程 BIM 设计主要在 Revit 中完成。铁路沿线的接触网或复杂的信号设施等，可以利用 Inventor 建模。Inventor 创建的零件既可以保存为族供 Revit 使用，也可以导入 InfraWorks 作为"通用对象"进行参数化配置来按桩号里程进行布置。接触网、隧道支架与设备管沟设计成果如图 3-57 所示。

图 3-57　接触网、隧道支架与设备管沟设计成果

（4）房屋建筑

铁路站房等房屋建筑的 BIM 设计在 Revit 中进行，建筑、结构、机电等多个专业可以基

- 115 -

于同一个中心模型进行协作，也可以基于多个中心模型相互链接参照。Revit中的三维模型数据可以直接导入PKPM或盈建科进行结构计算。同时，也可以利用Insight进行日照与绿色性能的分析。高铁站建筑模型如图3-58所示。

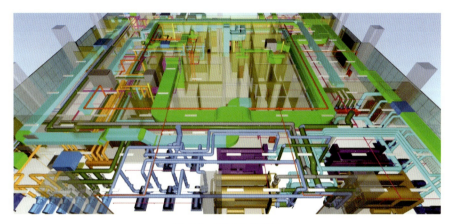

图3-58　高铁站建筑模型

3.3.1.3　协同设计

（1）Revit协同设计

Revit中以链接、工作集以及Revit Server等方式进行协同设计，如图3-59所示。

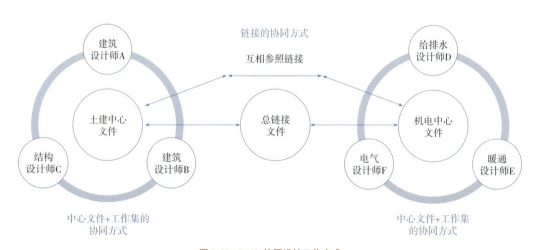

图3-59　Revit协同设计工作方式

链接模式：各专业设计师独立创建各自的模型，彼此之间通过链接（类似于AutoCAD的外部参照）方式进行协作，最后将一个包含所有链接的整合文件和各个链接文件一起打包交付。

工作集模式：各专业设计师在同一个存储在局域网服务器上的中心文件的各本地副本上工作，最后将成果统一更新至中心文件，中心文件作为最后的交付物。工作集模式相较于链接模式是一种较为先进的协同工作方式，但是对于操作标准化的要求程度较高。

Revit Server 模式：通过 Revit Server 可以更好地实现基于工作共享的异地协同，实现不同区域的工作人员同步/异步在同一个 Revit 中心文件上工作。也就是说 Revit 中心文件可以存储在互联网的某一个服务器中，设计师可通过 Revit Server 与处在不同局域网的人员进行协同作业（图 3-59）。

（2）Vault 协同设计

Vault 是一个资源库，用于存储和管理文档、文件及其信息和相互关系，包括两个主要组件：关系数据库和文件存储。Vault 主要用来管理人员、数据和流程，可以满足用户层面、流程层面和企业层面的协同，并进行 BIM 数据的查询、重用，以及文件关系跟踪。Vault 可以实现局域网内与互联网上的协同管理。通过 Vault 协同设计平台，各专业可实现模型高度共享，实现项目的集中管控、规则定制和资料互提。基于 Vault 的铁路工程协同设计方案如图 3-60 所示。

图 3-60　基于 Vault 的铁路工程协同设计方案

（3）Autodesk Construction Cloud 协同设计

Autodesk Construction Cloud 是一个在线协作平台，将从设计到施工每个阶段的工作流、团队和数据连接起来，以降低风险、最大限度地提高效率并增加利润。其包含的具体产品如下：

①Autodesk Docs：在线的二维及三维数据管理与协同，在整个项目生命周期中为所有项目团队提供单一的真实信息来源。

②Autodesk BIM Collaborate：在线的设计协同，将决策者与施工团队联系起来，以管理设计评审及模型协调。

③Autodesk BIM Collaborate Pro：在线的设计协同，包含 Revit、Civil 3D 等软件集成的直接与在线端数据同步的工具。

④Autodesk Build：在线的施工 BIM 管理软件。

⑤Autodesk Takeoff：在线执行从二维数据或三维模型自动生成工程量。

3.3.2 特点与优势

Autodesk 软件提供了铁路工程 BIM 总体解决方案，具有以下特点与优势：

（1）软件产品丰富，覆盖铁路工程规划、勘测、设计、施工等多阶段。用户可根据行业实际情况、项目实际需求，灵活配置最适用的三维平台。

（2）支持铁路站前站后各专业，包括测绘、地质、线路、路基、桥涵、隧道、站场、机务、给排水、四电、房建、道路等。针对不同专业和应用领域，可采用不同的产品。

（3）支持多种协同方式，包括 Revit 设计协同、Vault 设计协同、Autodesk Construction Cloud 设计协同等。

3.4 BIMBase 系统

BIMBase 系统是北京构力科技有限公司（以下简称"构力科技"）于 2021 年推出的 BIM 平台软件，目前已在建筑、电力、交通、石化等行业推广应用，为行业数字化转型和数据安全提供有力保障，如图 3-61 所示。

图 3-61 自主可控 BIMBase 平台在多行业应用

3.4.1 BIMBase 数字化基础平台

BIMBase 基于自主三维图形引擎 P3D，提供几何造型、显示渲染、数据管理三大引擎，以及参数化组件、通用建模、数据转换、数据挂载、协同设计、碰撞检查、工程制图、轻量化应用、二次开发九大功能。BIMBase 应用体系架构如图 3-62 所示。

第 3 章 BIM 主流设计软件及特点

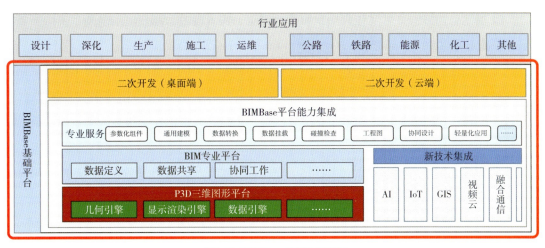

图 3-62 BIMBase 应用体系架构

BIMBase 可实现工程建设行业的数字化建模、设计、交付、审查、归档。通过开放的二次开发接口，支持软件开发企业研发各种行业软件。随着大量基于 BIMBase 平台开发的全国产 BIM 应用软件陆续完成，将形成覆盖建筑全生命期的国产软件体系，逐步建立起自主 BIM 软件生态。

BIMBase 的主要功能如下：

（1）建模：BIMBase 可满足工程项目大体量建模需求，完成各类复杂形体和构件的参数化建模，模型细节精细化处理，可添加专业属性，如图 3-63 所示。

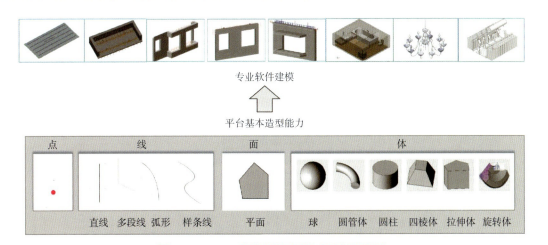

图 3-63 BIMBase 的基本几何造型和参数化建模能力

（2）协同：BIMBase 可实现多专业数据的分类存储与管理，以及多参与方的协同工作，如图 3-64 所示。

（3）集成：BIMBase 具备一站式的模型组织能力，提供常见 BIM 软件数据转换接口，可集成各领域、各专业、各类软件的 BIM 模型，满足全场景大体量 BIM 模型的完整展示，如图 3-65 所示。

（4）展示：BIMBase 可实现大场景模型的浏览、实景漫游、制作渲染动画、模拟安装流程、细节查看等，如图 3-66 所示。

（5）制图：BIMBase 可完成各类二维工程图的绘制，提供二维绘图和编辑工具，包括图层、线型、文字、尺寸、表格等，如图 3-67 所示。

（6）交付：BIMBase 可作为数字化交付的最终出口，提供依据交付标准的模型检查，保证交付质量，如图 3-68 所示。

（7）资源：BIMBase 支持建立参数化组件库，可建立开放式的共享资源库，使应用效率倍增，如图 3-69 所示。

（8）多端：BIMBase 提供桌面端、移动端、Web 端应用模式，支持公有云、私有云、混合云架构云端部署，如图 3-70 所示。

（9）开放：BIMBase 提供二次开发接口，可开发各类专业插件，建立专业社区，助力形成国产 BIM 软件生态，如图 3-71 所示。

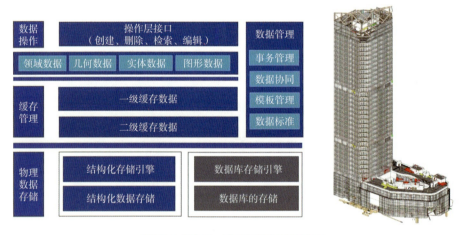

图 3-64　BIMBase 的数据管理和协同能力

图 3-65　BIMBase 的模型集成能力

第3章 BIM主流设计软件及特点

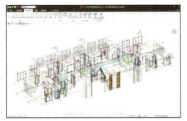

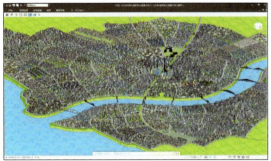

图 3-66 BIMBase 的模型展示能力

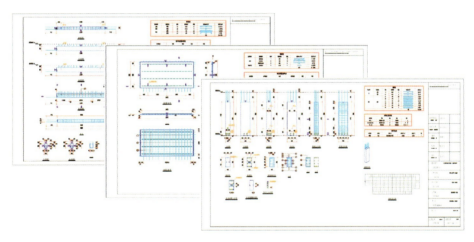

图 3-67 BIMBase 的工程图绘制能力

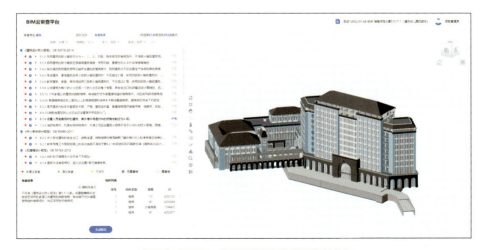

图 3-68 BIMBase 的数字化交付与模型检查能力

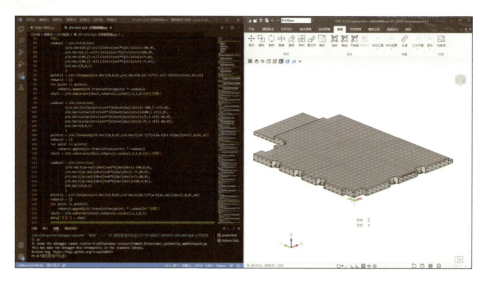

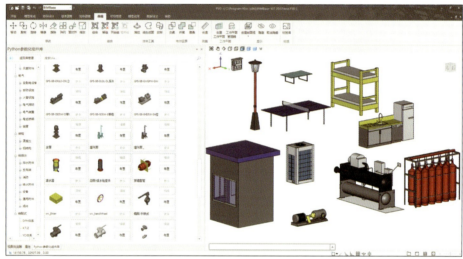

图 3-69 BIMBase 的参数化组件建模和管理能力

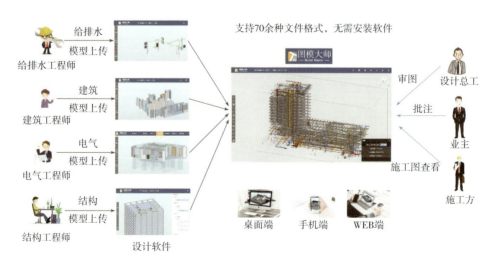

图 3-70 BIMBase 基于云服务的多端应用能力

第 3 章　BIM 主流设计软件及特点

- 原生C++开发接口：面向高级开发者，直接访问底层数据
- Python接口：面向最终用户，类自然语言的脚本进行功能扩展
- .net开发接口：面向高级开发者，应用.NET技术开发专业插件

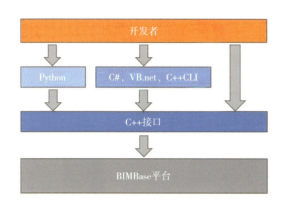
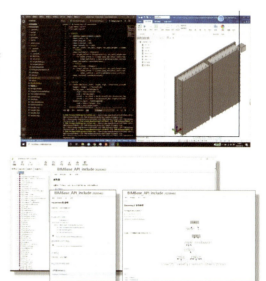

图 3-71　BIMBase 的二次开发能力

3.4.2　建筑行业解决方案

构力科技面向建筑行业数字化转型目标，基于 BIMBase 平台构建了 PKPM-BIM 全专业协同设计系统、装配式建筑全流程集成应用系统、BIM 报建审批系统、BIM+GIS+IoT 智慧城区管理系统等 BIM 全产业链整体解决方案。构力科技面向建筑行业数字化和工业化的解决方案如图 3-72 所示。

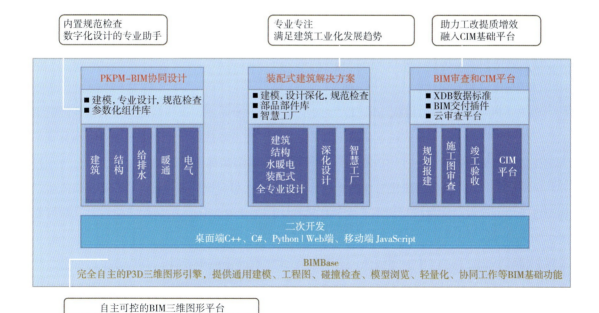

图 3-72　构力科技面向建筑行业数字化和工业化的解决方案

- 123 -

（1）建筑工程全专业协同设计系统 PKPM-BIM

PKPM-BIM 系统致力于 BIM 技术在建筑工程设计全流程的综合应用，通过统一的三维数据模型架构，建立建筑工程协同设计 BIM 平台，有效解决信息安全问题，为设计企业提供基于 BIM 的一体化解决方案。

PKPM-BIM 系统包括建筑 - 结构 - 机电多专业建模及自动化成图、结构分析设计、设计自审工具等，可满足国内大量建筑工程的数字化设计需求，如图 3-73 所示。

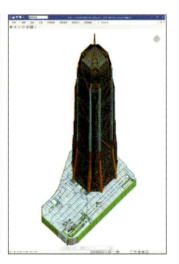

图 3-73　基于 BIMBase 的建筑工程多专业设计软件

PKPM-BIM 系统可实现建筑设计各专业共享模型数据，数据集中管理，保证了数据的一致性和关联性，专业模型可互相引用参照，并进行冲突检测，实现全专业和全流程的数据共享、协同工作。系统采用高效数据库技术以适应大体量工程应用，通过模型轻量化实现互联网、移动设备和虚拟现实设备的应用。

（2）装配式建筑设计软件 PKPM-PC

PKPM-PC 软件由构力科技与国内大型装配式企业联合研制，按照装配式建筑全产业链集成应用模式研发，符合装配式建筑精细化、一体化、多专业集成的特点，方案设计与深化设计无缝连接，避免二次设计。在 BIMBase 平台下实现预制部品部件库的建立、构件拆分与预拼装、全专业协同设计、构件深化与详图生成、碰撞检查、材料统计等，设计数据直接接入生产加工设备中。经大量实际项目应用，软件成熟稳定。基于 BIMBase 的装配式建筑设计软件如图 3-74 所示。

PKPM-PC 软件可以快速完成国内各种装配式建筑的全流程设计，包括方案、拆分、计算、统计、深化、施工图和加工图，可实现预制构件智能拆分、智能统计、智能查找钢筋碰撞点、智能开设备洞和预埋管线、构件智能归并、即时统计预制率和装配率，自动生成各类施工图和构件详图，相比传统 CAD 设计和采用其他通用性软件设计，效率大幅提高。

第 3 章 BIM 主流设计软件及特点

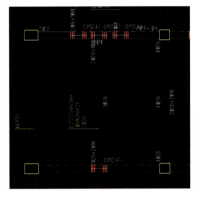
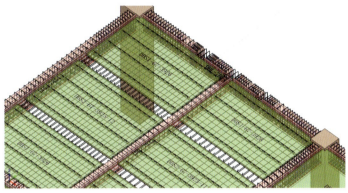

图 3-74 基于 BIMBase 的装配式建筑设计软件

3.4.3 轨道交通解决方案

面向轨道交通工程全生命周期数字化应用需求，通过建立数字化应用标准体系，建立基于 BIMBase 平台的项目建设全过程一体化应用软件和全生命周期管理系统，形成基于自主可控 BIM 技术的轨道交通工程数字化应用体系；通过自主 BIM 软件建立工程项目数字化模型，记录涵盖项目全要素的信息数据，通过基于 BIM 的建设管理平台实现项目建设全过程精细化管理；基于项目竣工 BIM 模型搭建轨道交通智能化运维管理平台。

（1）轨道交通工程一体化协同设计系统

基于 BIMBase 平台，提供各类 BIM 应用软件的应用开发环境，研发满足轨道交通工程全专业应用的专业软件，建立轨道交通工程一体化协同设计系统，形成轨道交通工程自主 BIM 应用软件体系，如图 3-75 所示。

①专业工具软件

专业工具软件包括基于 BIMBase 桌面端的地质、总图、车站（土建）、线路、桥梁、隧道、电气等专业设计模块。

②多专业协同设计

专业设计模块基于 BIMBase 平台，界面和工作模式统一，可实现对数据、标准、流程的统一管理，以及设计过程中的实时参考与更新。

图 3-75 基于 BIMBase 的轨道交通工程自主 BIM 应用软件体系

BIMBase 服务器提供多人、多专业构件级协同机制。专业模块只需少许开发即可加入构件级协同中。专业设计人员可以实时一键更新其他专业的设计成果。

BIMBase 图模大师提供文档级协同功能，结合 BIMBase 客户端的模型链接功能，可以实现异地实时更新他人的设计数据。

③基于自主数据标准的数字化移交

以轨道交通 BIM 数据标准为基础，设计轨道交通工程数据标准格式文件。BIMBase 设计端可输出符合相关标准的数据文件，实现数字化移交。

基于 BIMBase 的轨道交通设计应用如图 3-76 所示。

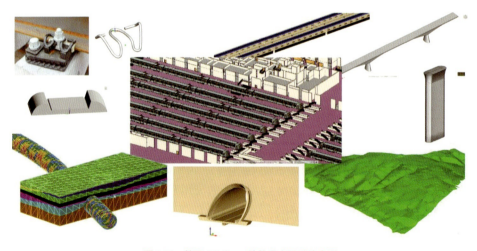

图 3-76 基于 BIMBase 的轨道交通设计应用

（2）轨道交通工程建设管理平台

基于 BIMBase 平台，建立轨道交通工程建设管理平台，以解决项目建设管理方对整个项目的监管问题。以 BIM 技术为数据底座，综合运用 BIM、信息化、大数据、物联网、区块链等技术，并贯穿项目建设全周期，促进各专业、各环节、各参与方的协同工作，保障项目在计划的成本内，按期、按质、安全、全局可控地完成建设目标。以 BIM 技术为数据底座的项目建设管理架构如图 3-77 所示。

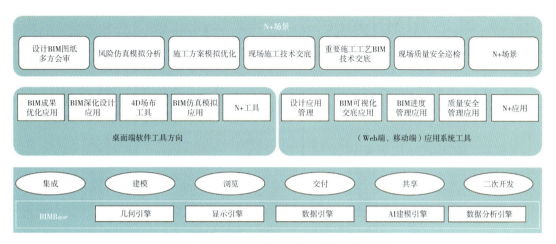

图 3-77　以 BIM 技术为数据底座的项目建设管理架构

①BIM 数据底座

BIM 数据底座是整个平台搭建的基础工程，具有统一的数据引擎、统一的几何和图形引擎、统一的 Web 轻量化引擎等核心支撑，在这些基础上衍生出支持平台建设的集成、建模、浏览、交付、共享、二次开发能力。

②平台应用

平台应用是在平台能力的基础上进行应用开发，根据实际情况分别在桌面端和服务端进行应用开发。

桌面端应用工具是指在个人电脑上安装程序进行使用的工具，适合于重量级的建模、建库、分析仿真和审查等应用场景。

服务端应用工具是指基于服务端开发，通过网页端、移动端登录访问使用的系统应用，适合于日常管理活动、轻量级三维模型浏览和技术交底等便捷化应用场景。

③N+ 场景

N+ 场景是指建设管理单位对项目进行监管的各种场景，包括设计 BIM 图纸多方会审、风险仿真模拟分析、施工方案模拟优化、现场施工技术交底、重要施工工艺 BIM 技术交底、现场质量安全巡检等。

（3）轨道交通工程智慧运维管理平台

通过 BIM 技术对项目建设的设计、采购、施工、运维等各阶段的信息进行统一管理。通过项目总控制中心，使各类信息在项目建设各阶段逐步丰富。项目竣工后，基于信息完备的 BIM 模型建立轨道交通工程智慧运维管理平台，集成 BIM+GIS+IoT 多源数据，通过各类物联网设备实现智能感知和智能控制，为轨道交通工程提供全方位的智能运维服务，实现智慧管理和运行。

3.5 广联达 BIMSpace

BIMSpace 是 2020 年广联达科技股份有限公司收购鸿业科技有限公司后，推出的建筑数字化正向设计解决方案。

3.5.1 建筑数字化正向设计解决方案

BIMSpace 建筑设计产品集以 BIM 正向设计为理念，依托底层 BIM 设计管理平台可以实现项目数据的统一集成管理，在上层搭建和提供了全专业的设计应用产品。标准化的设计及分析工具，有效保障了方案设计阶段的设计效率，满足了多方位的性能分析需求，多专业的设计工具与规范的深度融合，为实现智能化设计、自动化校审及出图提供了有力支撑，全专业一体化的设计思路在实现了上下游数据互通的同时，也为项目全过程数据链打通和应用奠定了基础。

建筑数字化正向设计解决方案涵盖了建筑、结构、给排水、暖通、电气五个专业，设计应用囊括了项目前期方案设计、初步设计、施工图及 BIM 交付等多个阶段。依托 BIM 设计管理平台，可以实现项目数据的集成管理，全过程一体化的应用设计理念为设计数据向下游阶段的无损传输提供了可靠的保障，同时设计 - 算量 - 施工一体化的框架设计为产业数字化转型提供了有效支撑。建筑数字化正向设计解决方案如图 3-78 所示。

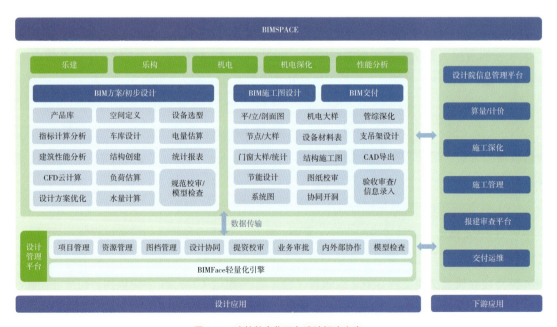

图 3-78 建筑数字化正向设计解决方案

3.5.2 BIMSpace-乐建

BIMSpace-乐建是一款建筑 BIM 设计软件，在深度融合国家规范的基础上，为设计师提供设计、计算、检查及出图等高效、便捷功能，界面简单易识别，操作灵活易上手，同时为下游预埋建筑数据，实现全专业高效协同，提升了建筑设计效率与质量。

（1）建筑产品管理

BIMSpace-乐建提供了标准户型库管理等功能，可以实现对多种类型户型的入库管理，在入库的同时，可以提取和指定户型面积、开间、进深、业态等多种数据，便于设计师进行快速搜索和使用，同时对于拼接的户型方案，可进一步进行指标数据的统计计算，并输出相关面积表，如图 3-79 所示。

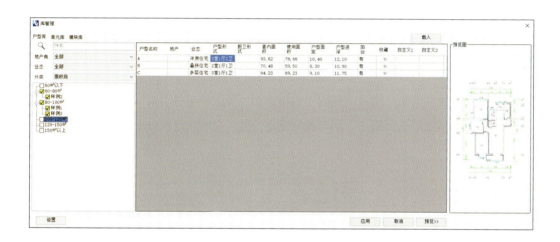

 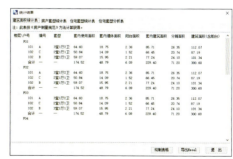

图 3-79 建筑产品管理

（2）高效辅助设计

产品与规范深度融合，利用规范条文可有效提升设计效率和设计质量。例如在进行楼梯设计时，根据用户指定的建筑类型，程序自动根据规范条文约束楼梯设计尺寸，当不满足规范要求时,将会弹出提示,保证设计的合规性。对于车库设计,支持根据规范条文与模型情况自动地布置方案设计,设计师可选最优方案进行布置,如图3-80所示。

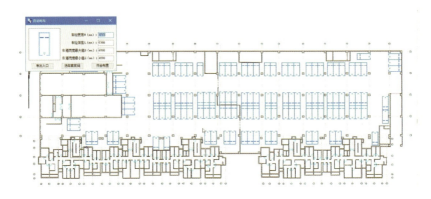

图 3-80　车库自动布置方案设计

(3) 自动规范核查

乐建与规范的深度融合,可实现对建筑模型的自动规范校验,例如楼梯规范校验,包括防火分区面积、防火门等级、防火门朝向、前室面积、疏散距离等。对于不满足规范条文的内容,将在对比规范条文后进行提示,从而提升设计质量。自动规范核查如图3-81所示。

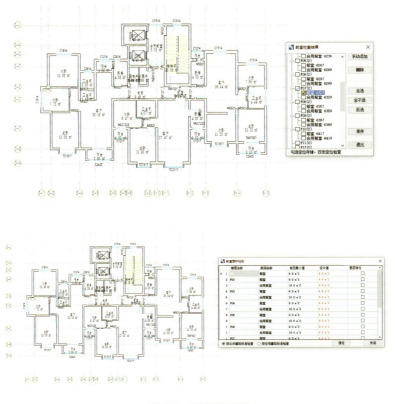

图 3-81　自动规范检查

第 3 章　BIM 主流设计软件及特点

（4）灵活建筑出图

建筑出图过程中，乐建提供了一键平、立、剖等功能，可快速对构件进行尺寸标注，例如平面图中的室外三道尺寸线、室内细部定位尺寸、楼板标高、坡度等，立面图中的楼层层高尺寸标注、立面材质标注、女儿墙标高、门窗高度等。同时，为了满足制图需要，提供了辅助标注工具，支持用户进行图名、引出索引、箭头、文字等多种类型的标注。为了满足 CAD 交付，乐建支持按照自定义图纸要求导出模型，可以支持模型构件的自定义图层设置、标注文字样式的图层设置、字体的自定义映射、dwg 图纸中模型空间与布局空间的转换，以及可实现对多张图纸导出后的自动合并。建筑出图自定义设置如图 3-82 所示。

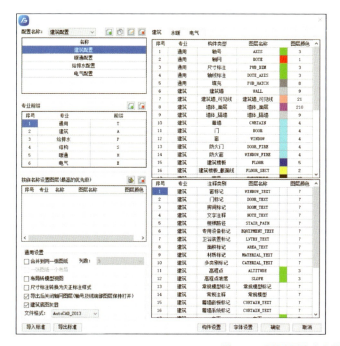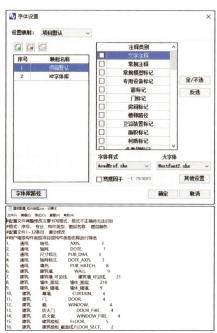

图 3-82　建筑出图自定义设置

3.5.3　BIMSpace–乐构

BIMSpace–乐构接力计算软件，可在 Revit 中自动创建结构模型，进行结构施工图的智能化设计和可靠校审。

（1）智能化施工图设计

BIMSpace–乐构通过融合工程经验的智能化设计方案，在 Revit 中实现结构施工图的高效设计。在完成相关设计参数填写后，程序自动生成施工图，设计师几乎不用修改即可满足项目设计要求。智能化施工图设计如图 3-83 所示。

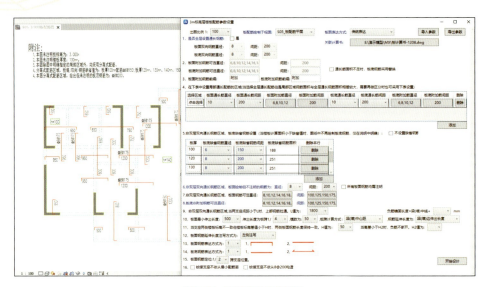

图 3-83 智能化施工图设计

（2）施工图可靠校审

相比于 CAD 设计，乐构当前方案最大的优势在于施工图校审。当前对梁、板、墙、柱均可以实现全面可靠的校审，包括高规、抗规、混规所涉条文，基本完成了设计院"校对"人员的工作。施工图校审如图 3-84 所示。

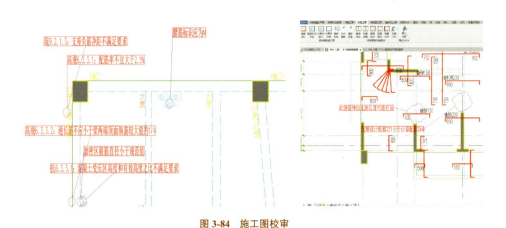

图 3-84 施工图校审

3.5.4 BIMSpace-机电

BIMSpace-机电是一款 BIM 机电设计软件，为机电设计师提供以数据标准为基础，集高效建模、准确计算、快速出图于一身，可进行全专业协同的高效设计工具，从 BIM 正向设计、实现模图一体化的角度出发，助力设计院向高效率、高质量转型。

（1）满足国内标准规范的专业计算

BIMSpace-机电提供了满足国内相关标准规范的专业计算功能，可进行给排水的给水、排水、消火栓、喷淋、暖通的负荷计算，风、水系统的水力计算以及电气的照度、负荷计算等，辅助设计师完成高质量项目成果交付。BIMSpace-机电专业计算示例如图 3-85 所示。

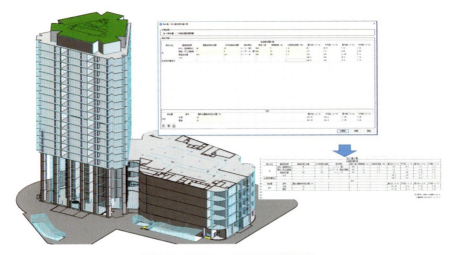

图 3-85　BIMSpace-机电专业计算示例

（2）齐全的系统设计

BIMSpace-机电软件涵盖机电设计中所需的给排水、喷淋、雨水、风、水、强电、弱电、消防等各大系统设计功能。以设计习惯为基础，采用手动、半自动、自动化的方式，在保证准确性的前提下，全面提升设计及修改效率。BIMSpace-机电系统设计示例如图 3-86 所示。

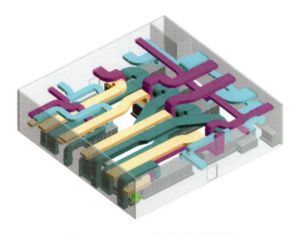

图 3-86　BIMSpace-机电系统设计示例

（3）深度融合规范的模型检查

BIMSpace-机电软件融合国家设计规范，提供了校核四喷头、风速检查、保护范围检查、桥架容积率检查等一系列检查功能，不仅在设计过程中保证模型的质量，还可将设计数据进行直观展示，满足多场景需求（图 3-87）。

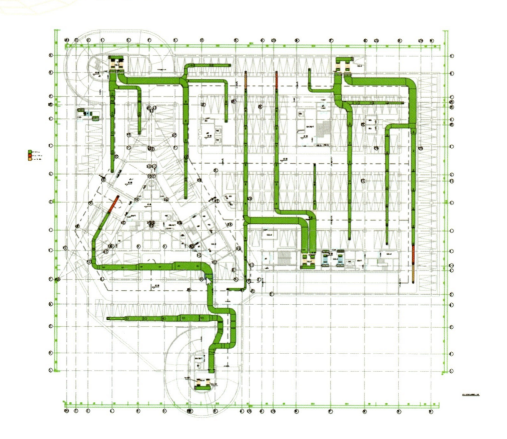

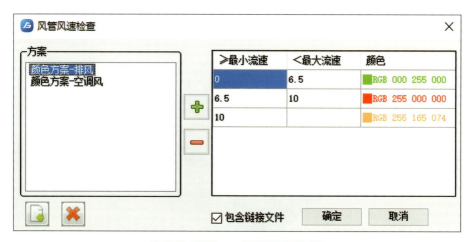

图 3-87　BIMSpace–机电模型检查示例

（4）灵活丰富的标注出图

在满足国家行业标准的前提下，BIMSpace–机电软件推出一键标注、三维标注等功能，大大提升出图效率。同时又支持标注导入自建族，在保证出图效率的前提下，全面适应企业标准。配合系统图、导出 CAD、按层拆分等功能，满足模型、图纸交付需求。BIMSpace–机电标注出图示例如图 3-88 所示。

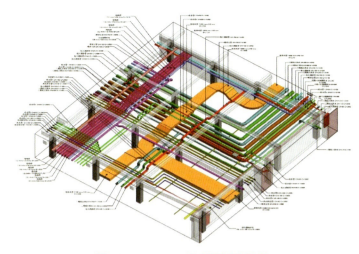

图 3-88 BIMSpace-机电标注出图示例

3.5.5 BIMSpace-机电深化

BIMSpace-机电深化是针对机电专业深化设计的软件，主要包括易用高效的管综模块、灵活的净高分析、开洞功能及支吊架模块。可大幅提升深化设计效率和质量，解决支吊架计算难点，提升 BIM 应用价值，促进 BIM 成果落地。

（1）管综调整

管综调整模块提供一系列易用、高效的管综调整工具，包括智能连接、排列、对齐、翻弯、避让等，平均提升管综调整效率 50% 以上。智能连接工具通过一个命令满足机电所有专业管道在各种情况、各种角度下自动连接，支持任意实体的对齐、排列，快速把杂乱管道排布规整合理。翻弯避让工具通过手动拖拽方式使升降偏移更加便捷，还可以实现多条管道批量自动避让，更加高效。管综调整 - 智能连接效果如图 3-89 所示。

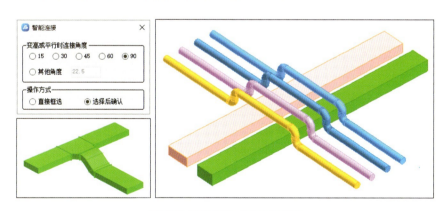

图 3-89 管综调整 - 智能连接效果

（2）碰撞检查

可直接在 Revit 内实现软、硬碰撞检查、反查定位、输出报告，协助管综调整。可按不同专业、不同系统类型进行检查，支持实时碰撞检测。支持以 Excel、PDF 两种格式输出碰撞检查报告，如图 3-90 所示。

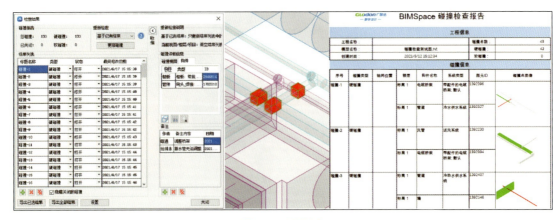

图 3-90　碰撞检查

（3）净高分析

净高分析模块可自动分析不同区域、不同构件的净高情况，自动输出标高分布色块图例；支持自定义区域智能网格化分析，无需创建房间或区域，解决了大空间区域净高控制难题；可按不同专业各种系统类型过滤分析，支持实时净高分析，如图 3-91 所示。

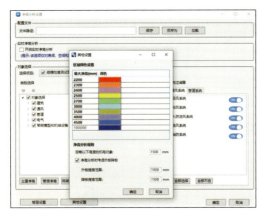
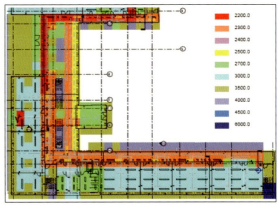

图 3-91　净高分析

（4）协同开洞

协同开洞模块可基于模型自动开洞、加套管，同时支持洞口查看与自动标注功能，实现一键出留洞图；支持洞口外扩尺寸等参数设置，可根据不同区域、不同专业管道类型详细设置，更加灵活；支持洞口联动，可一键自动更新洞口与管道最新的位置、尺寸匹配，省去了重新开洞的烦琐，如图 3-92 所示。

（5）支吊架

支吊架模块支持建模计算一体化，能解决计算难题，满足抗震要求，保障安全，节约成本。内置大量国家标准图集、真实厂家产品库，基于国标规范的支吊架安全验算，计算书完全符合《建筑设备安装工程支吊架计算书编制标准》（T/CIAS-3—2020）要求。自由拼装综合/抗震支吊架，能高效建模、批量自动布点。严格校验，满足重力荷载、抗震计算及整体稳定性等多方面校核，保障了安全。型钢规格智能选型，降低了采购成本；材料及连接件精细统计，节约了安装成本。支吊架模块如图 3-93 所示。

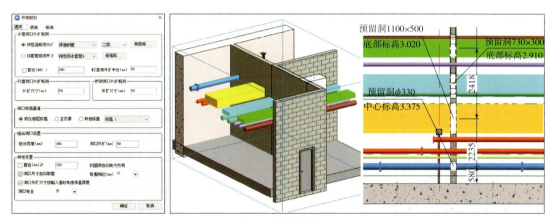

图 3-92　协同开洞

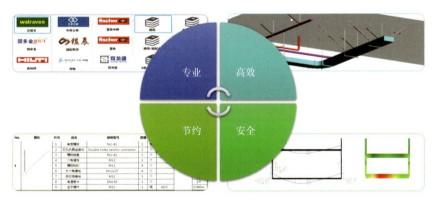

图 3-93　支吊架模块

3.5.6　建筑性能分析平台

建筑性能分析平台是一模多算平台，可直接使用 BIM 模型或 CAD 建模，对建筑及建筑群进行光环境、风环境、全年负荷、空调系统能耗等模拟分析。采用权威、专业的计算核心，结合国内标准规范，简单易用，能够自动输出模拟报告书进行绿色建筑评价，帮助设计师打造更优的设计方案，创建绿色、节能、舒适的人居环境。

（1）全年负荷计算及能耗分析

以 EnergyPlus（建筑能耗模拟软件）为计算核心，对建筑物及其空调系统进行全年负荷计算和能耗模拟分析。使用国内常用的围护结构及材质数据、分区用途数据、时间指派计划表，快速对建筑进行全年 8760h 逐时冷热负荷动态计算。空调系统建模，冷热源包括区域冷热源、电制冷、溴化锂吸收式制冷、冰蓄冷、水蓄冷、冷却塔自然供冷、地源热泵、空气源热泵、燃气型溴化锂冷热水、冷热电三联供、VRF 多联机、热水锅炉、蒸汽锅炉等几乎所有类型，以及电制冷机 + 地源热泵、地源热泵 + 空气源热泵等组合形式；输配系统包括一次、二次泵，定、变频系统；末端包括风机盘管、全空气定风量系统、全空气变风量系统、散热器、辐射末端、机械通风等，可以仿真模拟空调系统运行的逐时能耗，进行分项输出。针对绿色建筑评价标准，可以根据设计建筑自动构建参照建筑，进行全年负荷降低幅度计算、空调系统能耗降低幅度计算，并生成计算报告。空调系统能耗模拟如图 3-94 所示。

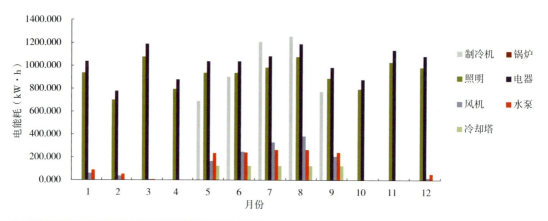

月份	电能耗（kW·h）						
	制冷机	锅炉	照明	电器	风机	水泵	冷却塔
1	0.000	0.000	935.550	1035.450	58.687	89.127	0.000
2	0.000	0.000	701.663	776.588	34.298	55.891	0.000
3	0.000	0.000	1075.883	1190.768	0.337	2.834	0.000
4	0.000	0.000	795.218	880.133	0.000	0.000	0.000
5	689.090	0.000	935.550	1035.450	167.775	238.045	125.425
6	898.440	0.000	935.550	1035.450	247.168	242.260	121.670
7	1207.738	0.000	982.328	1087.223	331.339	264.620	125.726
8	1249.799	0.000	1075.883	1190.768	385.619	267.917	125.726
9	771.058	0.000	888.773	983.678	206.104	241.311	121.670
10	0.000	0.000	795.218	880.133	0.000	0.000	0.000
11	0.000	0.000	1029.105	1138.995	0.000	0.000	0.000
12	0.000	0.000	982.328	1087.223	20.431	52.910	0.000
总电能耗	4816.125	0.000	11133.045	12321.855	1451.759	1454.914	620.216

图 3-94 空调系统能耗模拟

（2）室内外风环境

风环境模拟分析以 OpenFOAM 为计算核心，对室外风环境、室内自然通风、室内空调送风进行模拟分析,支持云端多算例同时计算,可快速选择夏季、冬季和过渡季工况,设置计算域大小、网格划分方案。室外风环境可批量布置树木,室内空调送风支持定义辐射面,快速布置风管、风口(常规风口、散流器、旋流风口、布袋风口)和构件。结果展示可查看任意切面计算结果,可输出温度、风速、风压、风速矢量、风速放大系数、建筑迎风面、背风面风压、空气龄和流线云图,统计外窗风压,计算窗地比、换气次数,自动输出模拟分析报告。室外风环境速度云图、室内自然通风速度云图、室内空调送风速度云图分别如图3-95～图3-97所示。

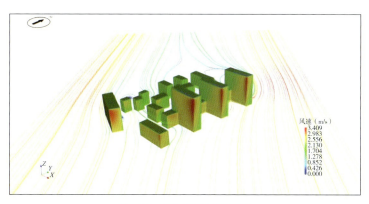

图3-95 室外风环境速度云图

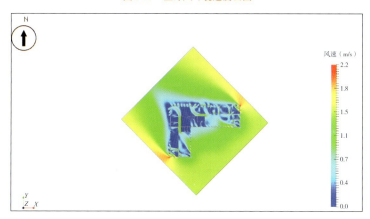

图3-96 室内自然通风速度云图

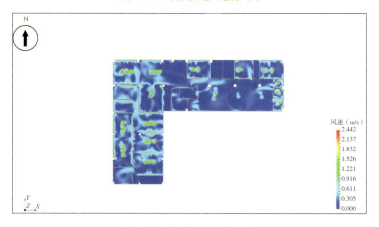

图3-97 室内空调送风速度云图

（3）采光分析

以 Radiance 为计算核心，对建筑室内自然采光和照明采光进行模拟分析。支持布置遮阳板、百叶窗、照明设备和导光管，提供房间类型、门窗类型、材质属性数据统一管理功能，可以层次化地设置模型属性以及计算精度、网格大小、分析高度、天空模型等参数。支持"平面、三维、动态采光、窗地比、采光系数、采光均匀度、眩光指数、内区采光、地下采光"等多种计算指标，可导出采光模拟分析报告书。动态采光逐时达标时数如图 3-98 所示。

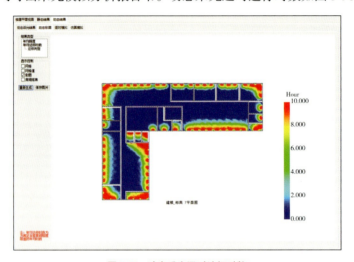

图 3-98　动态采光逐时达标时数

3.5.7　BIM 设计管理平台

广联达 BIM 设计管理平台应用 B/S 云架构模式，将基于浏览器的 Web 管理端与基于三维设计平台的协同设计工具端插件融为一体，以数据管理与共享为基础，将资源管理、项目管理、协同设计之间的壁垒全面打通，使全项目参与人员能够基于平台进行及时的沟通与协作，实现项目的全流程管理，如图 3-99 所示。

图 3-99　广联达 BIM 设计管理平台

第 3 章　BIM 主流设计软件及特点

（1）辅助用户快速开展正向设计，降低学习和使用成本

平台内置符合 BIM 标准的样板文件和专业族库，提供应用标准、分类编码标准、制图标准、交付标准等资源，帮助用户轻松实现 BIM 正向设计。专业族库如图 3-100 所示。

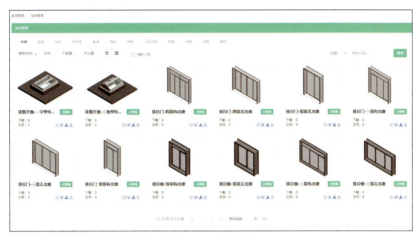

图 3-100　专业族库

（2）设计项目全流程管理，提高项目管理效率

为项目提供统一的数据中心，提供从项目策划、任务计划、协同设计、模型轻量化、图模校审到交付归档的全过程管理。设计项目全流程管理如图 3-101 所示。

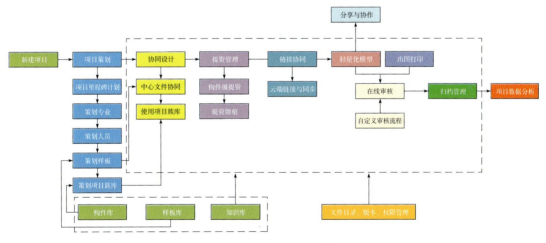

图 3-101　设计项目全流程管理

（3）支持跨专业、跨地域协同设计，提高协同效率

平台支持中心文件协同（基于 Revit Server 机制云端管理、版本管理、备份、恢复）和链接文件协同（中心文件之间的链接、云端共享文件的链接、云端与本地文件的链接、文件的自动同步，版本管理等），能够实现跨专业、跨地域的协同设计。

（4）基于轻量化模型的内外部协作

支持 CAD、Revit、Bentley、CATIA 等多种数据格式轻量化转换。提供在线合模、二三维

- 141 -

联动、版本对比等模型管理和查看工具，用户可以基于轻量化模型随时随地交流。

3.6 其他软件

除上述 BIM 设计软件外，市场上还有许多其他 BIM 相关软件，如鲁班、Tekla、ArchiCAD、Rhino 等。

鲁班软件为建筑产业相关企业提供基于 BIM 技术的解决方案，构建了以 BIM 大数据为核心的城市数字底板——CityEye。结合地球空间数据、物联网、人工智能、虚拟现实、大数据等技术，构建了从住户级、工程级到城市级的统一数字世界，实现了三大层级、多专业、多元化的 BIM 数据集成融合。

Tekla 软件是由芬兰 Tekla 公司开发的钢结构详图设计软件。用户可以在一个虚拟的空间中搭建一个完整的钢结构模型，模型中不仅包括零部件的几何尺寸，还包括材料规格、横截面、节点类型、材质等信息，可以用不同颜色表示各个零部件，可自动生成构件详图和零件详图。

ArchiCAD 是图软（Graphisoft）公司开发的专门用于建筑设计的三维软件，其建筑信息模型是一个包含了全部建筑信息的 3D 中心数据库。ArchiCAD 基于全三维 BIM 信息模型，可自动生成建筑立面、剖面、详图、设计文档以及工程量统计，使模型具有很深的详细程度。可进行绿色建筑能量分析、热量分析、管道冲突检测、安全分析等。

Rhino（犀牛软件）是由美国 Robert McNeel 公司推出的一款以 NURBS 为主的三维建模软件，建模速度快，可广泛应用于三维动画制作、工业制造、科学研究以及机械设计等领域，可输出 obj、DXF、IGES、STL、3dm 等不同格式。Rhino 可建立、编辑、分析和转换 NURBS 曲线、曲面和实体，不受复杂度、阶数以及尺寸的限制。

第 4 章
铁路工程 BIM 协同设计平台

铁路工程设计涉及测绘、地质、路基、线路、站场、桥梁、隧道、轨道、工程经济、牵引变电、电力、接触网、通信、信号、信息、环保、给排水、机务车辆等多个专业领域，设计工作既有固定顺序的跨专业信息传递，也有复杂的多专业联合迭代趋优。综合考虑设计中结构化和非结构化数据无障碍交换、可视化环境下跨专业参考和结构间约束驱动、基于铁路 BIM 标准的数据存储与交付等设计需求，中国铁设基于达索 3DE 平台研发铁路工程 BIM 协同设计平台，内置铁路 BIM 标准，扩展铁路工程通用及专业设计功能，实现数据同源、骨架驱动的多专业协同的 BIM 设计。

BIM DESIGN OF HIGH-SPEED RAILWAY

4.1 平台架构

铁路工程 BIM 协同设计平台以达索 3DE 平台为基础，面向铁路工程设计业务，构建物理架构和功能架构，扩展统一数据环境和异构系统集成应用，具有对标准、功能、性能的可扩展能力，如图 4-1 所示。

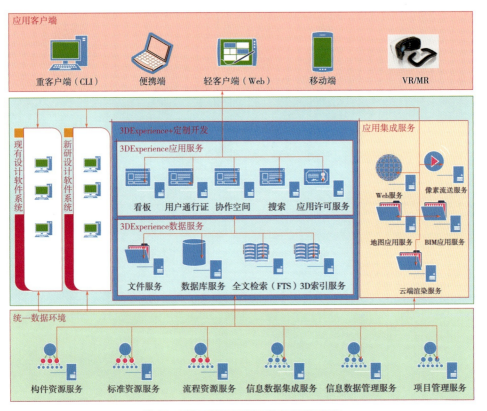

图 4-1　铁路工程 BIM 协同设计平台软件架构

应用客户端：图形重客户端负责工程设计，Web 轻客户端负责管理，VR/MR（Virtual Reality/Mixed Reality，虚拟现实/混合现实）负责虚拟现实应用。

3DE 平台应用服务：负责用户通行证、看板、搜索、协作空间和许可服务器。

3DE 平台数据服务：负责数据库服务、全文检索服务、3D 索引服务、模型文件服务等。

应用集成服务：负责基于统一数据环境的 BIM+GIS、虚拟现实、数字化施工应用服务等。

统一数据环境：负责构件资源服务、标准资源服务、流程资源服务、信息数据集成服务、数据和项目管理服务等。

4.1.1 物理架构

铁路工程 BIM 协同设计平台物理架构分为服务器端和客户端。服务器端由许可服务器、应用服务器、数据库服务器、文件服务器、全文检索服务器、3D 索引服务器和资源服务器组成。其中，应用服务器为主服务器，连接客户端与其他服务器，如图 4-2 所示。

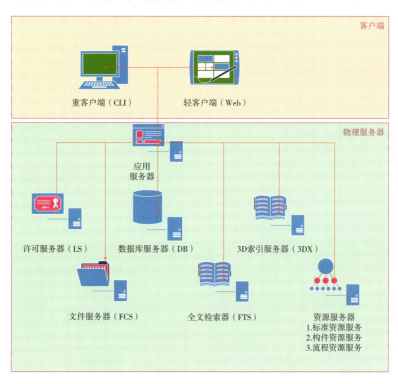

图 4-2　铁路工程 BIM 协同设计平台物理架构

4.1.2 功能架构

铁路工程 BIM 协同设计平台功能架构分为四层，如图 4-3 所示。

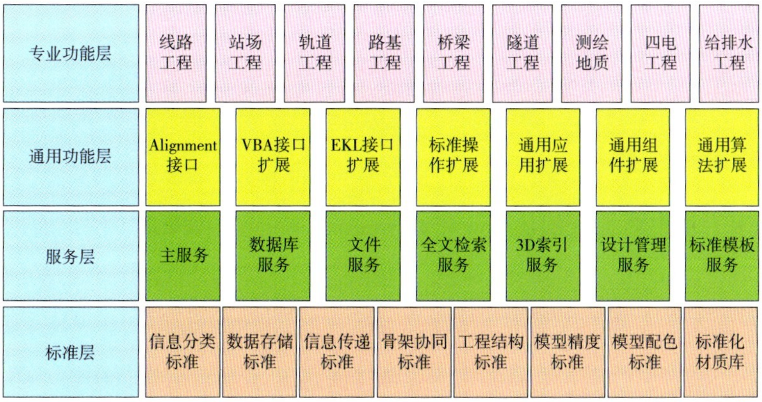

图 4-3　铁路工程 BIM 协同设计平台功能架构

第一层为标准层。其以铁路 BIM 标准体系框架内各标准为基础,并根据自身设计流程需要,定义相应的实施标准,为平台提供标准支持。

第二层为服务层。基础软件采用达索系统,利用其构件化设计、标准扩展接口、多专业协同设计的特点,实现对铁路工程 BIM 协同设计的底层支持,同时为功能层提供各项基础服务。

第三层为通用功能层。该层提供通用功能、算法扩展,并包装成可供 Visual Basic 宏语言（Visual Basic for Applications,VBA）、知识工程语言（Enterprise Knowledge Language,EKL）、C#、Python 等调用的通用接口,供专业设计软件工具调用。

第四层为专业功能层。该层由专业设计功能组件构成,按照专业设计逻辑开发专业设计工具。

4.2 标准支持

平台采用客户化定制方法支持《铁路工程信息模型数据存储标准》(简称"铁路 IFC 标准"),通过建立数据库并开发客户端的方法支持《铁路工程信息模型分类和编码标准》(简称"铁路 IFD 标准"),如图 4-4 所示。

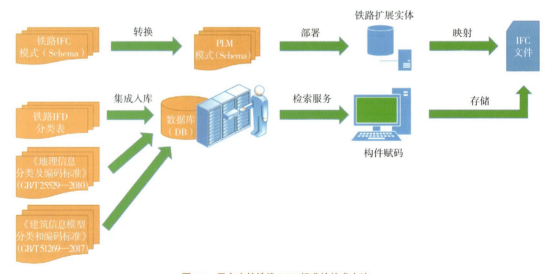

图 4-4 平台支持铁路 BIM 标准的技术方法

4.2.1 数据存储标准

采用 3DE 平台提供的 Specialization 和 Customization 元数据管理方法,通过建立 IFC 元数据至平台元数据的映射,扩展铁路 IFC 标准元数据定义,提供对铁路 IFC 标准的支持,并驱动软件行为。平台共扩展了铁路工程信息模型数据存储标准中 180 项实体定义和国际标准 IFC4 中的 37 项实体定义,部署属性集 446 项,实现对铁路工程空间结构、构件、组合件与零件的全覆盖,如图 4-5 ～图 4-7 所示。

第 4 章 铁路工程 BIM 协同设计平台

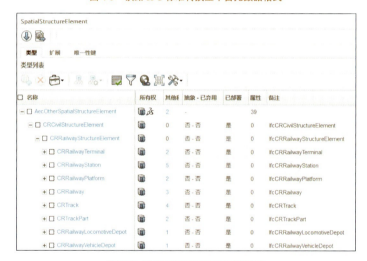

图 4-5 铁路 IFC 标准转换至平台元数据格式

图 4-6 铁路 IFC 标准实体类的部署

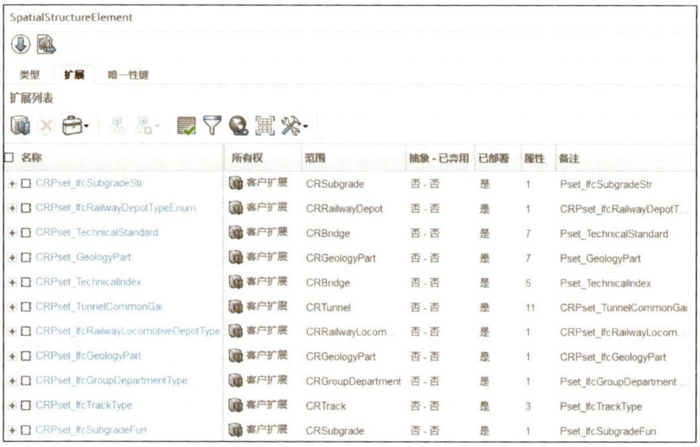

图 4-7 铁路 IFC 标准属性集的部署

- 147 -

4.2.2 分类与编码标准

建立分类编码数据库和全文检索服务，将《铁路工程信息模型分类和编码标准》及《地理信息分类及编码标准》（GB/T 25529—2010）、《建筑信息模型分类和编码标准》（GB/T 51269—2017）输入数据库，基于全文检索服务开发赋码客户端，通过人机交互为模型统一赋码，实现系统对信息模型分类与编码的全部支持，如图 4-8 所示。

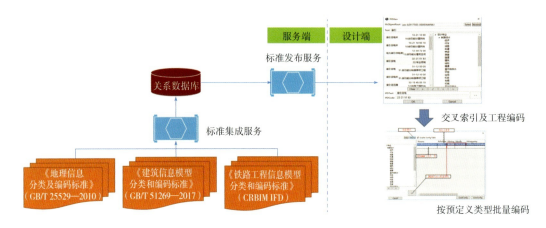

图 4-8 铁路 IFD 标准的部署

4.2.3 信息交换

为实现与其他系统的数据兼容，IFC 交换数据时采用代理机制，所有实体统一使用 IfcBuildingElementProxy 代理，在 ObjectType 字段写入实体名称，同时，利用属性集可动态扩展特性，将所有自定义字段转存于同名属性集。数据的输出与输入通过映射表转换。当输出数据时，将平台中的对象映射至标准中的实体，反之，将标准中的实体映射至平台中的对象。当存在一对多、多对一、多对多的映射关系时，通过 ObjectType 和指定优先级顺序实现转换。平台对象与 IFC 实体之间的映射关系如图 4-9 所示。

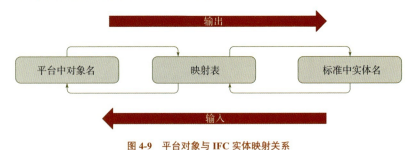

图 4-9 平台对象与 IFC 实体映射关系

映射关系配置文件片段如下：

```
<NeutralID Name="NeutralIDIfcCRBridgePart" Entity="IfcBuildingElementProxy" Priority="234">
<Valuate Attribute="ObjectType" Value="CRBridgePart"/>
<Condition Attribute="ObjectType" Value="CRBridgePart"/>
</NeutralID>
```

如 IfcBridgePart 类型对象实体定义如下：

ENTITY IfcBridgePart

SUBTYPE OF(IfcBridgeStructureElement)

PreDefinedType:IfcBridgeStructurPartTypeEnum；

END ENTITY;

在输出 IFC 文件时，将 PreDefinedType 属性及其值保存至 CRPset_IfcBridgePart 属性集，如图 4-10 所示。

⊟ CRPset_IfcBridgePart	
IfcBridgeStructurePartTypeEnum	Gird
⊟ CRSSEEQR_ConcreteQuantity	
FirstTypeQuantity	0.000000
SecondTypeQuantity	6.000000
ThirdTypeQuantity	0.000000
FourthTypeQuantity	0.000000
⊟ SSEEQR_ReinforcingBarQuantity	
MainBarQuantity	0.000000
DistributionBarMainBarQuantity	0.000000
TensileBarMainBarQuantity	0.000000
StirrupMainBarQuantity	0.000000

图 4-10　桥梁部件（IfcBridgePart）属性集

通过代理方式，实现信息模型跨平台的完整传递，其他软件可通过该代理规则解析所有实体的语义。

4.3　协同机制

协同设计是指多个参与主体为了共同的设计目标，以一定的方式密切合作并交换信息，分别完成各自设计任务的设计过程。通常，可从以下两个方面理解协同设计：

（1）根据协同深度进行划分，可分为文件级协同和构件级协同。文件级协同是指不同参与主体分别设计不同的文件，按照文件进行任务管理、权限控制和质量审核的一种设计方式，文件之间可以相互参考引用，但不同文件中的构件、几何和特征之间无关联约束关系；构件级协同是指各参与主体在统一的数据环境中设计各自负责的模型构件，按照构件进行任务管理、权限控制和质量审核，设计过程也是设计成果自然集成的过程，构件之间可以存在关联约束关系。

（2）根据协同时机进行划分，可分为结果协同和过程协同。结果协同是指在各参与主体完成设计之后，将设计成果进行集成，通过检查再调整保证设计整体性的一种协同方式；过程协同是指设计过程中，不断地交换信息，各主体的设计之间存在关联引用关系，把单个参与主体的设计行为放置于系统整体层面进行考虑，设计成果随设计进展自动集成的一种协同方式。

铁路工程 BIM 协同设计平台采用构件级过程协同的工作方式，模型几何、属性信息和设计文档等采用统一数据库存储，以项目工程结构树进行组织，并维护工程拓扑结构，以构件为单位管理设计任务、模型权限和质量审核。参与主体基于统一数据库开展负责部分构件设计，设计成果自然集成。跨专业信息基于项目的工程拓扑结构传递，数据库存储与信息传递如图 4-11 所示。

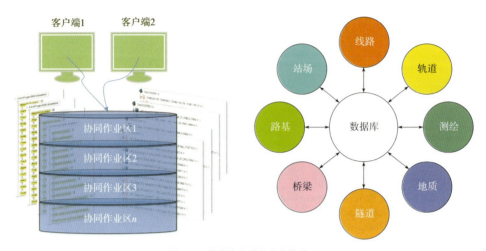

图 4-11　数据库存储与信息传递

4.3.1　协同作业区

协同作业区（又称"协作空间"或"协作区"）是逻辑上的数据分区，也是平台对数据管理的最小单元，拥有独立的状态，从可见性上可分为私有、保护和公共三种类型。平台按功能需求，分为专业标准模型协同作业区、专业模板协同作业区和项目协同作业区。其中，专业标准模型协同作业区用于设计、存储与管理标准构件资源；专业模板协同作业区用于设计、存储和管理本专业的模板资源；项目协同作业区用于存储本项目设计成果，包括对专业标准模型的引用实例、利用专业模板资源实例化的模型，以及根据项目工况直接使用专业软件功能生成的模型。

专业模板协作区中的模板可以聚合标准模型协作区中的模型；项目协作区中的模型可采用专业模板协作区中的模板实例化工程模型，工程模型聚合标准模型协作区和本项目协作区中的模型。协作空间划分如图 4-12 所示。

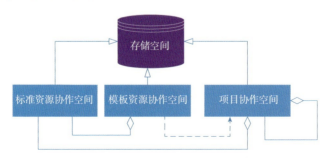

图 4-12　协作空间划分

4.3.2 人员组织

平台设置使用者账号,并对账号按照专业组织进行管理,所有账号必须属于某个组织。如图4-13所示为人员组织。

4.3.3 模型的成熟度

平台中所有数据(模型、文件)均有私有(Private)、工作(In Work)、冻结(Frozen)、发布(Released)、废弃(Obsolete)五种成熟度状态。模型的成熟度受质量审核流程控制。在创建时,模型处于私有状态,仅设计者本人可见;创建完成后,模型自动进入工作状态,仅处于同一

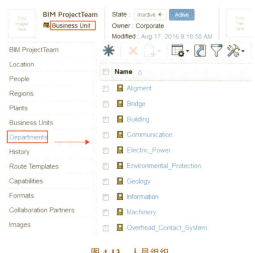

图4-13 人员组织

协作空间的人员可见;在质量审核时,数据处于冻结状态,审核过程中模型不可更改;通过审核后的模型为发布状态,数据永久锁定;标准更新或变更设计后,数据将处于废弃状态,不可修改或删除。

4.3.4 模型版本

平台对不同的设计方案和变更设计做版本控制,对不同的版本以版本图谱进行统一管理,保持版本间的关联性,支持设计方案演化过程追溯。每个版本拥有独立的版本说明。平台将版本分为大版本和小版本两种,大版本用英文字母表示,小版本用阿拉伯数字表示,以点号分割。如A.1,即表示大版本为A,小版本为1。通常,在设计成果未交付前使用小版本控制,在成果交付后变更时采用大版本。模型创建并保存完成后版本号为A.1,如图4-14所示。

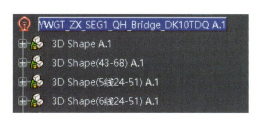

图4-14 模型版本

4.3.5 多维度权限控制

模型、图纸和数据作为项目决策和工程实施的输入,其有效性、可追溯性必须得到充分保障。在基于统一数据源和集成设计环境的多专业协同工作模式下,跨专业和设计人员的参考引用,由传统基于文件的阶段性协同,升级为伴随设计全过程的实时深度协同,模型之间存在更为广泛的关联关系,因此大幅提升了设计成果的一致性和整体性,但同时也对模型的有效性管理产生了严峻挑战。为实现对设计模型和数据有效性的管理,铁路工程

BIM 协同平台对设计者所拥有的权限从协作空间、专业组织和角色等多个维度进行控制，如图 4-15 所示。

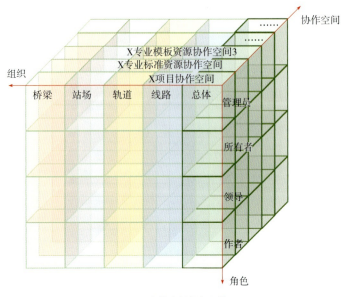

图 4-15　多维度数据权限管理

4.3.6　人员角色

角色是对数据控制能力的一组抽象，代表着对不同对象（类型）可能有不同的操作权利。角色分为 3 个组，共 7 种角色：①应用组，包括 Reader、Contributor、Author、Leader 四个角色，可以创建、浏览、修改、保存和删除数据，应用角色通常直接分派给最终用户；②管理组，包括 Owner、Administrator 两个角色，管理协作空间，配置系统服务器环境，管理角色通常分配给 IT 用户；③数据访问组，包括 Public Reader 一个角色，授予用户基本权限，仅可浏览各种公共数据。角色权限定义见表 4-1。

角 色 权 限 定 义　　　　　　　　　　　　　　表 4-1

任务	角色					
	Administrator	Owner	Leader	Author	Contributor	Reader	Public Reader
协同空间创建	√						
用户创建	√						
公司修改	√						
部门创建	√						
用户权限分配	√						
跨协同空间能力	√						
资源库配置	√	√					
导入数据			√				

续上表

任 务	角 色						
	Administrator	Owner	Leader	Author	Contributor	Reader	Public Reader
转移所有权		√	√				
改变所有权		√	√	√			
锁定、解锁		√	√	√			
浏览（读）		√	√	√	√	√	√（需要邀请）
修改（写）		√	√	√			
设计审查		√	√	√	√		

4.3.7 基于工程结构树的数据集成

工程实例模型采用工程结构树聚合，树结构与铁路工程分解结构保持基本一致。工程结构树的建立采取自顶向下作业模式，BIM 总体负责建立项目节点及专业根节点，专册负责人负责将本专业节点进一步分解为工点，设计者负责将工点进一步分解成分部工程，并建立模型。

结构树节点仅责任人或部门领导有修改权限。树节点初始责任人为创建者本人，在节点建立后，需要由建立者将所有者或责任人指派给相应人员。工程结构分解与责任人视图如图 4-16 所示。

图 4-16 工程结构分解与责任人视图

所有设计人员自工程结构树打开所负责工点后开展设计，设计成果自动装配到工程结构树。因此，基于工程结构树的数据集成是随设计进展自动集成的过程。

4.3.8 基于骨架的工程定位

为实现设计系统性提升、跨专业信息准确传递和统一的模型定位，引入骨架设计概念，利用一系列点、线、面、体和参数描述工程概要，与工程分解结构相对应，勾勒出铁路工程关键特征，并以树形结构存储和交互。基于骨架的设计主要优势为：①骨架数据量较全模型表达大幅度减小，便于计算机快速处理；②按照先整体后局部的顺序开展设计，突出系统性设计的重要性；③工程模型以骨架元素为输入进行造型和定位，并与骨架之间保持约束关系，骨架的修改会驱动模型几何和位置的自动更新。

图4-17 总骨架结构图

工程骨架分为多个层级，最顶层是总骨架（线路中心线），向下依次是专业骨架、专业工点骨架。总骨架由线路平面、线路纵断面、空间曲线和断链表组成。专业骨架是在总骨架的支撑下，对专业内容的深化。骨架之间保持关联约束关系，总骨架是整个工程的最基本骨架信息，专业骨架是基于总骨架创建，而工点骨架则是基于专业骨架创建。关联约束机制保证总骨架、专业骨架和工点骨架的依次驱动关系。总骨架结构如图4-17所示。

模型基于骨架装配或构造。各专业分别以骨架设计成果作为输入，使用参数化模板或专业软件实例化工程模型。如图4-18所示，专业软件自总骨架截取桥梁范围中心线，在此基础上设计墩、台、梁的点位和姿态，并引用桥梁标准模型资源生成桥梁模型。

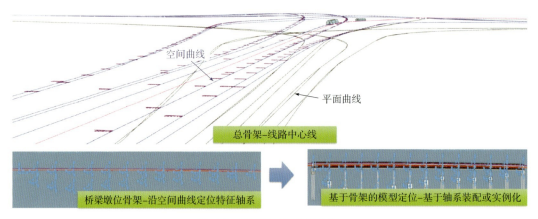

图4-18 骨架设计与模型实例化

4.3.9 基于骨架的信息传递

基于IDM/MVD方法论，对铁路工程BIM协同设计过程进行标准化定义，固化流程，固化交换信息,建立交换信息与铁路工程信息模型数据存储标准间的映射关系,结合工程骨架实现跨专业协同设计信息的传递。结构化信息与工程骨架存在一对一的映射关系,结构化信息既依赖于工程骨架实现信息的承载和传递,又驱动工程骨架的生长。线路设计流程如图 4-19 所示。桥梁专业骨架承载了墩、台、梁、基础的结构化信息,如图 4-20 所示。

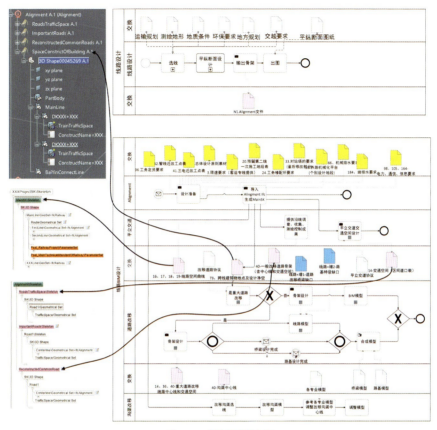

图 4-19 线路设计流程图

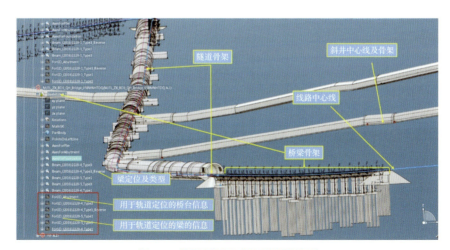

图 4-20 用于承载结构化信息的桥隧骨架

4.3.10 设计任务管理

任务管理、工程设计和质量控制均基于同源数据。设计任务、模型成熟度与审核流程紧耦合，任务的进度信息、模型的成熟度均受审核流程管理。平台要求每项任务都有明确的交付件、责任人和工作时间节点，任务完成的前提是约定的交付件通过质量审核流程并达到发布状态。项目开始时先对任务进行层级分解，并指派责任人。责任人在完成设计后，将交付件提交至任务的附件中，并启动审核流程。审核流程通过后，自动将交付件提升至发布状态。交付件的成熟度无法手工提升或降级。任务管理和质量审核流程如图 4-21 和图 4-22 所示。

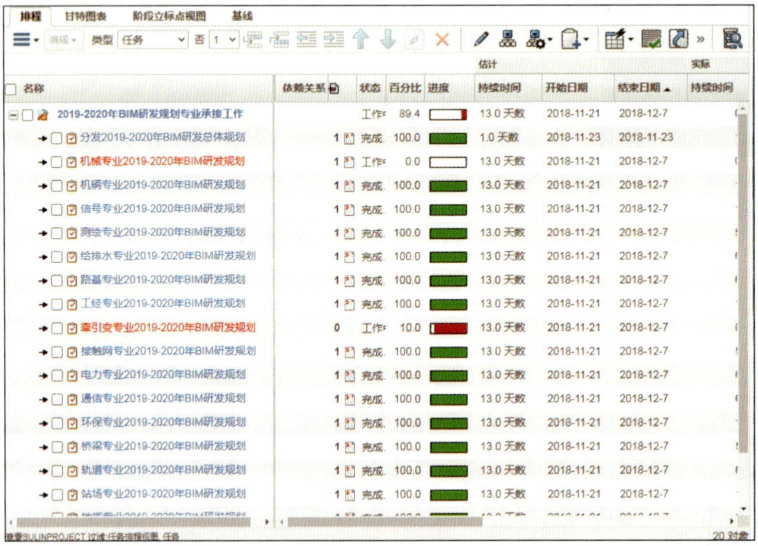

图 4-21 任务管理

图 4-22 质量审核流程

在设计过程中，设计者需要即时填报所负责的任务进度，完成后及时将任务推送到完成状态。各层级管理人员可以方便查看每个项目、全部任务的执行情况报表，发现问题可及时介入，主动解决问题，控制设计延期风险。设计过程管理如图 4-23 所示。

第 4 章　铁路工程 BIM 协同设计平台

图 4-23　设计过程管理

4.3.11　设计审核

平台支持基于统一的数据环境开展质量审核。按照质量审核流程开发各类型流程节点，再分别定义各审核环节人力资源池，并将流程与设计模型成熟度相耦合，通过审核流程控制模型成熟度。模型审核完成后，成熟度变为发布状态。模型审核流程如图 4-24 所示。

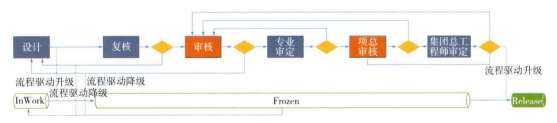

图 4-24　模型审核流程

归档包括对设计非结构化互提资料的管理、项目人力资源管理、项目通知及文档的管理、审核审批流程的管理、设计交付的管理等，如图 4-25 所示。

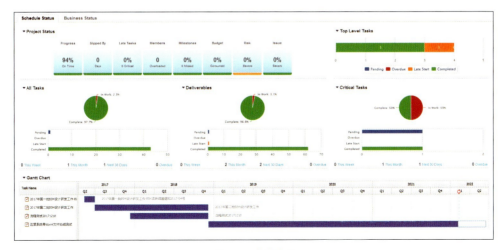

图 4-25　归档管理

- 157 -

4.4 基本功能

本节主要介绍达索系统 3DE 平台软件的建模基本功能，主要包含草图绘制、实体建模、曲面建模和零件装配等功能。本节将以 32m 预制后张法简支 T 梁为例，按照一般建模流程，详细描述该模型的建立过程，力争通过该过程的描述和讲解，使读者了解三维模型创建的基本思路、流程和方法。

完成的简支 T 梁三维模型如图 4-26 所示。

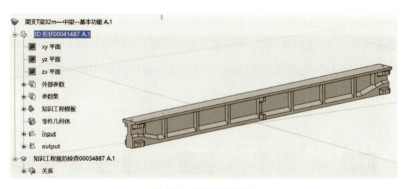

图 4-26　简支 T 梁模型

模型创建的基本流程为：

第一步，根据模型在空间中所处方向确定基本的定位元素。定位元素一般指点和平面。平面是软件中虚拟的透明无边界的平面，不具备具体形状，是建模的重要参考辅助定位元素。常用平面来表达断面的位置，如跨中断面、$L/4$ 跨断面（L 为桥梁跨径）、支点位置断面等。

第二步，在定位平面上建立主要断面轮廓线，称为草图。根据梁的具体几何形状，在特征截面处设置定位平台，并绘制相应的草图。

第三步，通过多截面实体构建方法建立梁的主体形状，然后分别建立上下隔板、中间隔板等几何体。

第四步，将各部分几何体合并处理，完成最终的模型建立。

本节所讲功能位于 3DE 平台的两个模块中，分别是 Civil 3D Design 和 Assembly Design，两个模块均位于 Civil Designer 和 Civil Engineer 两个角色包中，通过管理员为用户分配任意一个角色许可，即可使用以上两个模块。其中 Civil 3D Design 主要为特征建模功能模块，包含草图、线框曲面和实体建模功能，Assembly Design 主要是零件装配模块，用于组织和装配零件使其成为部件或产品。

4.4.1 草图绘制

草图是 3DE 平台软件中建立实体几何的基础，草图本质是二维的平面线条，通过专门的草图绘制命令，绘制带约束关系的二维几何图形，然后基于草图，通过三维建模的功能（如实体拉伸、旋转、扫掠等功能）生成三维实体模型。

草图绘制功能位于 Civil 3D Design 模块中。建立草图步骤为：①通过点击罗盘，选择 Civil 3D Design 模块，此时，软件弹出新建内容对话框；②在新建内容对话框输入自定义名称，勾选【创建 3D 零件】，点击【确定】，即进入草图绘制状态，如图 4-27 所示。

图 4-27 新建内容界面

4.4.1.1 特征管理

建立模型过程中，每操作一个步骤，如偏移平面、建立草图、实体拉伸等步骤，软件会自动记录这一过程，并放置在结构树上。这些特征主要分成点、线、曲面和实体，一般推荐的方法是将点、线、面等参考元素存放在几何图形集中，实体特征存放在几何体中。几何图形集中对于特征先后顺序没有严格的要求，相对较为自由；几何体中的实体特征会自动进行融合，相当于特征之间自动进行布尔运算，同时，也可按需分成多个单独的几何体，各几何体之间再通过布尔运算得到最终模型。特征级结构树如图 4-28 所示。

图 4-28 模型特征组织

4.4.1.2 草图定位

在绘制草图前，需要先建立草图的定位参考，对于平面草图的定位，需要定位平面、定位方向和原点三个参考元素。定位平面，即绘制草图的平面；定位方向，即确定二维草图的平面坐标，以坐标确定草图的水平和垂直方向；原点，即二维草图平面内的原点，可通过手动选择确定。

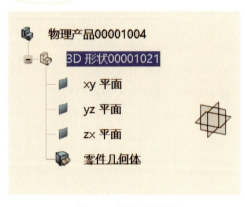

图 4-29 草图工作平面

在建立新的零件后，默认空间中存在三个工作平面，分别是 xy、yz、zx 平面，如图 4-29 所示。

在绘制草图前，需要先确认草图放置的平面，一般将路线前进的方向设为 x 轴，z 轴为铅锤方向，因此，T 梁完成后应该沿 x 轴为顺桥方向，横断面应该放置在 yz 平面或与 yz 平面垂直。

同时，应考虑该模型的坐标系原点位置，该 T 梁外形基本为左右对称，因此考虑以中心线作为坐标系原点。

以 yz 平面作为跨径 32m 的中心，从中心向两端偏移，由于该模型以中心线为轴，左右对称，可以先建立一半模型。因此，在左端建立定位平面，如图 4-30 中红色箭头所示。

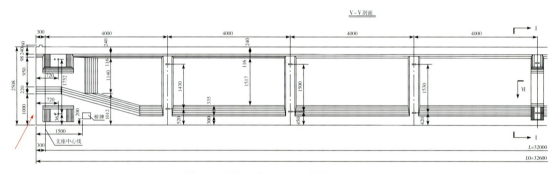

图 4-30 选择定位平面（尺寸单位：mm）

在左端建立平面的方法是通过偏移 yz 平面，给定具体的偏移尺寸：点击【线框和曲面】→【平面】命令弹出偏移平面对话框。平面命令对话框中有多种建立平面的方式，建立方式符合几何构建的原则，如通过两条不相交的直线建立平面、平行于通过点即通过一个点与参考平面平行、曲线的法线平面等。此处如图 4-31 所示选择【偏移平面】。参考选择 yz 平面，并输入偏移距离 16300mm，点击确定后，即可在距离 yz 平面 16300mm 位置建立平行平面，在该平面上绘制草图。

图 4-31 偏移平面对话框

4.4.1.3 草图绘制与修剪

草图几何是在指定的平面内建立二维平面几何元素，可通过直线、圆弧、矩形等工具组合使用，建立平面的几何图形。

首先定位到几何图形集，在几何图形集上点击右键，然后点击【定义工作对象】，后续建立的特征就会存放在该几何图形集内。

选择【线框和曲面】工具栏中的【草图定位】,如图 4-32 所示,此时弹出草图定位对话框,由用户定义草图放置的平面,此处选择上一步建立的偏移平面,原点和方向采用零件本身的原点和坐标方向,因此,不需要调整和选择。

点击确定后,进入草图绘制环境,在该环境下绘制横截面轮廓线,草图绘制的常用命令与二维 CAD 软件类似,有直线、圆弧、圆、矩形等。操作逻辑稍有区别,应先绘制轮廓的基本形状,然后通过标注尺寸,用尺寸驱动图形得到需要的长度和位置。

图 4-32 草图定位

绘制该轮廓时,可使用【轮廓】命令,该命令可绘制直线与圆弧,且可连续绘制,绘制结束后按 Esc 键退出。绘制的图纸只需要跟原始图形尺寸大体接近,形状相似即可,如图 4-33 所示。

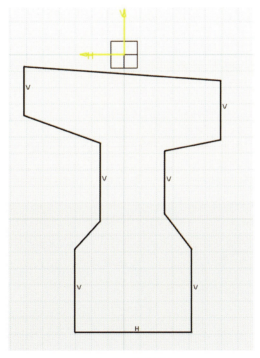

图 4-33 绘制轮廓

在绘制图形的过程中,需要进行修剪和延伸时,可以使用【修剪】功能,该功能既可选择两条线互相修剪,也可以使单条线延伸,如图 4-34 所示。

4.4.1.4 草图约束创建

草图约束是对绘制的草图几何在平面中的位置进行约束定位,草图约束分为位置约束和尺寸约束。

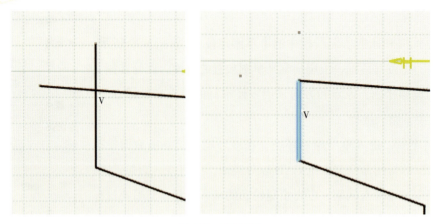

图 4-34 草图修改

位置约束主要约束草图中各草图元素（直线、圆等）之间的相对位置关系，如平行、同心、相合等。

尺寸约束即通过标注长度、角度、半径等尺寸，约束草图元素的尺寸。通过修改尺寸可以驱动草图元素进行变化调整。

通常我们先进行位置约束的处理，确定几何与原点、几何与几何之间的位置关系。本例将草图上顶面（梁顶）与原点重合，操作时，按住 Ctrl 键多选，选择草图上的边线以及原点，然后选择【对话框中定义的约束】。

此时，弹出"约束定义"对话框，该对话框列出了选中的两个对象可以满足的约束条件，如可以设置在边线的中点等。此处我们选中【相合】，则上边线与原点保持相合约束，相应部位出现小圆圈的约束标识，如图 4-35 所示。

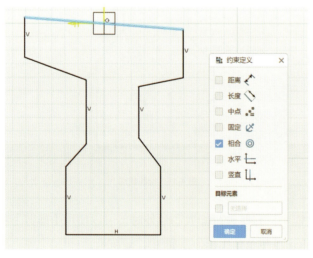

图 4-35 草图约束

接下来，将竖直的三对边线分别设定为对称约束。选择方式是先按住 Ctrl 键，然后选择对应的两条边，最后选择 V 轴，在弹出的约束定义对话框中，选择【对称】，如图 4-36 所示。

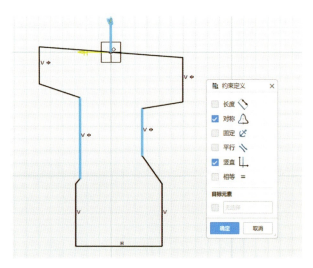

图 4-36 对称约束

用同样的方法将其他几对边线分别设定对称约束，完成结果如图 4-37 所示。

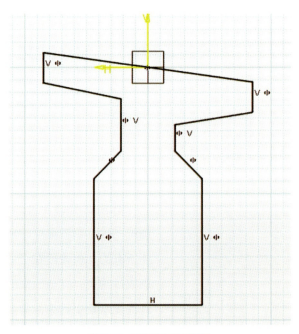

图 4-37 对称约束求解结果

完成位置约束后，开始定义尺寸约束。先选择图形或先选择【约束】命令均可，如果需要重复调用标注命令或其他命令，可在命令上双击。双击【约束】命令，开始尺寸标注，标注结果如图 4-38 所示。

对于非水平或竖直的线段，如果需要标注线段的水平长度或垂直长度，可在标注尺寸时，先选择对象，然后右键选择【水平测量方向】或【竖直测量方向】，如图 4-39 所示。

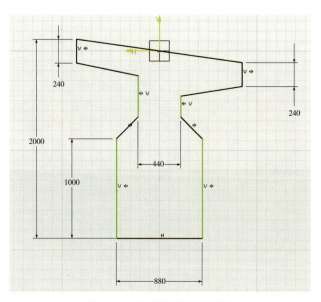

图 4-38 增加水平和竖直尺寸约束

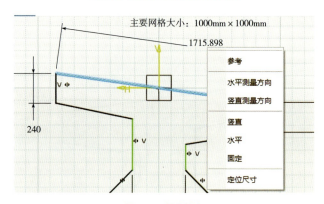

图 4-39 长度约束

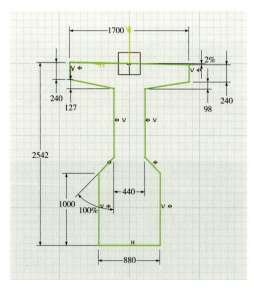

图 4-40 完全约束

标注所有的尺寸,并双击修改尺寸,与图纸一致。草图标注的尺寸和位置约束应能保证所有的几何线段在平面中全约束,不可少约束或过约束,完全约束的草图应为绿色,黑色线段表示缺少约束,需要增加位置约束或尺寸约束,过约束线段显示为紫色并会提示,由用户检查删除多余的尺寸或位置约束,如图 4-40 所示。

4.4.1.5 草图复制

如果其余草图截面与已完成截面外形类似,仅形状有差异,可通过先复制草图,再修改尺寸,快速完成其他横截面草图。

端部的另一个草图与上述草图一致,仅需要偏移平面,把上述草图复制到该平面即可。首先,基于之前的草图参考平面偏移 800mm,得到新的草图平面,如图 4-41 所示。

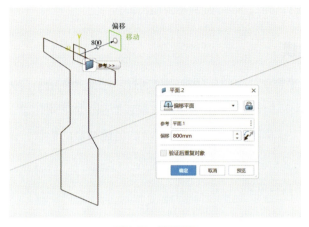

图 4-41 复制草图

然后,在草图特征上点击右键,复制草图。复制粘贴完成后,在新的草图特征上右键,选择【对象】→【更改草图支持面】,选择新的偏移平面,如图 4-42 所示。

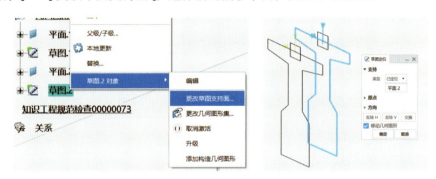

图 4-42 复制结果

以相同的方法,偏移其他工作平面,并复制草图,复制完成后,双击新的草图,进入草图界面,修改新草图的对应尺寸。最终完成结果如图 4-43 所示。

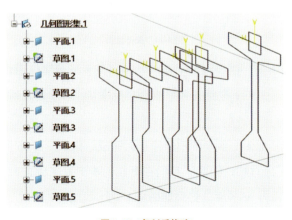

图 4-43 复制后修改

其他部分草图绘制方法基本一致，需要考虑的是草图截面放置的位置和方向，以跨中隔板为例，可通过拉伸方法建立实体模型，因此可以分别通过两个方向建立草图，横断面草图拉伸后，通过平面草图进行切除，即可得到需要的图形。

4.4.2 实体建模

在达索系统 3DE 平台中，三维实体模型可通过对平面几何沿指定方向拉伸、旋转、扫掠等方法进行创建。三维实体模型可以直接测量获取表面积、体积等信息。

根据上述建立的二维草图，利用实体建模功能创建初步的形状，再通过各种实体修饰功能对局部进行进一步修改，最终完成精准的实体设计。

4.4.2.1 实体基础创建功能

实体建模基础功能包括凸台、凹槽、旋转体、孔、肋、混合实体、多截面实体、抽壳、加强筋。另外，封闭曲面和加厚曲面是由曲面过渡到实体的命令。

本例在上一章节草图基础上，继续完成其他实体建模内容，首先建立主体形状，该形状应该通过连接多个截面和拉伸两个实体功能完成。

首先完成主体截面的拉伸，拉伸特征即将草图轮廓沿指定的方向（默认为草图平面的法线方向）进行拉伸，可以定义拉伸长度，或到指定的参考上，参考可以是平面或曲面，此处直接拉伸到 yz 平面，如图 4-44 所示。

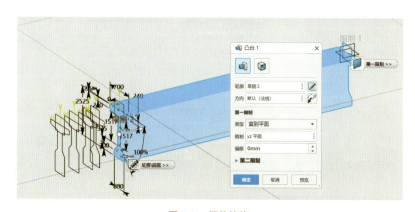

图 4-44　梁体拉伸

其余特征因为截面不同，需要将两个截面互相连接，形成实体形状，通过【多截面实体】完成。多截面实体将指定的两个截面或多个截面互相连接，连接时以端点对端点耦合的方式进行连接，如图 4-45 所示。

以相同的方法完成其他多个截面的模型建立，完成结果如图 4-46 所示。

该主体模型以 yz 平面对称，因此，我们在上面的步骤仅完成了一半模型，此时，选择镜像功能，选择镜像平面为 yz 平面，得到如图 4-47 所示结果。

从平面和横断面两个方向观察跨中隔板的形状，在两个方向均有轮廓形状变化，无法通过一次拉伸完成，需要在两个方向进行拉伸和修剪。

图 4-45　通过多截面构造实体

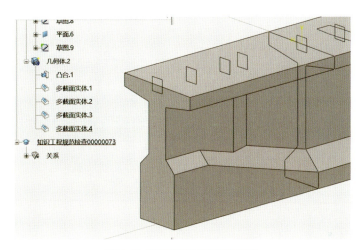

图 4-46　通过多截面构造梁体结果

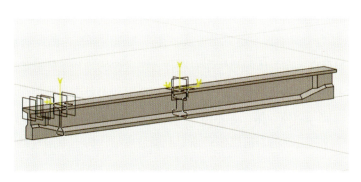

图 4-47　通过镜像构建完整梁体

首先，在横断面上，绘制轮廓，位于 yz 平面上；然后在 xy 平面上绘制隔板的平面投影轮廓，绘制完成结果如图 4-48 所示。

通过实体【混合】功能将两个互相垂直方向的草图截面融合，得到两个草图在空间中垂直相交的部分形状，如图 4-49 所示。

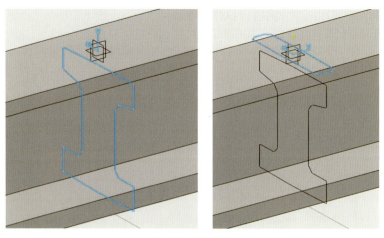

图 4-48 隔板草图

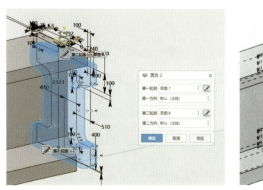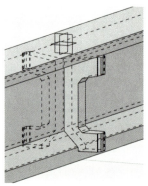

图 4-49 隔板的构建

4.4.2.2 实体阵列

其他中间隔板的特点是多个形状均一致，因此我们可以先拉伸一个实体形状，然后采用阵列的功能复制其他的对象。

因为阵列对象仅为中间隔板本身，不涉及主体以及跨中隔板，因此我们需要在独立的几何体中进行操作。如果直接在主体的几何体中进行，则后续的阵列是针对整个实体。

首先新建一个几何体，有两种方法：第一，在 3D 形状上单击，跳出浮动菜单，选择几何体，即可创建一个新的几何体；第二，单击【工具】→【几何体命令】。新的几何体在结构树上的排序取决于命令单击之前的当前工作对象，可通过在结构树上单击右键，选择【定义工作对象】进行调整。

将当前工作对象定义到新建的几何体上，然后对中间隔板草图进行拉伸，拉伸方向为默认草图法线方向，拉伸长度应处于主体范围内，并且需要两个方向的尺寸定义，如图 4-50 所示，完成后单击确定。

阵列时，需要定义阵列方向，中间隔板沿 x 轴方向单侧有三个，然后居中对称，因此我们先定义 x 轴方向的直线：首先建立空间点，空间点建立 0 点，单击【线框和曲面】→【点】命令，在弹出的对话框中选择【坐标】的方式创建点，x、y、z 坐标均为 0，单击确定，如图 4-51 所示。

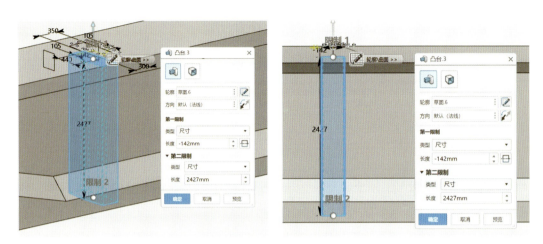

图 4-50　选择待阵列几何体

建立 x 轴方向直线，通过单击【线框和曲面】→【直线】，在对话框中选择【点和方向】，参考对象为上一步建立的点，在方向后面的选择栏中单击右键，选择【X 轴】，然后定义线的长度，单击确定，如图 4-52 所示。

通过选择【实体】→【阵列】，弹出阵列对话框，选择参考元素为直线，实例 3，间距 4000mm，单击确定，如图 4-53 所示。

完成阵列后，对建立完成的中间隔板，以 yz 平面为对称轴，镜像模型。单击【实体】→【镜像】，镜像元素选择 yz 平面，默认镜像对象为当前实体，不做修改，单击确定，如图 4-54 所示。

图 4-51　创建点

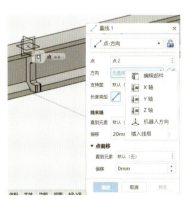

图 4-52　创建直线

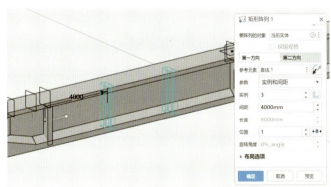

图 4-53　生成阵列

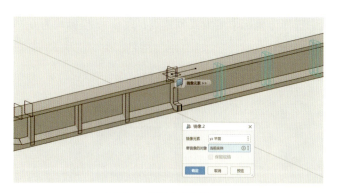

图 4-54 选择待运算的隔板

4.4.2.3 布尔运算

完成后的中间隔板与主体分属于两个不同的几何体，需要使两个几何体融合计算。通过对几何体进行布尔运算，可实现合并、交集或差集计算。添加即为几何体中间直接合并，形成一个整体；移除为差集，在原有几何体上减去新选择的几何体；相交即交集，计算两个几何体在空间中相交的部分，如图 4-55 所示。

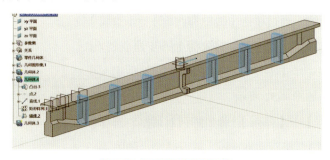

图 4-55 选择待参与运算几何

此处通过添加，将中间隔板的几何体与主体几何体进行合并计算。单击【实体】→【添加】，在对话框中选择添加的几何体以及目标几何体，单击确定，如图 4-56 所示。

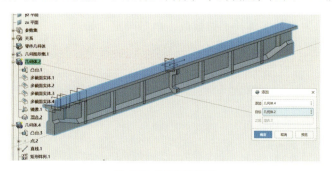

图 4-56 布尔运算结果

4.4.3 零件装配

从三维设计的逻辑来看，通常采用自顶向下和自底向上两种方式。自顶向下是指在设计初期，先通过点、线、面等基础形状建立骨架模型，通过骨架描述整体设计意图，后续的详细设计依附于骨架模型。自底向上则是先建立各部件，然后将各部分零部件按约束组装起来，形成整体产品。装配设计模块主要提供了各种组装零部件的功能。

4.4.3.1 零件装配方法

通过单击软件左上角罗盘，在其中选择装配设计的模块，即可进入装配设计环境。在进入装配设计环境时，软件提示建立物理产品，此时的物理产品即表示提供了产品级别的环境，在该环境中，可以对零件或组件进行装配。如果需要建立其他类型的产品，可通过新建内容，选择对应的对象类型。此处选择"桥板段"类型，在"3D 零件"选项卡中不勾选【创建 3D 零件】选项时，创建产品装配级别的桥板段；如果勾选了该选项，则创建零件级别的桥板段。

新建完成后，进入装配设计环境，在结构树上选择最高级别对象，通过单击右键，在菜单命令中新建产品或添加已有产品搭建装配的结构树，也可通过搜索框添加已有的产品结构。

4.4.3.2 简支 T 梁装配

本小节以上文建立的简支 T 梁中梁和边梁装配为例，简要说明装配过程。首先，在新的零件中，建立 1 号空间点 1（0, 0, 0）和 2 号空间点 2（32, 0, 0），将两点连线作为桥梁中心线，用于中梁及边梁的装配参考定位。然后使用【线框和曲面】→【坐标系】命令，建立起点参考坐标系，并命名为起点坐标系。坐标系本身带有三个轴及三个工作平面，可以作为装配参考，如图 4-57 所示。

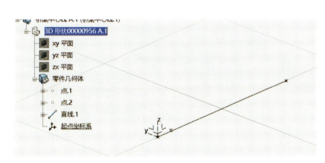

图 4-57 创建定位参考

在结构树顶级节点上，双击桥板段节点，即可进入装配设计模块中。打开系统中已经完成的简支 T 梁 32m 中梁及边梁。在最高节点中单击右键，插入现有 3D 零件，切换到对应梁零件中，在结构树上选择后，完成边梁装载，如图 4-58 所示。

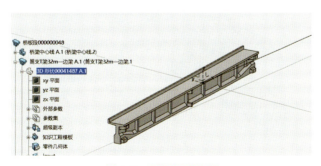

图 4-58 边梁的零件装载

接下来对边梁与桥梁中心线进行定位装配。

第一步，选择【装配】→【固定】命令，然后点选桥梁中心线，将其锚固，后续的零件都以桥梁中心线作为参考进行定位。

第二步，将边梁端面与起点坐标系 xy 平面进行相合约束，单击【装配】→【工程连接】，在弹出的对话框中选择轴系上的 yz 面，然后选择边梁端面，如图4-59所示。

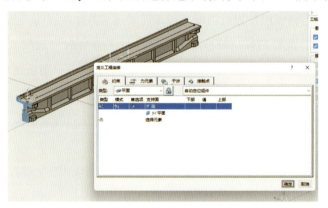

图4-59　选择约束面

第三步，将边梁的面与 zx 平面进行装配，并在约束类型上单击右键，替换为偏移约束，设定偏移距离为 2.25m，如图4-60所示。

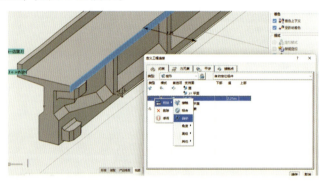

图4-60　偏移约束

第四步，将边梁底面与起点轴系 xy 平面进行偏移约束，偏移距离为 –2.5m，然后单击确定，并选择不检查碰撞，如图4-61所示。

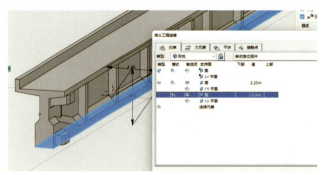

图4-61　偏移约束

第五步，以同样的方法将中梁插入，并以起点坐标系三个平面为参考，分别进行约束，约束偏移尺寸根据实际图纸确定，如图 4-62 和图 4-63 所示。

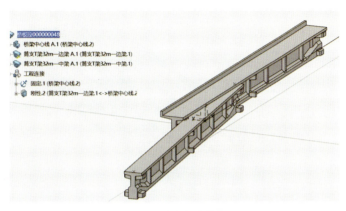

图 4-62　中梁初步装载

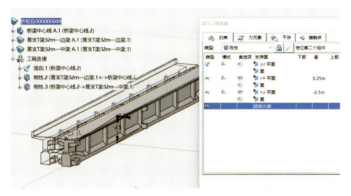

图 4-63　中梁装配约束

第六步，将左线的两片简支 T 梁，通过装配镜像的方法，生成完全对称的右线模型。单击【装配】→【装配对称】，在对话框中选择边梁，约束平面选择起点轴系的 zx 平面，如图 4-64 所示。

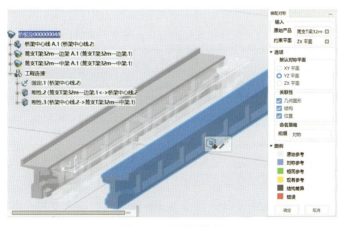

图 4-64　边梁装配镜像

以同样的方法，将中梁再做装配对称，生成右线中梁模型，最终结果如图 4-65 所示。接下来，在整体桥梁装配环境中，装配该跨模型，操作方法与上述一致，不做赘述。

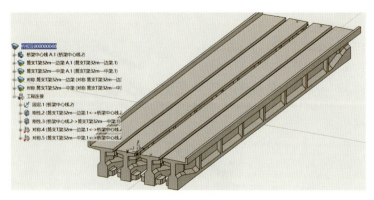

图 4-65　中梁装配镜像

4.5　高级功能

4.5.1　多边形网格

达索系统最新推出的多边形网格（Polyhedral Mesh，PHM），支持与非均匀有理 B 样条（Non-Uniform Rational B-Splines，Nurbs）Nurbs 曲面进行混合设计，专门用来解决地形与三维混合设计、布尔运算及精确算量的问题，为今后地形以及与地形相关专业提供底层支撑。

从精度方面来看，PHM 与点云生成的网格（Mesh）完全吻合，转换过程精度无损失。从转换效率来看，点云生成的网格，可以一键即时转换成 PHM，操作简单，效率高。

从数据本身来看，PHM 的数据体量比传统 Nurbs 地形的数据小很多，在相同地形范围内，前者显著减小了地形的数据量，为后续基于地形的设计过程节省了大量数据存储和运算。表 4-2 以 10km×0.5km（约 400 万个点）为例，对 PHM 地形方式和传统 Nurbs 地形方式进行了对比。

PHM 地形方式与传统 Nurbs 地形方式对比　　　　表 4-2

类　型	创 建 时 间	ENOVIA 中数据大小
R2019X-MESH	1min	764MB
R2019X-PHM	3min	350MB
R2019X-NURBS	37min	1.2GB

所有格式模型与 PHM 运算后生成的结果均为 PHM（在结构树上有特殊三角标记），当前版本软件中 PHM 格式模型还无法逆向转换成 Nurbs 曲面，也还未支持全部的传统三维操作命令和运算，如图 4-66 所示。

第4章 铁路工程BIM协同设计平台

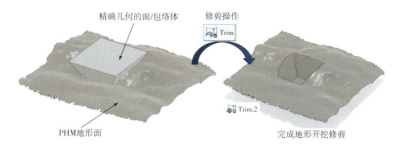

图 4-66 Polyhedral Mesh 与 Nurbs 曲面混合设计过程

注：生成的结果，在结构树上图标有小三角，表明此类结果是 PHM 类型。

作为典型线性工程，铁路工程设计中需要大量引用地形，因此，地形模块性能的提升对铁路工程 BIM 设计效率提高起到了重要作用。

4.5.2 基于组件的演进式设计

基于组件的设计（Component Based Design，CBD）是根据土木工程设计流程和方法，创建从概念设计到详细设计的不同模型精度（Level of Details，LOD）等级模板，结合 3DE 骨架设计，通过程序自动调度装配，实现不同精度模型快速装配。

CBD 技术为项目提供建立一套协同设计方法，解决了从用户自定义特征到工程模板的批量实例化问题，使得普通工程设计人员按照需求，快速根据低精度模型进行工程整体迭代优化，再输出高精度模型，如图 4-67 所示。

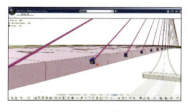  

a）LOD1.0 模型　　　　　　　b）LOD2.0 模型　　　　　　　c）LOD3.0～3.5 模型

图 4-67 不同颗粒度模型表达

4.5.2.1 CBD 对象类型模板创建及传统模板创建

CBD 对象类型（Object Type，OT）模板创建实现过程由两部分内容组成。

（1）创建 CBD 对象类型，并关联相关用户定义特征（User Defined Feature，UDF）模板或工程模板。

CBD 对象类型是一个资源对象，连接概念设计（UDF 特征模板）和详细设计（工程模板）实体对象类型。在新建界面，带有 T 字角标的就是土木工程对象类型，如图 4-68 所示。

对象类型中记录了调取和生成模板（实例化）的方法，当前有 3 种方法可选，如图 4-69 和图 4-70 所示。其中，适应性（Adaptive）是指业务对象是根据上下文输入得到的模板实例化，实例化结果是一个新的参考；参考（Reference）是指业务对象是参考的简单实例化，实例化结

- 175 -

果是一个实例；分布（Distribution）是指业务对象几何与关联特征带链接的简单拷贝，实例化结果是一个新的参考。

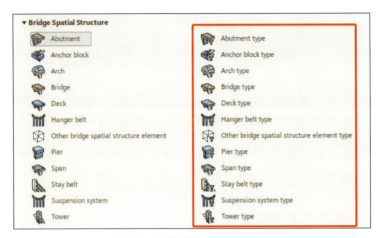

图 4-68　新建对象类型 Object Type

图 4-69　对象类型中的实例化方式

图 4-70　对象类型中包含内容

不同实例化方式的对比见表 4-3。

不同实例化方式的对比　　　　　　　　　　　　　　　　表 4-3

项　目	OT 适应性	OT 参考	OT 分布
用户定义的特征	是	是	是
零件、产品	否	是	否
工程模板	是	是	否

图 4-71　资源表中包含的内容

每个对象类型由 3 项内容组成，如图 4-70 所示。产品属性是指记录此产品类型包含哪些属性集；资源表的内容根据调取和生成模板（实例化）方法的不同而不同，通过在资源区域中添加 UDF 特征模板或工程模板，实现对象类型与模板的关联，如图 4-71 所示。

缩略图标用于说明对象类型。文档是描述一个或多个对象类型的文档，如 Word、PDF、Excel 等；在设计表中通过参数定义多种规格；基于特征的设计指向 UDF 模板资源；基于产品的设计指向工程模板或产品参考。信息状态用于提醒未关联定义及添加的内容，如图 4-72 所示。

（2）创建 UDF 特征模板或工程模板。

模板在引用定位轴系（Base Axis System）过程中，会与"捕捉构件规格"所定义的规格轴系进行关联匹配，从而达到调取模板并放置实例化到指定位置的效果。工程模板的输入如图 4-73 所示。

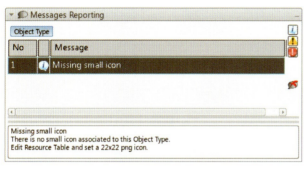
图 4-72　信息状态提醒

图 4-73　工程模板输入条件命名

4.5.2.2　捕捉构件规格

捕捉构件规格是指带方向的定位类型，用于放置部件或者作为部件定义的输入，用法接近于产品的骨架。如果换成工程的说法，可以理解成桥梁布跨的工作，沿着线路定位每个桥墩基准点的位置，设计、调整、修改这些定位点的方式，采用"创建规格"命令完成。完成的成果如图 4-74 所示。

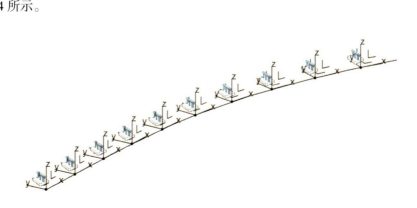
图 4-74　部件定义定位点的放置

"创建规格"提供多种不同的方式：按模式选择阵列支持从选择集中（几何图形集或几何体）选择或定义点或轴系作为阵列的输入；曲线阵列支持沿着曲线创建阵列；线性阵列支持沿着一个方向创建阵列；复制阵列支持对已有阵列的复制；孔阵列支持在实体的孔特征上创建阵列轴

图 4-75 捕捉部件规格界面

系。捕捉部件规格如图 4-75 所示。

这里重点介绍常用的"曲线阵列",曲线阵列中又包含多种创建轴系的方式。

(1)方向强加:由用户定义 z 轴方向,x 轴是曲线的切线在与 z 轴垂直平面上的投影,y 轴通过计算得到,如图 4-76 所示。

(2)相切强加:由用户定义 z 轴方向,x 轴与曲线相切,y 轴通过计算得到,如图 4-77 所示。

(3)对齐到参考:每一个轴系都与参考轴系方向相同,如图 4-78 所示。

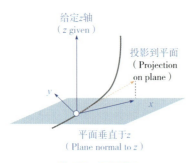

图 4-76 方向强加

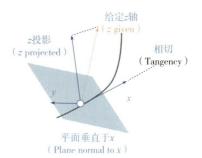

图 4-77 相切强加

(4)弗雷内标架(Frenet Trihedron):x 轴与曲线相切,y 轴与曲线垂直,y 轴与 z 轴方向垂直,如果曲线中有直线段,直线段的法向有无限个解法,这个情况下,用户可以选择"设置法线方向"并选择产品的 z 方向,如图 4-79 所示。

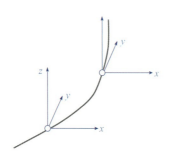

图 4-78 对齐到参考

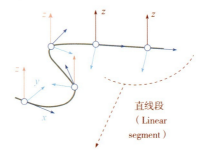

图 4-79 弗雷内标架(Frenet Trihedron)

同时支持通过 Excel 表的方式,结合多种参数条件(x、y、z 坐标,地理坐标点,沿曲线的位置,桩号),驱动批量生成轴系,如图 4-80 所示。

4.5.2.3 定义构件规格

在完成上述"捕捉构件规格"后,得到了很多定位的轴系,接下来就要通过"定义构件规格"来建立

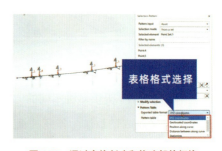

图 4-80 通过表格创建和修改部件规格

第 4 章　铁路工程 BIM 协同设计平台

每个轴系与"对象类型（Object Type）"环节中每个对象类型的关联，如图 4-81 和图 4-82 所示。比如，在每个桥墩位置，使用什么结构形式的桥墩（如花瓶墩对象类型或框架式墩对象类型）。

图 4-81　对象类型关联选择界面

图 4-82　对象类型与规格关联的结果

4.5.2.4　实例化生成及 LOD 级别更改

更改 LOD 级别可以转换特征级模型到产品级模型，根据提供的输入元素自动实例化和同步用户特征。创建工程模板，与用户特征输入相同，在产品装配中可一键自动转换用户特征为工程模板，加快概念模型到详细模型的转换速度。通过整个界面，可以清晰地掌握不同精度的特征模板和工程模板的状态，并且可以单选或多选模型进行模型级别转换和控制。

Change Level Of Development（CLD）命令用于批量处理 UDF 和工程模板；Expose 用于运行 UDF 或工程模板生成特征或产品；Synchronize 用于从规格同步到产品；Upgrade 用于根据新版本的 OT 更新特征或产品；Clean 用于删除选中的特征或产品。如图 4-83 所示，从左至右，分别对应：规格（每个模型），关联的对象类型，UDF 特征级别的状态，工程模板产品级别的状态。

图 4-83　对象类型与规格关联的结果

4.5.3　知识工程

本节介绍达索系统 3DE 平台中的知识工程。CAD 软件先是仅提供产品形状表达，后逐步通过外挂或者集成的方式不断融合设计流程和 CAE 等功能。随着软件功能逐步增强，应用复杂度逐步增加。为了增强软件扩展性、灵活性、知识沉淀与复用，开始引入知识工程，对经验、规则进行统一表达，并黏合各功能模块，从而有效提升 CAD 软件批量化、自动化、智能化程度。

达索软件知识工程技术也有长期发展的过程，在三维体验平台中，达索软件重新调整了原有知识功能模块，维持原有的基础模块知识工程顾问（Knowledge Advisor，KWA）/产品知识模板（Product Knowledge Template，PKT）/产品工程优化（Product Engineering Optimizer，PEO）/知识工程专家（Knowledge Expert，KWE）主体不变的基础上，将产品功能定义（Product Function Definition，PFD）迁移到系统工程中进行整合。在三维体验平台中增加了用户界面、引入微软的流程组件，针对原来缺少流程模版以及柔性不够的问题，添加了设计知识逻辑层，使得流程模板能够适应更宽泛的产品变体，在处理诸如模块化设计的产品设计问题时能够更加得心应手。整个知识工程体系由浅到深（简单到复杂），满足不同场景和客户需求，如图 4-84 所示。

图 4-84　知识工程体系

4.5.3.1　EKL 语言

EKL 语言是达索系统的知识工程语言。EKL 脚本语言主要是作为一种胶水语言，将各种知识工程的接口"黏合"在一起。EKL 语言按照功能可以分为四类：

（1）数学 EKL（M-EKL）：在工程知识捕捉中的主要操作/数学命令（四则运算，测量……）等，用于定义方程及参数。

（2）核心 EKL（C-EKL）：公式，设计表、规则/检查、约束优化函数相关的操作。

（3）高级 EKL（A-EKL）：对象属性、方法，以及搜索功能、值指针和特定应用服务。

（4）扩展 EKL（X-EKL）：包含高级应用相关的 EKL 以及在 EKL 中添加函数的命令。

在 2021 版平台中，为适应新的平台模组与单一数据源的底层数据结构的重大变化，对 EKL 语言进行重新设计和提升：

（1）重新打造 EKL 编辑器。添加了关键词编辑器内提示与高亮显示，语法排错、调试等功能，方便设计人员进行编辑。

（2）进一步完善EKL的扩展体系。设计人员通过多种方式，扩展出适应本企业设计流程的对象与函数，对相似的对象可以动态加载或重载，使得EKL语言更易于提高企业数字化设计效率。

（3）为所有已发布模块添加EKL的应用程序编程接口（Application Programming Interface，API）函数，扩大EKL的应用范围，"胶水"功能进一步增强。

（4）为流程模组（Knowledge Application Component，KAC）流程设计中提升知识逻辑层的定义，添加高级层次声明语法以及对应的处理核心，以处理柔性逻辑执行问题。

4.5.3.2　EKL对象体系

EKL作为一种面向对象与过程的解释性脚本语言，其对象体系如图4-85所示。在三维体验平台中为所有模块的建模方法提供了整套的抽象对象/属性以及配套的方法，用户通过技术对象语言浏览器（图4-86）获取任何想要的对象、类型、属性、继承和关联的方法，在EKL脚本中调用这些处理方法，实现功能增强。

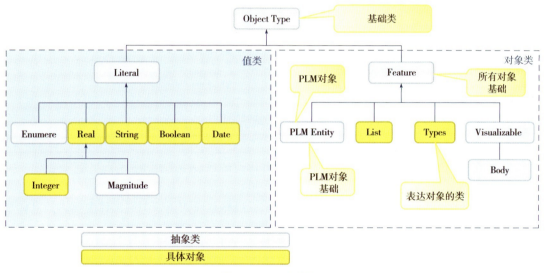

图4-85　EKL对象体系

4.5.3.3　流程模组

流程模组（KAC）是三维体验平台对设计、检查、步骤、流程等业务知识更高层次上的固化与重用技术。KAC开发以EKL与VBScript执行语言为主，提供交互式用户界面、流程控制、知识封装与重用技术。相比采用组件应用架构（Component Application Architecture，CAA）等开发方式，KAC模块提供的技术开发容易、单元测试简单，适合一线工程设计人员。KAC界面如图4-87所示，其功能组成如下：

（1）Know-how Apps Comp：KAC核心，定义对象/属性数据扩展，记录设计流程的元数据，调用基础的单元功能实现对模型的处理。

（2）Know-how Apps Creation：KAC 发布，将 Comp 中定义的数据与方法进行封装打包，并提供对这些数据加密的功能。

（3）Know-how Apps Logic：根据输入动态定义产品结构。

（4）Know-how Apps Res：知识工程中用到的图标、图片、文档等资源打包服务。

（5）Know-how Apps UE：为 Comp 中定义的命令提供友好的交互式窗口。可以根据用户命令需求实现模型和数据的交互，并进行相应的数据处理。

开发定义阶段的核心工作是定义知识组件。设计人员可以扩展技术对象，定义流程元数据、序列化方法和会话框等，将系列操作统一封装成新的命令。通过对不同的业务设计流程封装形成更高层次的功能，引导客户按固定顺序和提示进行操作，实现对设计知识的重用，降低学习难度，保证设计的正确性。KAC 流程开发操作界面如图 4-87 所示。

图 4-86　EKL 语言浏览器

图 4-87　KAC 流程开发操作界面

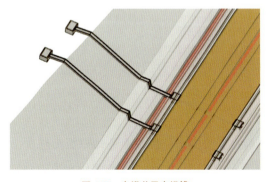

图 4-88　电缆井及电缆槽

以路基段四电管沟的设计为例，其目标是创建路基侧的电缆井、边坡外的电缆井以及连接的电缆槽。设计人员在经过前期反复的探索及使用经验积累后，已经形成了一套创建方法和流程，共需要 7 个步骤，调用 5 个不同的模板，30 多次点选操作，才能完成 1 个位置的电缆井及电缆槽设计，如图 4-88 所示。

通过对现有电缆井及电缆槽设计流程的梳理，利用 KAC 模块对流程进行封装，如图 4-89 和图 4-90 所示，将整个流程进行串联，添加专门的路基电缆井放置命令和界面，附加流程说明，引导使用者进行专业操作，底层自动调取对应的模板，自动选择上序输入，并生成设计结果。

使用 KAC 模块进行流程封装的前置条件是：

（1）设计者已具备熟练的 3DE 软件操作能力；

（2）已经形成了基本的流程，且流程内需要调用多个不同的模板；

（3）这一套流程及方法，很难传递给其他设计者，或者需要耗费较长时间进行知识的讲解和传递；

（4）只有少数设计者熟知如何操作，并未形成企业内部的流程数字资产；

（5）即便是熟练的使用者，也要提前去想每个步骤的操作，如调取哪些模板、选择哪些输入和输出的条件，并且操作容易出错；

（6）使用传统的方式，耗时较长。

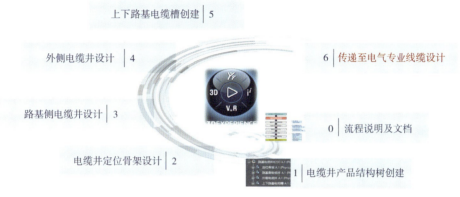

图 4-89　流程封装

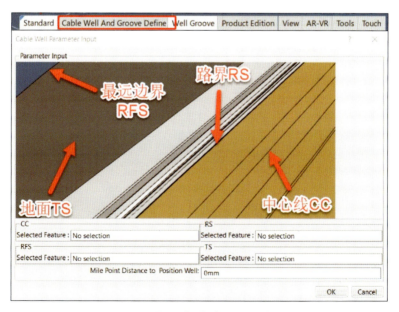

图 4-90　KAC 流程开发后的电缆井创建功能及界面

KAC 封装后设计流程清晰、设计难度下降，效率和标准化程度均提升明显，将其与未封装的设计方式进行对比分析，如图 4-91 所示。

图 4-91　当前设计流程与采用 KAC 封装流程对比图

4.5.4　无约束阵列

考虑线性工程构件数据庞大，应用达索软件原生阵列功能存在因保存大量的约束关系而导致性能低下问题，为解决该问题平台提供了无约束产品阵列功能。依次选择用于定位的坐标系所在的几何图形集、选择目标路径和用于装配的模型 ID，直接将模型批量放置在自定义的系列轴系位置。无约束阵列功能界面如图 4-92 所示，轨枕无约束阵列结果如图 4-93 所示。

图 4-92　无约束阵列功能界面

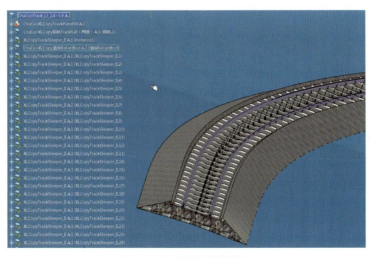

图 4-93　轨枕无约束阵列结果

4.5.5 特征升级

为提高建模效率，在设计阶段将紧密相关且无法通过骨架、装配提高效率的设计内容，在同一个 PART 内以不同的特征表示，以减少与数据库的交互次数，达到提高效率的目的。为适应 BIM 设计交付需求，需要将 BODY 级设计成果升级为符合 IFC 标准分类的模型，并将 BODY 上以参数集形式挂接的 IFC 标准信息转为相应的属性集挂接在 IFC 对象上，特征升级前后模型映射关系如图 4-94 所示。

图 4-94 特征升级

（1）特征级建模

以 BODY 形式组织的工程结构，模型结构以有序几何图形集（Ordered Geometrical Set，OGS）或几何图形集（Geometrical Set，GS）进行分解组织，OGS 的名称与交付结构树命名标准要求一致，并在尖括弧中注明该节点拟转出的 IFC 类型，应与事先建立的 IFC 标准类型模板名称一致。如"<Ifcxxx>"为类型对象。

模型几何以 BODY 承载，挂接在相应的 OGS 或 GS 节点内。属性集以参数集（ParameterSet）类型进行组织，参数集的名称与 IFC 标准所规定的属性集名称一致，并挂在相应的 OGS 或 GS 节点上。

（2）升级构件级模型

使用 ConvertIfcPrdStructure 命令，选择待转模型结构，将特征级模型升级为构件级模型，特征级模型如图 4-95 所示，构件级模型如图 4-96 所示。

图 4-95 特征级模型

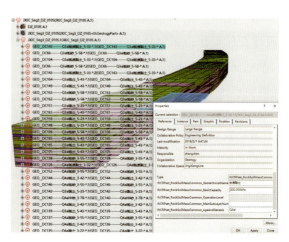

图 4-96 构件级模型

4.5.6 模型切割

利用 BIM 模型开展算量、施工等应用需要对模型进行切割，同时，模型需继承切割前模型的分类、属性，并对体积、面积属性进行分劈。如按照路基分层施工要求，对路基体进行切割。

选择待切割模型和切割面，并指定要分劈的属性后进行切割，如图 4-97 所示，切割前与切割后的模型如图 4-98 所示。

图 4-97 模型切割软件界面

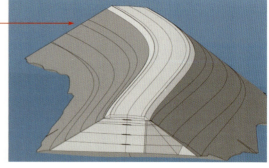

图 4-98 切割前与切割后模型

模型切割后生成新的工程结构树，同时对模型体积属性均进行分批，其他属性不变，如图 4-99 所示。切割前与切割后模型属性分别如图 4-100、图 4-101 所示。

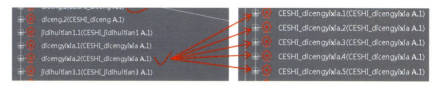

图 4-99　切割前和切割后的工程结构树

Type	IfcCRPset_FillingWorksCommon
IfcCRPset_FillingWorksCommon_fillingheight	0.00000000m
IfcCRPset_FillingWorksCommon_fillingname	C组碎石、砾石类填料
IfcCRPset_FillingWorksCommon_fillingvolume	50739.027m3
IfcCRPset_FillingWorksCommon_compactiondegree	0
IfcCRPset_FillingWorksCommon_moisturedegree	0

图 4-100　切割前模型属性

Type	IfcCRPset_FillingWorksCommon
IfcCRPset_FillingWorksCommon_fillingheight	0.00000000m
IfcCRPset_FillingWorksCommon_fillingname	C组碎石、砾石类填料
IfcCRPset_FillingWorksCommon_fillingvolume	1455.317m3
IfcCRPset_FillingWorksCommon_compactiondegree	0
IfcCRPset_FillingWorksCommon_moisturedegree	0

图 4-101　切割后模型属性

4.5.7　干涉检查

4.5.7.1　模型检查标注

模型干涉检查应用 Design Review 模块，可细致地查阅整个设计产品的各项参数，并且将审查意见标注在 Review 特征中，具体过程为：

（1）测量模型的长度、面积、角度、厚度等物理参数。

（2）通过创建 section 来获取模型内部复杂结构的剖面视图。

（3）在对应需要填写修改意见的区域通过添加文字批注、关联文件超链接和图片注释向设计者传达修改意见。

（4）审查者在完成审查意见及标注后，创建相应的缩略图。

4.5.7.2　模型干涉检查

干涉检查功能主要应用于检查模型和模型之间、模型和曲面之间的空间位置关系。确保指定对象空间位置上存在的碰撞、接触和间隙状态满足设计要求。碰撞、接触和间隙示意如图 4-102 所示。

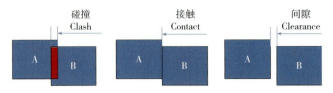

图 4-102　碰撞、接触和间隙示意

为干涉检查创建专有的干涉检查节点，干涉检查节点存储的数据结构包括：干涉模拟节点，与该干涉模拟相关的产品数据，干涉问题的场景，干涉结果，如图 4-103 和图 4-104 所示。

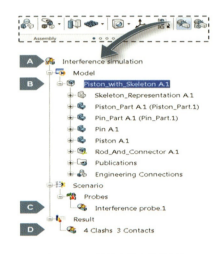

图 4-103　干涉检查节点数据结构

28 Clashes 137 Contacts 8 Clearances

#	Contextual Interference Name	Validity status	Update Status	System status	User status	Analysis status	Instance 1
10	Interference metric00000018.1	In scope	Yes	Contact	Undefined	Not a...lyzed	PX_YXD_JPS\TSDI_YDTL_ZX_Seg1_YXD_JPS_JSXT.1\Physical Produ
11	Interference metric00000019.1	In scope	Yes	Contact	Undefined	Not a...lyzed	PX_YXD_JPS\TSDI_YDTL_ZX_Seg1_YXD_JPS_JSXT.1\Physical Produ
12	Interference metric00000020.1	In scope	Yes	Contact	Undefined	Not a...lyzed	PX_YXD_JPS\TSDI_YDTL_ZX_Seg1_YXD_JPS_JSXT.1\Physical Produ
13	Interference metric00000021.1	In scope	Yes	Clash	Undefined	Not a...lyzed	PX_YXD_JPS\TSDI_YDTL_ZX_Seg1_YXD_JPS_JSXT.1\Physical Produ
14	Interference metric00000022.1	In scope	Yes	Clash	Undefined	Not a...lyzed	PX_YXD_JPS\TSDI_YDTL_ZX_Seg1_YXD_JPS_JSXT.1\Physical Produ
15	Interference metric00000023.1	In scope	Yes	Clash	Undefined	Not a...lyzed	PX_YXD_JPS\TSDI_YDTL_ZX_Seg1_YXD_JPS_JSXT.1\Physical Produ
16	Interference metric00000024.1	In scope	Yes	Contact	Undefined	Not a...lyzed	PX_YXD_JPS\TSDI_YDTL_ZX_Seg1_YXD_JPS_JSXT.1\Physical Produ
17	Interference metric00000025.1	In scope	Yes	Clearance	Undefined	Not a...lyzed	PX_YXD_JPS\TSDI_YDTL_ZX_Seg1_YXD_JPS_JSXT.1\Physical Produ

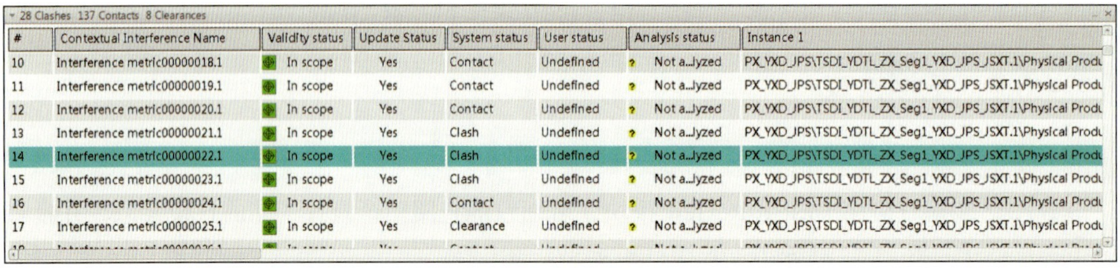

图 4-104　干涉检查结果

4.6　参数化模板

参数化模板是 3DE 提供的设计重用机制之一。利用可视化手段建立一组特征，并添加几何或装配约束，再利用打包工具将该组特征打包为模板，同时，将可变特征发布为模板参数。在模板实例化时，以工程实例的特征作为模板输出，约束求解机制自动重新计算，并生成实际的工程模型，从而实现对设计的重用。模板实例化流程如图 4-105 所示。

第 4 章　铁路工程 BIM 协同设计平台

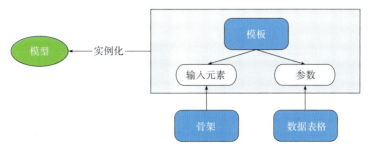

图 4-105　模板实例化流程示意图

模板可分为特征模板和工程模板（又称为产品模板）。其中，特征模板主要用于生成辅助构造模型几何，而工程模板用于生成物理实体，包括实体类型、属性集、属性和装配关系，模板结构如图 4-106 所示。

4.6.1　特征模板

特征模板分为超级拷贝（Power Copy）和用户定义特征（UDF），两者本质是一样的，都是将一系列特征从原始位置复制到新的位置，并赋予各个实参，从而生成一系列相似特征，并更新结构树，如图 4-107 所示。两者区别如下：

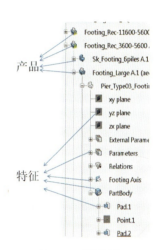

图 4-106　模板结构

（1）在结构树上的节点不同。UDF 会将所有特征打包封装为结构树的一个特征节点，所有建模过程均封装在这一个特征节点之内，可为该特征定制专门的图标，根据需要生成黑盒（Black Box）或白盒（White Box）控制设计过程的可见性，具有更好的封装性；而超级拷贝会完整复制特征的全部建模过程，并排列在结构树上，无法单独定制图标，但用户可以方便地对设计过程进行增、删、改，具有更高的灵活性。

图 4-107　Power Copy 实例化后结构树形式

（2）与原始特征的关联程度不同。UDF 可以让用户自己选择是否与原 UDF 模板保持关联，并可根据情况自动更新；而 Power Copy 生成的特征与原始模板是相互独立的，无法实现后续的关联更新。

推荐使用 UDF，可以让结构树保持简洁、清晰，并具有更高的安全性。

4.6.1.1　特征模板创建

与工程模板相比，特征模板的创建过程较为简单。通常只需要选择事先做好的一组特征或者几何图形集，然后根据需要选择 Power Copy 或 UDF 制作工具，按要求选择输入元素、参数以及特征模板的属性即可，如图 4-108 所示。

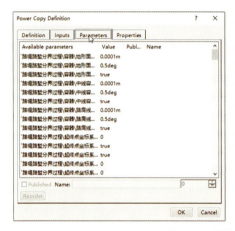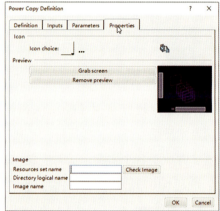

图 4-108　特征模板创建过程

4.6.1.2　特征模板实例化

特征模板实例化需要在 3D Shape 对象内部进行，当要实例化的模板位已经在窗口中打开时，可以使用"Instantiation From Selection"命令进行实例化，然后选择相关的模板，输入其各项参数，即可在当前 3D Shape 内部生成实例化之后的特征；当要实例化的模板没有打开时，可以使用"Instatiation From Representation"命令进行实例化，然后从数据库中搜索模板后再进行实例化。

4.6.1.3　特征模板批量实例化

特征模板批量实例化需使用 EKL 脚本语言，该脚本通常被称为知识工程模板（Knowledge Pattern，KP）。该脚本中描述了特征模板输入条件的生成方法和结果列表，如图 4-109、图 4-110 所示。KP 模板的建立过程包括：

（1）创建 UDF/PowerCopy，设置用于 UDF/PowerCopy 定位的 Input 和参数；

（2）基于 KP 模板的 Input 创建辅助点、线、面，编写 KP 语言，并将 UDF/PowerCopy 导入 ResourceTable；

（3）编写 EKL 脚本，建立 KP 模板；

（4）执行该 KP 模板，并进行 Update；KP 模板将自动调用 UDF/PowerCopy 生成特征，并将其挂接至结构树。

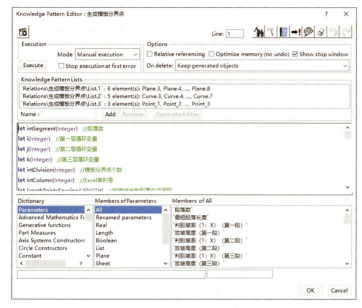

图 4-109　KP 编辑

图 4-110　KP 运行结果

4.6.2　工程模板

工程模板主要用于装配和零件等产品的复用，通过将结构树上的特征、零件和装配进行整体打包，将可变特征发布为形式参数，在实例化时将具体工程的特征作为实参输入工程模型，一次性生成具有一定功能的产品。工程模板可以包含特征模板，将其一次性实例化。

工程模板可以根据需要对设计过程进行封装隐藏。未隐藏过程的工程模板在实例化之后将模板内部实现的过程特征显式挂接于工程结构，方便个性化修改；而隐藏过程的工程模板在实例化之后，用户无法看到其具体设计过程。

4.6.2.1　工程模板创建

工程模板制作的基本输入为提前制作好的完整产品。当切换到工程模板创建模块后，程序会自动读取该产品的信息，创建者根据需要选择节点、特征和参数，完成工程模板的创建，如图 4-111 所示。工程模板的创建过程如下：

（1）结合需求建立模型，并做好结构组织；

（2）启动工程模板制作工具，选择待模板化的产品节点；

（3）从模型中选择待参数化特征，并设定为模板的特征输入；

（4）从模型参数列表中选择可变参数，并设置为模板的参数输入；

（5）设定特征可见性、实例与模板的关联性等，完成模板创建。

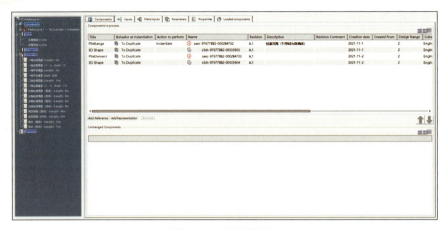

图 4-111　工程模型制作

4.6.2.2　工程模板实例化

启动工程模板实例化工具，选择或搜索工程模板节点，设定实例化模型目标节点，输入相关的参数和特征，完成实例化。

4.6.2.3　工程模板批量实例化

通常使用 EKL 语言编写脚本程序，调用工程模板批量创建模型，该类型脚本称为 Action。为提升自动化程度，通常会采用 KP+Action 混合模板的形式，首先创建工程模板输入特征，再将这些输入特征作为 Action 的输入参数，一次性完成工程模型实例化，如图 4-112、图 4-113 所示。实例化过程一般如下。

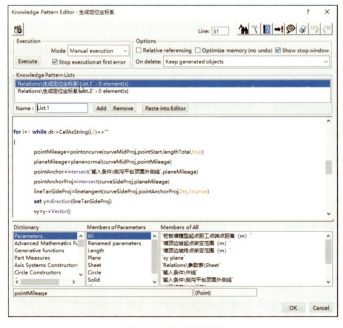

图 4-112　KP 编辑界面

第 4 章　铁路工程 BIM 协同设计平台

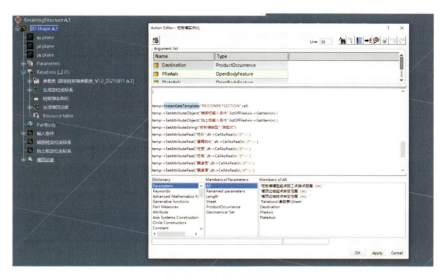

图 4-113　Action 编辑界面

（1）通过特征模板自动化或采用手工的方式创建 KP 输入特征参数；
（2）以上述特征参数为输入，编写 KP 和 Action 脚本，调用工程模板，创建实例模型。

4.7　专业设计功能示例

4.7.1　设计方法

模型设计过程一般遵循骨架设计→模型设计→模型交付的作业流程。根据项目阶段和应用目标，应采用不同的精度开展设计，以达到在满足应用前提下花费最小工作量的目的。不同模型精度等级（LOD）对应的内容，参考铁路 BIM 联盟《铁路工程信息模型交付精度标准》执行，不同设计阶段对应不同的 LOD 等级。

整个项目设计周期内各阶段的骨架设计层层加深，在预可行性研究阶段骨架设计达到 LOD1.0 即可，在可行性研究阶段需达到 LOD2.0，初步设计阶段为 LOD3.0，而施工图阶段为 LOD3.5。

设计模型和交付模型与骨架精度相适应，应用工具软件调用相应精度模板资源创建模型。模型设计进化过程及精度等级如图 4-114 所示。

为保证铁路工程设计的系统性，铁路工程 BIM 协同设计平台采用"三棵树"结构来组织 BIM 模型。一是骨架结构树，用于工程结构的框架性设计和信息传递；二是设计结构树，用于设计和组织设计阶段 BIM 模型；三是交付结构树，用于组织从设计模型转换为交付模型。"三棵树"模型结构粒度如图 4-115 所示。

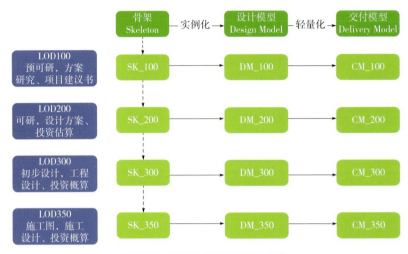

图 4-114 模型设计过程及 LOD 等级

a) 骨架结构树　　　　b) 设计结构树　　　　c) 支付结构树

图 4-115 工程设计标准化的"三棵树"

4.7.2 地形系统

地形采用 Nurbs 和 PolyHydroMesh 两种格式,提供高程提取、布尔运算功能。地形也可作为模板的实例参数输入,在模板实例化阶段自动完成相关运算。

(1) 地形曲面

用 Terrain Preparation 模块将分块的地面点云导入,制作地形 Mesh 对象,再生成专业可参考的地形曲面对象,如图 4-116 所示。

(2) 地形贴图

将正射影像裁剪成和地形等大小的图片,使用 Material Definiton 模块制作成材质。再根据对应的贴图中心和贴图比例,将材质赋给三维地形,制作成三维影像地形图,如图 4-117 所示。

第4章 铁路工程 BIM 协同设计平台

a）地面点云

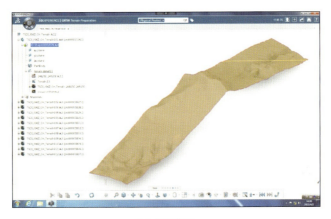

b）地形曲面

图 4-116 地面点云和地形曲面

图 4-117 三维影像地形图

（3）地形挖孔

将用于裁切地形的闭合线转换为面特征放置在地形曲面下的几何集中，再执行地形挖孔命令对地形曲面进行开挖。挖除路堤两侧排水沟，如图 4-118 所示。

- 195 -

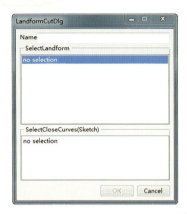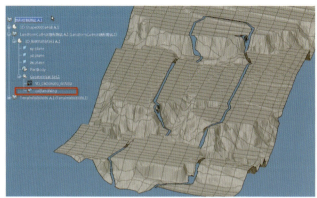

图 4-118　根据排水沟外边界开挖地形

4.7.3　线路中心线

线路中心线功能以标准的 IFC 格式接收中心线成果，为 BIM 设计提供统一线性定位。线性定位系统持有线路平面、纵断面、空间曲线和里程系统，支持从平面到空间曲线正、逆向投影计算，如图 4-119 所示。

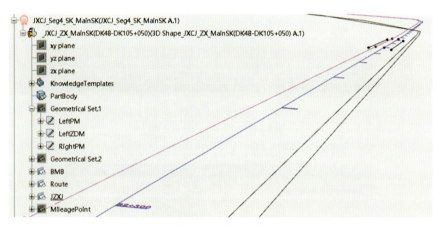

图 4-119　线路中心线

（1）里程测量。根据骨架线的起始里程，自动测量并在窗口视图中跟随鼠标移动标识出里程数或当前骨架线的 x、y、z 坐标值，并可将当前测量值保存为测量特征。

（2）单工点骨架线截取。根据用户输入截取一段线路中心线实体，作为工点设计的主骨架，如图 4-120 所示。

（3）多工程骨架线截取。根据外部文件给定的里程范围，批量截取多个工点骨架线，如图 4-121 所示。

（4）空间坐标计算。根据用户输出，计算一段区间内的空间坐标，并以 Excel 表格输出。

（5）沿中心线坐标系陈列。参考线路中心线，按照里程、偏距、高程列表阵列设备坐标系。

第 4 章 铁路工程 BIM 协同设计平台

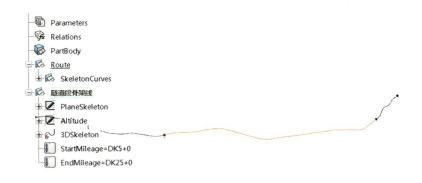

图 4-120 骨架线截取

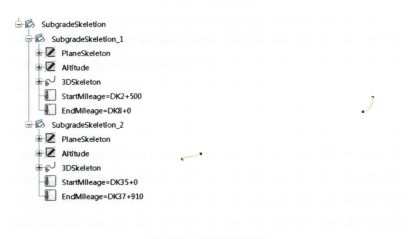

图 4-121 批量骨架线截取

4.7.4 路基骨架

自动提取路桥隧缺口里程范围，生成路基工点，并自线路中心线截取一级骨架，再根据一级骨架，按照设计原则进行水平、高程上的偏移，得到二级骨架路肩线，如图 4-122、图 4-123 所示。

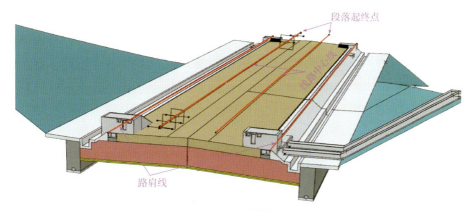

图 4-122 路基骨架

	A	B	C	D	E	F	G
1	等级	下限数	下限规则	上限规则	上限数	加宽值	
2	1	40	<=	<=	500	0.3	
3	1	500	<	<=	1200	0.2	
4	2	600	<=	<=	3000	0.6	
5	1	1200	<	<=	2000	0.3	

图 4-123　二级骨架线功能和加宽配置

4.7.5　边坡建模

以路肩线、地形曲面和边坡参数为输入，由软件直接生成路基边坡。在特征树中，新增加了一 OGS，名称为 SideSlopes（边坡），其下为全部的边坡面。考虑工程材料不同，将边坡与平台分开组织，如图 4-124 所示。

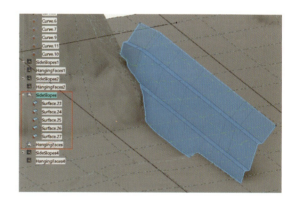
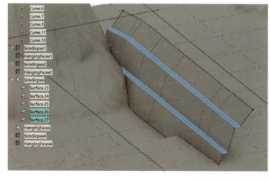
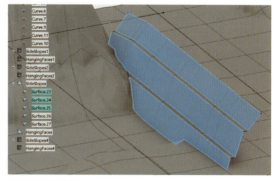

图 4-124　平台与边坡分几何集组织

4.7.6　轨道底座板建模

按照不同断面的超高设置轨顶横断面线，再以多截面扫掠方式扫掠出轨顶面。以轨顶面为输入，构建轨道底座板模型，如图 4-125 所示。

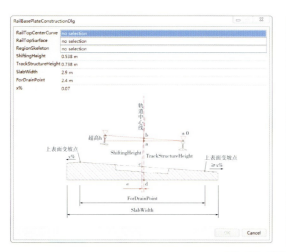 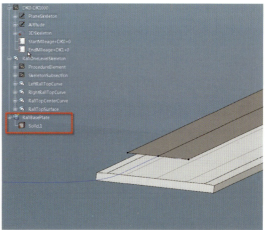

图 4-125　轨道底座板建模

利用无约束阵列功能沿线路中心线放置底座板开槽模板，利用开槽功能对轨道板开槽（图 4-126），再利用切割工具切成单块底座板（图 4-127）。

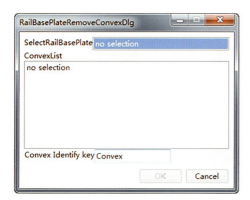 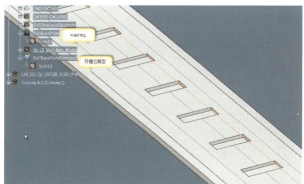

图 4-126　底坐板开槽

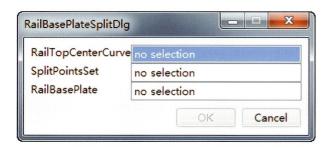 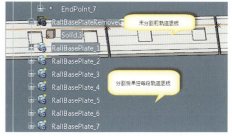

图 4-127　底座板切割

4.7.7　设备库

（1）模型入库及出库

①标准设备入库（图 4-128）。打开一个设备文件或新建一个产品，点击命令"标准设备

入库",通过目录下拉选择想要的标准设备库,选择标准设备库下想要的章节,在弹出搜索设备的对话框中选择要入库的设备。选择"引用"或"复制"方式入库,引用方式为引用所选设备;复制方式根据所选设备复制出新的设备。

②项目设备入库(图 4-129)。打开一个设备文件或新建一个产品,点击命令"项目设备入库",设备来源默认为"标准设备库"方式,通过目录下拉选择标准设备库及章节。设备入库方式分为"引用"或"复制"两种,引用方式为引用所选设备;复制方式根据所选设备复制出新的设备。

(2)库的浏览及更新

选择需浏览目录和章节,通过名称、标题、版本等条件输入筛选设备,也可通过点击搜索在筛选结果中浏览、查找设备,选中筛选结果打开设备后即可修改,修改后点击"刷新Mysql 数据"对模型进行更新,如图 4-130 所示。

图 4-128 标准设备入库

图 4-129 项目设备入库

图 4-130 库的浏览及更新

4.7.8 轴网定位与安装

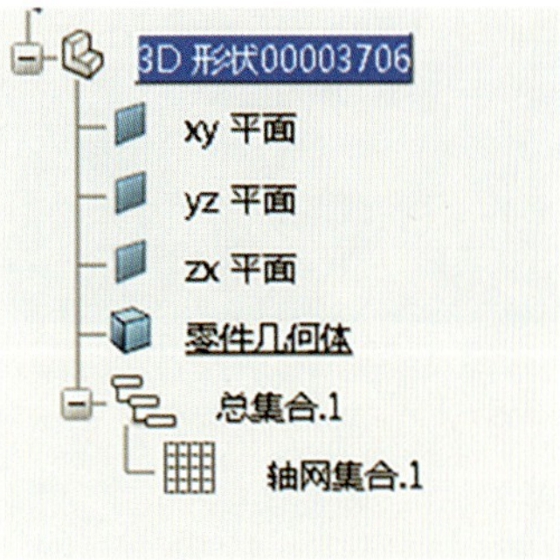

(1)创建总集合。创建特征元素均需位于总集合节点下。点击"创建总集合"命令,在总集合父节点选择输入 3DShape 节点,在总集合数量中输入要创建集合的数量,点击确定完成总集合创建,每个总集合下挂一个轴网集合,如图 4-131 所示。

(2)创建路径特征集合。点击命令"路径特征集合",在路径集合父节点选择总集合节点,在路径集合数量中输入创建路径的数量,点击确定完成路径特征集合的创建,如图 4-132 所示。

图 4-131 创建总集合

（3）创建布置点集合。点击命令"创建设备布置点集合"，在布置点集合父节点选择总集合节点，在布置点集合数量中输入数量，点击确定完成布置点集合的创建，如图4-133所示。

图4-132　创建路径特征集合　　　　图4-133　创建布置点集合

（4）创建路径特征。点击命令"创建路径特征"，在路径集合中，选择路径集合节点。过滤点的方式可选择轴网焦点、一般几何点、设备布置点、路径点或曲线，当点选其中某种类型后，选择对应类型的对象列到"选择参考点或曲线"区域内。在"选择参考点或曲线"区域内选择编辑 *U*、*V*、*W* 的偏移值，点击确定，完成路径的创建，如图4-134所示。

图4-134　创建路径特征

（5）创建路径分支特征。对已有的一根路径通过比率或距离方式断开成两根路径分支。点击命令"创建路径分支"，在路径分支后选择要断开的路径特征。选择断点距离的方式，即比率或长度。选择比率则需输入在路径上的比例。选择长度则需输入端点的距离值。点击确定完成路径分支的创建，如图4-135所示。

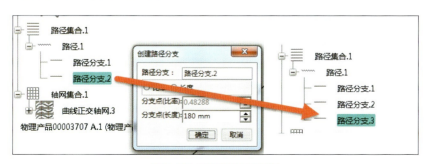

图4-135　创建路径分支特征

（6）创建布置特征。布置特征拥有点定位、姿态信息，具体信息为名称，参考点，偏移参考轴，U 向、V 向、W 向偏移值，姿态 X 轴、Y 轴、Z 轴旋转值，目标轴系等数据信息，通过在结构树上双击该特征进入修改状态。布置特征与设备之间存在关联。设备偏移及姿态调整如图 4-136 和图 4-137 所示。

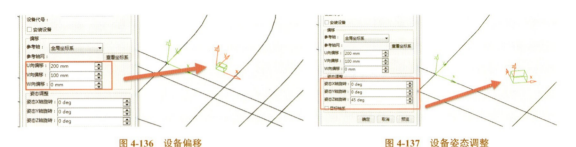

图 4-136　设备偏移　　　　　　　　图 4-137　设备姿态调整

（7）批量创建布置特征。批量创建布置特征的方式有"通过路径分支创建"和"通过轴网轴创建"两种。在"通过路径分支创建"时，首先选择目标布置点集合，然后在路径段中选择路径分支，之后点击"添加布置点"，添加布置点并修改布置点属性，预览、确定即生成对应的布置点。在"通过轴网轴创建"时，首先选择目标布置点集合，然后导入外部参考文件，添加参考文件后可以删除不必要的布置点。

（8）创建矩形轴网。点击命令"创建矩形轴网"，选择轴网集合节点，选择参考轴系，选择轮廓，输入轴间距，完成矩形轴网的创建，如图 4-138 所示。

（9）创建雷达轴网。点击命令"创建雷达轴网"，选择轴网集合节点，选择参考轴系，输入轴间距，完成雷达轴网的创建，如图 4-139 所示。

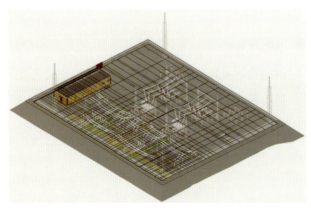
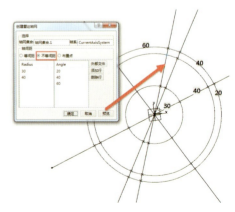

图 4-138　创建矩形轴网　　　　　　　　图 4-139　创建雷达轴网

（10）创建曲线正交轴网。点击命令"创建曲线正交轴网"，选择轴网集合节点，选择参考偏移的曲线作为轨迹线，选择轨迹线上一点作为轴网创建轴的参考起始点，选择平面作为曲线的偏移参考平面，在垂直于参考平面的视角上摆正反映出曲线的偏移，输入轴间距，完成曲线正交轴网的创建，如图 4-140 所示。

（11）创建立体轴网。点击命令"创建立体轴网"，选择轴网集合节点，选择参考平面轴网或通过自定义方式完成立体轴网的创建，如图4-141所示。

图 4-140　创建曲线正交轴网

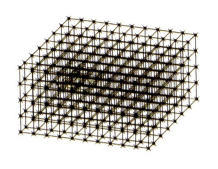

图 4-141　创建立体轴网

（12）批量安装、更新、删除设备。点击命令"批量安装设备"，先选取目标布置点集合和目标产品节点。点击"选择设备"，然后选择章节，选定设备所在章节后，选取目标设备。选择设备后，点击"修改安装状态"，将设备的安装状态改成"Y"，载入布置点配置文件，配置文件中记录了非标设备的各个参数值。然后点击"安装设备"，所选设备就会参数化批量安装在布置点上。当布置点位置有更新时，点击"更新设备"，完成设备模型的更新。点击"删除设备"，可以删除所选设备模型实例，如图4-142所示。

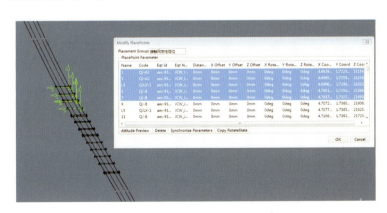

图 4-142　批量安装、更新、删除设备

（13）批量修改布置点。点击命令"批量修改布置点"。选择要修改的布置点所在布置点集合，并选取参考轴系。在布置点参数列表中，修改目标布置点的参数，完成修改。

4.7.9　工程数量计算

利用BIM模型进行工程数量计算，支持两种方案：第一种方案基于《铁路工程信息模型分类和编码标准》；第二种方案基于《铁路工程信息模型数据存储标准》。

第一种方案的主要过程如下：

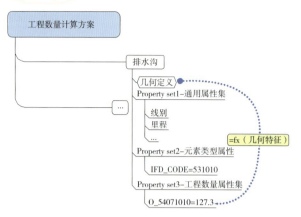

图4-143 应用铁路IFD分类编码的工程量计算方案

（1）在模板中通过增加IFD_CODE属性，用于定义元素的类型，其值引用IFD编码；增加O_IFDCODE组合码＝f（几何特征）来描述工程数量，IFD_CODE可以引用铁路IFD标准中表40＋表54＋表58相应编码或组合，如图4-143所示。

（2）在模板实例化时程序自动根据几何定义计算实例化后构件的工程量，如图4-144所示。

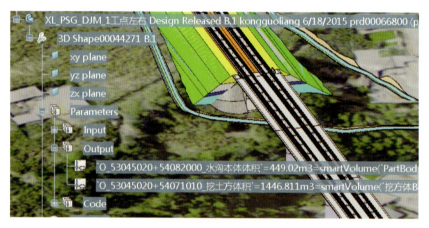

图4-144 应用IFD分类码的构件工程量计算结果

（3）采用CAA二次开发，遍历工程结构树，将全部工程数量输出至Excel文件，输出的工程量中包含了完整的工程结构树信息。

（4）将工程数量计算结果汇总成专册文件附表并制成概算编制格式。

铁路IFD分类编码采用分面分类法，通过将22个不同方面的信息进行组合来描述一件事物，表达能力强，同时信息满足结构化，计算机容易处理。

第二种方案的主要过程如下：

（1）在BIM模型上添加工程数量属性集（图4-145）。

（2）从Enovia平台将BIM模型导出为XML文档（图4-146）。

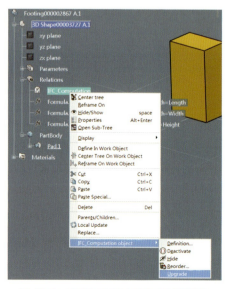

图4-145 在BIM模型上添加工程量属性集

```xml
<?xml version="1.0" encoding="UTF-8"?>
<item PLMEntity.Discipline="AecFoundation" PLMReference.Is_Last_Version="TRUE" PLMEntity.Security_Level="0" PLMEntity.Title="TSDI_YDTL_ZX_Seg1_QL_U" PLMEntity.PLM_ExternalID="aec-Interfix to be defined 79374744-000008842" PLMEntity.Usage="" LPAbstractReference.Scale="2" PLMEntity.V_description="" PLMReference.Created_From="" PLMReference.Revision_Comment="" PLMEntity.Nature="2" PLMEntity.Custo_Discipline="" PLMReference.Physical_Control="TRUE" PLMCoreReference.Change_History="FALSE" PLMCoreReference.Is_Terminal="FALSE" PLMReference.Applicability_Date="" PLMReference.Authority_Control="FALSE" PLMReference.Collaborative_Space_Applicability="" type.Foundation="1" description="" name="aec-Interfix to be defined 79374744-000008842" id="57536.65312.12977.49289">
  - <item PLMEntity.Discipline="AecFoundation" PLMReference.Is_Last_Version="TRUE" PLMEntity.Security_Level="0" PLMEntity.Title="Foundation000007268" PLMEntity.PLM_ExternalID="aec-Interfix to be defined 79374744-000062033" PLMEntity.Usage="" LPAbstractReference.Scale="2" PLMEntity.V_description="" PLMReference.Created_From="saec-Interfix to be defined 79374744-000007268 A.1" PLMReference.Revision_Comment="" PLMEntity.Nature="2" PLMEntity.Custo_Discipline="" PLMReference.Physical_Control="TRUE" PLMCoreReference.Change_History="FALSE" PLMCoreReference.Is_Terminal="FALSE" PLMReference.Applicability_Date="" PLMReference.Authority_Control="FALSE" PLMReference.Collaborative_Space_Applicability="" type.Foundation="1" description="" name="aec-Interfix to be defined 79374744-000062033" id="57536.65312.43880.5741" Sequence="1" PLMInstance.V_TreeOrder="324726155.791319">
      <item PLMEntity.Discipline="AecPile" PLMReference.Is_Last_Version="TRUE" PLMEntity.Security_Level="0" PLMEntity.Title="Pile000007273" PLMEntity.PLM_ExternalID="aec-Interfix to be defined 79374744-000062036" PLMEntity.Usage="" LPAbstractReference.Scale="2" PLMEntity.V_description="" PLMReference.Created_From="saec-Interfix to be defined 79374744-000007273 A.1" PLMReference.Revision_Comment="" PLMEntity.Nature="2" PLMEntity.Custo_Discipline="" PLMReference.Physical_Control="TRUE" PLMCoreReference.Change_History="FALSE" PLMCoreReference.Is_Terminal="FALSE" PLMReference.Applicability_Date="" PLMReference.Authority_Control="FALSE" PLMReference.Collaborative_Space_Applicability="" description="" name="aec-Interfix to be defined 79374744-000062036" id="57536.65312.43880.14483" Sequence="1" PLMInstance.V_TreeOrder="320488088.287209" IfcPset_GeologicalClassicForQuantity.IfcForthLayer="Earth" WCGEquivalentComputedExt.V_WCG_Moment_Z_axis="5286010.1390089 KG_M2" IfcQto_PileBaseQuantities.Gross_surface_area="0.0 METER2" WCGEquivalentComputedExt.V_WCG_Moment_Y_axis="24685578.5243793 KG_M2" IfcPset_GeologicalClassicForQuantity.IfcSecondLayer="Earth" IfcPset_EnvironmentalImpactIndicators.Life_cycle_phase="" IfcPset_EnvironmentalImpactValues.Water_consumption="0.0 METER3" IfcPset_EnvironmentalImpactIndicators.Climate_change_per_unit="0.0 KILOGRAM" IfcPile.Tag="" IfcQto_PileBaseQuantities.Method_of_measurement="3D-Driven" IfcPset_GeologicalClassicForQuantity.IfcSixthLayer="Earth" IfcPset_EnvironmentalImpactValues.Inert_waste="0.0 KILOGRAM"
```


图 4-146　从 Enovia 平台导出 BIM 模型为 XML 文档

（3）各专业编写工程数量汇总脚本文件（图 4-147）。

<table>
<tr><td>HPB300</td><td>t</td><td>if node.has_key('IfcQto_FootingBaseQuantities.Gross_volume')and node.has_key('IfcPset_ConcreteElementGeneral.Reinforcement_volume_ratio') and node.get('type.Footing',0)=='1' and node.get('IfcFooting.Predefined_type',0)=='3' and node.get('IfcPset_ConcreteElementGeneral.Reinforcement_strength_class',0)=='HPB300':
    VResult=node.get('IfcQto_FootingBaseQuantities.Gross_volume')
    Vnum=GetNum(VResult)
    VUnit=GetUnit(VResult)
    NodeResult = node.get('IfcPset_ConcreteElementGeneral.Reinforcement_volume_ratio')
    Num = GetNum(NodeResult)
    Unit = GetUnit(NodeResult)
    if VUnit == 'METER3' and Unit == 'KG__M3':
        Result = Vnum*Num/1000
    else:
        Result = 0
else:
    Result = 0</td></tr>
</table>

图 4-147　工程数量汇总脚本文件

（4）通过汇总程序对 XML 文件进行解析，并结合汇总规则，生成工程数量表（图 4-148）。

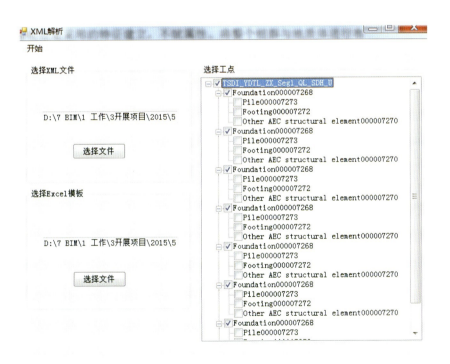

图 4-148　生成工程数量表

应用第二种方案，计算得到桥梁、轨道部分工程数量，见表 4-4 和表 4-5。

桥梁工程数量表 表4-4

项 目						单位	工程数量
承台	混凝土	承台	C30	环境	T1	m³	5571.5
承台	钢筋	承台	HRB400			t	222.9
钻孔桩基础	钻孔及灌注钢筋混凝土	混凝土浇筑	钻孔浇筑混凝土（土质地层）	C30	环境	T1	m³	4441.4
钻孔桩基础	钻孔及灌注钢筋混凝土	钢筋笼制安	HRB400			t	133.2
钻孔桩基础	钻孔及灌注钢筋混凝土	钢筋笼制安	HPB300			t	177.7
墩台	实体墩台身	墩身	混凝土	C35	≤30m	环境：T2	m³	7558.9
墩台	顶帽	混凝土	混凝土强度等级及墩高	C35	0～30m	环境：T2	m³	513.4
墩台	支承垫石	混凝土	C40	环境：T2		m³	69.1
墩台	实心墩	墩身钢筋种类及墩高	HRB400	≤30m		t	105.8
墩台	实心墩	墩身钢筋种类及墩高	HPB300	≤30m		t	98.2
墩台	顶帽	钢筋	钢筋种类及墩高	HRB400	0～30m		t	41.1
墩台	顶帽	钢筋	钢筋种类及墩高	HPB300	0～30m		t	1.5
墩台	支承垫石	钢筋	HRB400			t	10.7
墩台	支承垫石	钢筋	HPB300			t	0.6

轨道工程数量表 表4-5

工程项目	工程项目	单位	备 注	工程数量
1. 钢轨、扣件、轨道板	钢轨	km	铺轨公里，60kg/m、100m定尺长高铁用	1.962
1. 钢轨、扣件、轨道板	扣件	套	每个节点为一套，WJ-8B常阻力型	6240
1. 钢轨、扣件、轨道板	P5600轨道板	块	直线板，宽×厚=2500mm×200mm，轨道板应符合《高速铁路CRTS Ⅲ型板式无砟轨道先张法预应力混凝土轨道板暂行技术条件》（TJ/GW118—2003）的相关规定	240
1. 钢轨、扣件、轨道板	P4925轨道板	块	直线板，宽×厚=2500mm×200mm，轨道板应符合《高速铁路CRTS Ⅲ型板式无砟轨道先张法预应力混凝土轨道板暂行技术条件》（TJ/GW118—2003）的相关规定	60
1. 钢轨、扣件、轨道板	P4925B轨道板	块	一侧板端扣件间距225mm，宽×厚=2500mm×200mm，轨道板应符合《高速铁路CRTS Ⅲ型板式无砟轨道先张法预应力混凝土轨道板暂行技术条件》（TJ/GW118—2003）的相关规定	60
2. 自密实混凝土	自密实混凝土	m³	C40，应符合《高速铁路CRTS Ⅲ型板式无砟轨道自密实混凝土暂行技术条件》（TJ/GW112—2013）的相关规定	491.76
2. 自密实混凝土	钢筋焊网	t	CRB550	57.96
2. 自密实混凝土	钢筋	t	CRB550	15.13
2. 自密实混凝土	绝缘夹	个	—	255120

续上表

工程项目	工程项目	单位	备注	工程数量
3.隔离层	土工布	m²	厚4mm，聚丙烯短纤针刺非织造土工布，应符合《高速铁路CRTS Ⅲ型板式无砟轨道隔离层用土工布暂行技术条件》（TJ/GW113—2013）的相关要求	4837.53
4.弹性垫层	A1型弹性垫板	块	900mm×60mm×8mm，100%三元乙丙橡胶，应符合《高速铁路CRTS Ⅲ型板式无砟轨道三元乙丙橡胶弹性缓冲垫层暂行技术条件》（铁总科技〔2013〕125号）的相关要求	1440
	A2型弹性垫板	块	600mm×60mm×8mm，100%三元乙丙橡胶，应符合《高速铁路CRTS Ⅲ型板式无砟轨道三元乙丙橡胶弹性缓冲垫层暂行技术条件》（铁总科技〔2013〕125号）的相关要求	1440
	泡沫板	m²	厚8mm，聚苯乙烯泡沫塑料	115.824

4.7.10 信息检查

平台提供独立的 IFC Rail Review 信息检查软件（IRR），用于检查设计模型分类属性的完整性、组织结构的正确性和模型命名的规范性。IRR 软件的信息输入采用自定义 MIF 格式文件。

检查规则采用自定义的规则文件表示，规则定义如图 4-149 所示。每个实体类型下均定义必须包含的类型、可包含的类型（子节点）、必须包含的属性集、可包含的属性集和例外（不可包括的子节点、属性集），规则定义支持按实体派生关系继承。

```
<node name="IfcTrackElasticCushion">
    <ContainAttribute name="CREQR_TrackElasticCushionQuantity_Area" />
    <ContainAttribute name="CREQR_TrackElasticCushionQuantity_NumberofElasticCushion" />
    <ContainAttribute name="CRPset_IfcTrackElasticCushionType_IfcTrackElasticCushionTypeEnum" />
    <ContainAttribute name="CRPset_TrackElasticCushionCommon_SpecificationOfHeight" />
    <ContainAttribute name="CRPset_TrackElasticCushionCommon_SpecificationOfLength" />
    <ContainAttribute name="CRPset_TrackElasticCushionCommon_SpecificationOfWidth" />
</node>
<node name="IfcTrackFastening">
    <ContainAttribute name="CREQR_TrackFasteningQuantity_Numbers" />
    <ContainAttribute name="CRPset_IfcTrackFasteningType_IfcTrackFasteningElasticityTypeEnum" />
    <ContainAttribute name="CRPset_IfcTrackFasteningType_IfcTrackFasteningStructureTypeEnum" />
    <ContainAttribute name="CRPset_TrackFasteningCommon_IsSmallResistanceFastening" />
    <ContainAttribute name="CRPset_TrackFasteningCommon_Type" />
    <ContainAttribute name="EAC_Pset_IFD_IFDCode" />
</node>
<node name="IfcTrackIsolationLayer">
    <ContainAttribute name="CREQR_TrackIsolationLayerQuantity_Area" />
    <ContainAttribute name="CRPset_IfcTrackIsolationLayerType_IfcTrackIsolationLayerTypeEnum" />
    <ContainAttribute name="CRPset_TrackIsolationLayerCommon_StructureComposition" />
    <ContainAttribute name="EAC_Pset_IFD_IFDCode" />
</node>
<node name="IfcTrackPart">
    <ContainNode name="IfcBuildingElementProxy" />
    <ContainNode name="IfcTrackBase" />
    <ContainNode name="IfcTrackPart" />
    <ContainNode name="IfcTrackRail" />
    <ContainAttribute name="CRPset_IfcTrackPartType_IfcTrackPartFunctionTypeEnum" />
    <ContainAttribute name="CRPset_IfcTrackPartType_IfcTrackPartStructureTypeEnum" />
    <ContainAttribute name="CRPset_TrackPartCommon_Height" />
    <ContainAttribute name="CRPset_TrackPartCommon_Stress-freeRailTemperature" />
    <ContainAttribute name="CRPset_TrackPartCommon_StructureType" />
    <ContainAttribute name="SSE_Pset_IFD_IFDCode" />
</node>
```

图 4-149　检查规则

IRR 支持对 IFC 文件和自定义的纯信息文件（MIF）格式数据的检查。对于 IFC 文件的检查，首先根据 IFC 文件中的聚合关系建立起结构树，再将每个节点送入规则检查器，分析模型结构是否正确，属性集是否挂接，属性是否填写等，并即时输出检查结果。MIF 格式文件的获取可通过在协同平台 WEB 页面搜索待检模型，软件直接从后台数据库检索到数据，并直接输出。用户根据提供的错误信息修改原始模型信息后再次检查，直至正确。模型信息检查软件界面如图 4-150 所示。

图 4-150　信息检查软件界面

4.7.11　模型轻量化

为减小 BIM 模型体量，实现 BIM 设计成果快速向后传递，同时保护模型生产者的知识产权，在模型交付之前需对 BIM 模型进行轻量化操作。模型轻量化过程将过滤掉中间建模过程、知识工程（如 Rules、KP、Action 等）等内容，仅保留分类、属性、几何特征、颜色等信息。

模型轻量化功能位于装配设计模块下。通过点击软件左上角罗盘，在其中选择装配设计的模块，即可进入装配设计环境。首先选择 BIMAssemblyAddin 选项卡下的 Convert Datum Mode 命令，然后在结构树上选择要进行轻量化的装配节点，最后勾选是否要移除隐藏的节点和是否要移除发布特征的勾选框，即可执行模型轻量化命令，如图 4-151 所示。

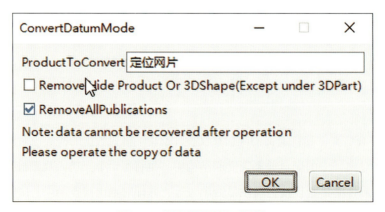

图 4-151　模型轻量化命令对话框

该命令将自动清除选中结构树下所有的建模过程，仅保留分类、属性、几何结果、模型颜色等信息。如图 4-152 和图 4-153 所示，围墙模型经过轻量化之后，模型的几何结果和颜色均与原始模型一致，而建模过程已被简化到只剩 Body（体）节点，所有的建模过程及参数均被剔除。轻量化模型大小对比如图 4-154 所示。

图 4-152　轻量化之前模型结构

图 4-153　轻量化之后模型结构

模型名称	原始大小	过滤后大小
TSDI_YDTL_ZX_Seg3_XL	122.835MB	22.57MB
TSDI_YDTL_ZX_Seg1_LJ_2350~3883.9	10GB	68.4MB
TSDI_YDTL_ZX_Seg1_QL	1.043GB	191.2MB

图 4-154　模型轻量化前后数据体量对比

4.8 平台应用规范

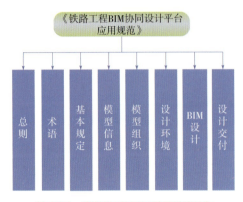

图 4-155 《铁路工程 BIM 协同设计平台应用规范》总体结构

《铁路工程 BIM 协同设计平台应用规范》旨在指导和规范 BIM 协同设计,以统一的方法和标准传递跨专业上下序信息。规范主要内容包括总则、术语、基本规定、模型信息、模型组织、设计环境、BIM 设计、设计交付,总体结构如图 4-155 所示。《铁路工程 BIM 协同设计平台应用规范》详细内容请参见附录 1。

第 5 章
高铁 BIM 设计

高铁是一项融合多个专业领域于一体的复杂工程,跨专业工程结合紧密,接口众多,需要各参与方之间密切协作。二维设计存在上下序信息传递不完整、设计表达抽象不精准、设计成果不支持集成和系统检查等问题;而基于铁路工程 BIM 协同设计平台开展设计,上下序信息基于骨架传递,设计成果动态集成,质量控制精准到构件,设计进度三维可视,设计方法和流程较二维设计有着根本的变革。本章介绍铁路工程主要专业的设计内容、方法和 BIM 设计流程。

BIM DESIGN
OF HIGH-SPEED RAILWAY

5.1 概述

高铁工程通常分为站前工程和站后工程。站前工程一般分为测绘、地质、线路、路基、桥梁、隧道、轨道、站场等；站后工程分为四电工程、建筑工程（建筑、结构、暖通）、给排水、环保、机辆、机械。各专业工程高度集成，因此也存在大量的工程接口，大到路、桥、隧等土建工程的段落划分，小到四电设备安装的预埋螺栓等。

高铁设计一般分为预可行性研究、可行性研究、初步设计、施工图四个阶段。每个阶段都是通过各专业协同工作实现从宏观至微观逐步加深设计的一个过程。各专业之间通过提供下序资料实现信息的交换。下序专业在接收上序资料后，根据本专业设计原则开展设计，设计完成并通过专业审核后再提供下序资料给相关专业。

基于二维图纸的设计表达方式具象性不足，成果集成度差，设计深度难以满足数字化、智能化铁路建设需求。而BIM设计具有可视化、数字化、集成化等特征，各专业协同开展设计，设计流程和方法与二维设计有着很大的差异。

5.2 项目策划

一项好的策划是项目成功实施BIM的重要基础。在高铁设计阶段，越早使用BIM技术越容易发挥价值，因此，项目策划应尽可能考虑项目全生命周期应用。项目信息应随项目建设的进展向后传递，支持设计分析、协调和优化应用，通过信息的有效应用获得更大价值。单阶段使用BIM技术会产生巨大的信息重建工作，信息的不完整也会导致应用受限，投入产出比不高。

项目策划的依据要充分，对工程情况要有准确的了解，梳理清楚项目实际需求，明确要解决的问题和应用目标，再将应用目标分解至具体的BIM应用点，编制实施方案，建立相应的应用组织，确保人力资源投入到位。项目策划的内容包括：

（1）任务依据。任务依据是项目策划的基础，依据越明确BIM应用的成功率越高。

（2）项目概况。包括项目的设计范围、设计标准、工程主要内容和建设计划，所采用的技术路线、技术标准等要紧紧围绕本项目展开，BIM应用进展要与建设计划相符。

（3）工作目标。工作目标的制定要充分考虑当前技术发展水平。工作目标严重超出当前技术条件，会为项目实施带来很大的风险。

（4）应用点。工作目标的实现需由多项具体的应用点来支撑。因此，应根据目标分解出具体的应用点，并明确每项应用点具体的目标值和评价指标，评价指标越具体越容易控制，应用人员越好操作，成功的概率也越高。

（5）项目交付。项目交付内容和方式对 BIM 设计所采用的技术路线有决定性影响，是标准、软件采用和人力资源配置的必要条件。

（6）技术路线。确定应用点后要分析具体实现的路径，包括标准的选择、软件的选择，编制哪些项目标准，模型要附加哪些信息，信息如何传递，哪些软件功能需要开发，如何对成果进行评价等。

（7）质量控制。考虑当前 BIM 技术现状，应单独对应用质量做出详细策划，并明确 BIM 设计成果质量控制程序和方法。

（8）工作安排。根据技术路线对工作进行分解，并明确具体的负责人和时间节点。对工作分解要以工作内容为核心，要有清楚的输入与输出，尽量使工作保持单一性，减少工作过程中的不确定性。

（9）工作组织与协调机制。当前 BIM 技术工程化应用仍存在技术、管理等多方面的不足，在这种情况下，建立相对固定的 BIM 工作团队，明确其与传统设计团队间的协调工作机制是必要的。

（10）人力资源投入。根据项目特点、工作量及进度安排，对各专业所需人力投入做出估算。

5.3 总体设计

5.3.1 总体设计原则

基于 BIM 的高铁设计应遵循以下原则：

（1）自顶向下。铁路工程各专业之间具有强耦合关系，必须保证整体设计的系统性，因此，采用自顶向下的设计方法，工作任务分解和 BIM 模型建立都由 BIM 总体发起。

（2）兼容性。BIM 设计成果应符合铁路 BIM 相关标准，保证可与上下游应用的信息交换；质量控制应与现行管理体系相匹配，充分利用企业现有技术储备才能促进 BIM 与项目生产的有机结合；各专业设计内容、信息传递内容应尽可能与现行企业标准相适应，尽可能减少对现行专业分工的调整。

（3）整体性。保证 BIM 模型、任务管理、质量管理等的数据同源和无缝集成，即在系统中始终只存在一份数据，从源头上杜绝使用错误信息的可能性，同时减少数据冗余。

（4）按需建模。按需建模是提高投入产出比的有效方法，对不同类型、不同特点的工程内容，应充分考虑设计应用实际需求，合理确定模型精度等级。

5.3.2 总体设计流程

基于铁路工程 BIM 协同设计平台进行高铁 BIM 设计，一般分为现状建模、骨架设计、模型设计和模型升级四个步骤，其流程如图 5-1 所示。

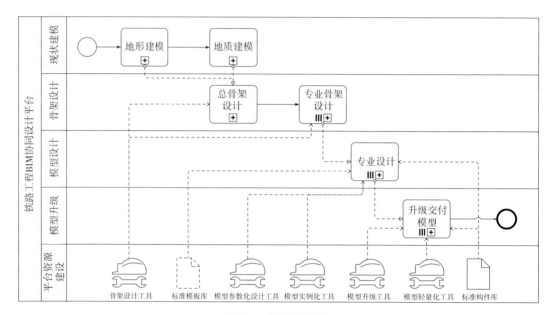

图 5-1　总体设计流程

其中，现状建模是对现状地形、地面附着物、地质的建模过程；骨架设计是采用铁路工程关键特征点、线、面和参数表达勾勒出工程主要框架的过程，各专业主要上下序信息均应基于骨架传递；模型设计是以骨架为主要输入，应用平台工具调取平台资源进行工程模板的实例化，并生成模型和设计结构树的过程；模型升级是设计交付前，应用平台工具调取平台资源，将设计模型升级至交付模型，生成交付结构树的过程。

5.3.3 任务管理与分解

利用铁路工程 BIM 协同设计平台的项目管理模块，建立和分解派发任务，管控任务的执行、质量审核等。项目负责人和管理人员在平台上创建和分配设计任务，设计人员在平台上接收任务、交付设计成果并填报任务执行情况。

项目负责人负责创建项目、添加项目参与人，分配项目管理者；任务执行人在该任务下做子任务分解并添加任务交付物，启动审核流程，填报任务执行进度，直到任务完成。任务管理流程如图 5-2 所示。

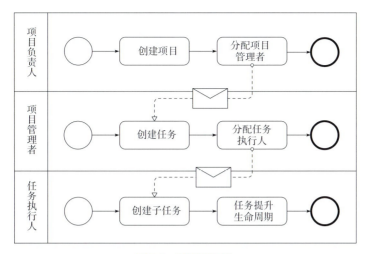

图 5-2　任务管理流程

任务分解与派发采用浏览器／服务器（Browser/Server, B/S）模式，基于网页进行工作。任务自顶向下逐步分解派发。BIM 设计总体接收到任务后，对任务进行工作分解，并将分解后的每项任务指派给专业负责人，由专业负责人再将任务进行细分并指派给具体设计人员。在任务分解的同时，指定好任务之间的依赖关系，并填上所需工时，系统会即时计算整个项目的任务计划安排，并将每条任务自动推送给具体负责人。工作任务分解如图 5-3 所示。

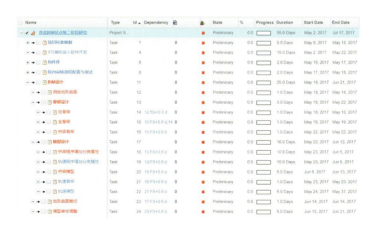

图 5-3　工作任务分解

5.4　地形建模

地形建模包括点云粗分类、细分类、分块、贴影像材质等内容，工作流程如图 5-4 所示。

（1）点云粗分类。使用点云分类工具粗略自动化剔除大部分非地面点。

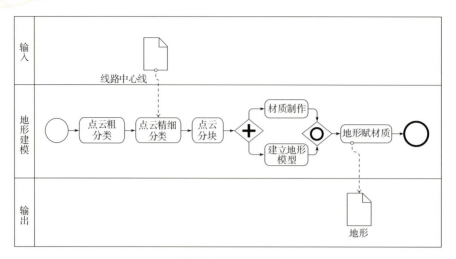

图 5-4　地形建模流程

（2）点云细分类。根据外业测量中桩点对粗分类的地面点云进行精细分类，确保地面点云的质量。考虑等高线等地形特征数据，先构建不规则三角网（Triangulated Irregular Network，TIN），然后对高程进行重采样，生成地面点云。

（3）点云分块。沿线路中心线对点云进行分块（图 5-5）。

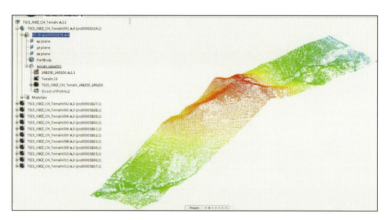

图 5-5　点云

（4）材质制作。按分块后的点云范围切分正射影像，计算分块点云贴图坐标原点。切分后的正射影像即为地形贴图文件。

（5）建立地形模型。利用地形曲面模块，首先将地面点云生成网格（Mesh）曲面（图 5-6），再转换为多边形网格（Poly Hedral Mesh，PHM）地形模型（图 5-7）。

（6）地形赋纹理（图 5-8）。采用贴图模块创建纹理并投影至地形曲面。

（7）地形曲面开挖。根据各专业提供的开挖范围线对每块地形进行开挖。

图 5-6　网格

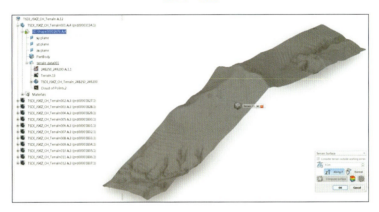

图 5-7　PHM

图 5-8　赋纹理

5.5　地质建模

地质信息模型由钻孔实体和地质体组成，承载地质勘察信息，是路基、桥梁、隧道、建筑等专业设计的必要输入信息。地质建模分为地质勘察、地质纵断面推演、生成钻孔实体、生成地质体、升级至构件级等步骤，流程如图 5-9 所示。

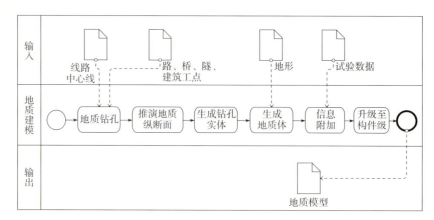

图 5-9 地质建模流程

（1）地质勘察。地质勘察是地质信息的主要数据来源，是以钻探、原位测试（静力触探、动力触探、标准贯入试验等）方法为主，调绘、物探、简易勘探等手段为辅的综合勘探方法，其主要沿线路中心线勘察，并补充一定量的横向勘察。

（2）地质纵断面。将勘察数据展绘在纵断面上，结合横向勘察数据，利用程序自动分析拓扑关系，辅以人工推断和修正，形成地质纵断面。

（3）生成钻孔实体。以地质勘察钻孔数据为输入，自动化生成地质钻孔模型。

（4）生成地质体。以地质纵断面为输入，参考横向勘察数据，经横向推演生成地质体模型。

（5）信息附加。从地质勘察试验数据库读取信息，并以几何参数的方式将时代成因、地层岩性、层底高程等地层基本属性信息和承载力、湿度、塑性状态、密实程度等物理力学参数信息附加至模型。

（6）升级至构件级。应用平台特征升级功能，将以 Body 建模的地质模型升级至构件级，并自动将以几何参数方式表达的信息转换为属性集和属性。

三维地质建模过程如图 5-10 所示。

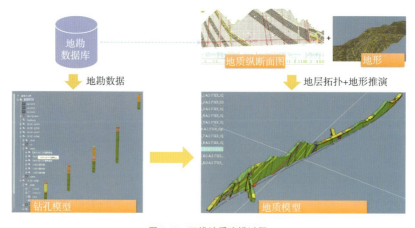

图 5-10 三维地质建模过程

5.6　交通空间建模

铁路工程与沿线公路、道路等基础设施存在大量交叉跨越，各交叉跨越点的净空、限界要求是铁路桥涵等设计的重要外部边界条件。一般交叉跨越点空间关系复杂，二维设计很难准确表达，通过建立交通空间模型可有效提高跨越点工程设计的准确性。

（1）铁路交通限界。按照《铁路技术管理规程》和相关设计标准建立铁路工程限界模板，沿总骨架扫掠生成铁路交通限界，自动创建属性集并填写交通空间各项属性。利用上述模板进行批量实例化。铁路建筑限界模型如图 5-11 所示。

（2）道路交通限界。建立道路交通限界模板，根据平、立交道协议，通过总骨架线计算交通限制空间位置和交叉角度，批量生成道路交通空间（IfcTransportSpace，实体类型），自动创建属性集并填写交通空间各项属性。平、立交限界模型如图 5-12 所示。

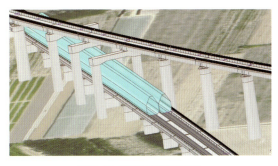
图 5-11　铁路建筑限界模型

图 5-12　平、立交限界模型

（3）航道交通限界。建立航道交通限界模板，并根据与相关航道管理部门协议约定的净宽与净高建立航道交通限界模型，如图 5-13 所示。

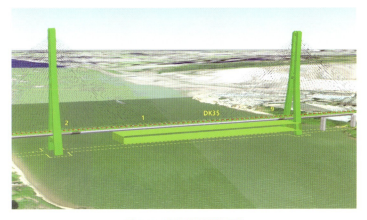
图 5-13　航道交通限界模型

5.7 总骨架结构及其设计

（1）总骨架结构

总骨架由各条线路中心线数据组成，包括线路平面、纵断面和空间曲线等，提供空间坐标计算、空间投影换算、空间曲线截取功能。

总骨架是各专业 BIM 设计的计算和定位基础，存储于"MainSK\Skeleton"节点下，按照"线别（IfcRailway）－线路中心线（IfcAlignment）－线路平面、纵断面、空间曲线、断链表、属性集"的层次结构组织。总骨架结构如图 5-14 所示。

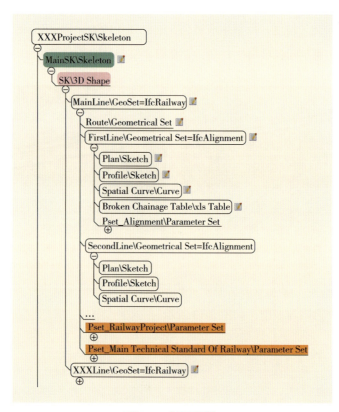

图 5-14　总骨架结构

（2）总骨架设计

总骨架由各条线路中心线组成。线路中心线设计通过线路平纵断面设计软件完成，并按照 IFC4×1 标准输出 IFC 文件。铁路工程 BIM 协同设计平台接收 IFC 格式的中心线文件，生成中心线模型。具体过程如下：

①首先在线路设计软件中，根据线路平面曲线资料、断链数据，生成线路平面自定义实

体模型。然后将纵断面坡度信息添加到线路平面,形成具有平、纵断面信息的线位模型,如图 5-15 所示。

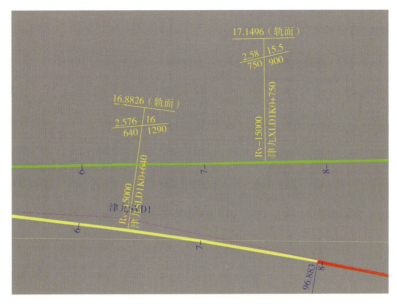

图 5-15 具有平、纵断面信息的线位模型

②从线路设计软件中将线位导出为 IFC 文件,并导入铁路工程 BIM 协同设计平台,生成线位平面、纵断面和空间曲线模型,如图 5-16 所示。

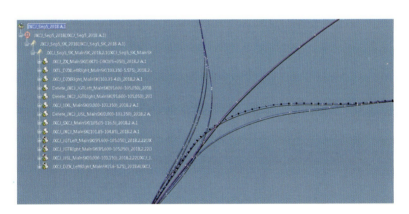

图 5-16 导入铁路工程 BIM 协同设计平台中的线位模型

5.8 站场设计

站场专业设计主要包括骨架设计、路基工程设计、轨道工程设计、排水工程设计、站区建筑设计、综合管线设计六项内容。其中,骨架设计指的是设计各类构件的定位元素及关键特征,包括股道中心线、设备定位坐标、特征截面轮廓等;路基工程包括站场路基面、边坡和路

基填筑体的模型；轨道工程包括站场轨道结构、道床以及道岔等轨道相关设备的模型；排水工程包括路基面排水、天沟、急流槽以及集水坑、检查井等排水设施的模型；站区建筑包括场区道路、围墙、栅栏等站区建筑的模型；综合管线包括电缆槽、电缆井及过轨等综合管线的模型。站场专业 BIM 设计流程如图 5-17 所示。

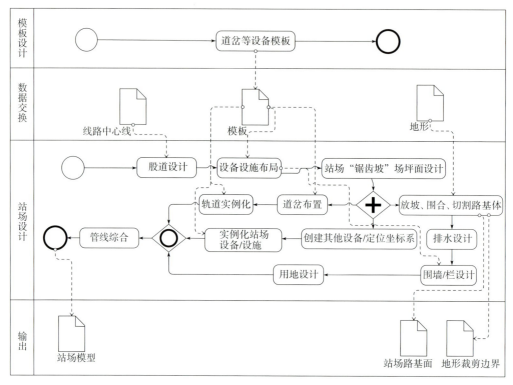

图 5-17　站场 BIM 设计流程

（1）模板设计。项目开始前，依据设计原则补充设备设施模板和标准构件，主要包括钢轨、道床、路基边坡、排水沟等模板和道岔、车挡、警冲标等标准构件。

（2）股道设计。根据线路中心线，设计站内各股道中心线。

（3）设备设施布局。在股道设计基础上，利用特征模板和骨架线计算功能生成各类设备、设施的空间定位坐标系。

（4）站场场坪面设计。根据站场股道布置、房屋布置、设备设施布置方案，确定站场场坪外轮廓；综合考虑站场场坪横向排水、纵向排水及轨道上建高度要求，确定站场场坪排水分坡线、汇水线和路肩线空间位置；以站场场坪排水分坡线、汇水线和路肩线为特征线，构建站场场坪面，如图 5-18 所示。

（5）道岔布置。根据道岔型号，调用配套道岔模板进行道岔的批量装配。道岔装配过程如图 5-19 所示。

第 5 章　高铁 BIM 设计

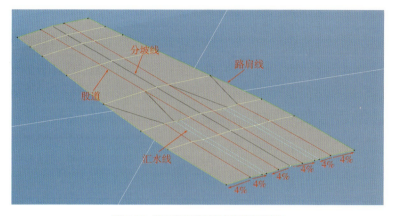

图 5-18　基于特征线的站场场坪面设计

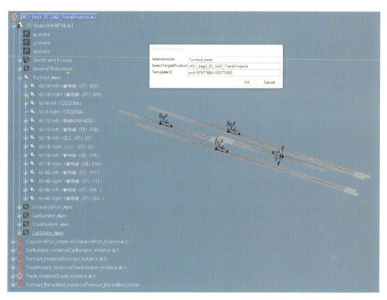

图 5-19　道岔装配过程

（6）其他设备/设施定位坐标系创建。计算并生成其他设备/设施的定位坐标系。

（7）设备/设施实例化。利用上述步骤计算的定位坐标系，调用配套模板，批量装配设备/设施。

（8）放坡、围合、切割路基体。利用模板创建路基边坡模型。利用边坡、场坪面和地形面围合形成路基填筑体，再利用切分工具对路基填筑体进行切割，形成分层路基体模型。

（9）排水设计。站场排水主要包括路基面排水和地面排水（排水沟、天沟）。首先从场坪汇水线偏移复制出排水沟底骨架线，再基于骨架线利用工程模板实例化排水槽模型。地面排水需要首先依托地形设计排水沟沟底骨架线，再基于骨架线利用工程模板实例化创建排水沟模型。急流槽实例化过程如图 5-20 所示。

（10）围墙/栅栏设计。围墙及栅栏模型采用开发的专业设计工具快速创建。

图 5-20 急流槽实例化过程

5.9 桥梁设计

铁路桥梁工程设计主要包括桥梁、框构/涵洞设计，基于 BIM 的桥梁设计流程如图 5-21 所示。

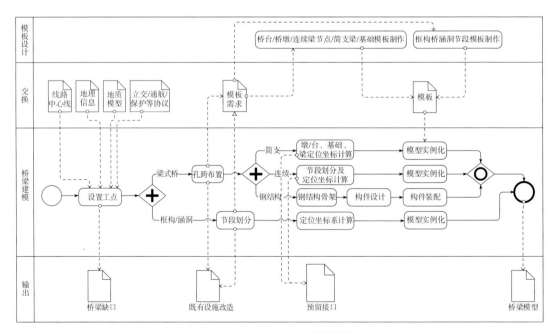

图 5-21 基于 BIM 的桥梁设计流程

（1）模板制作。按照项目设计原则、相关设计标准和孔跨布置、节段划分对墩、台、梁、框构、涵洞、节段模板的需求，补充创建项目模板资源。

(2)工点设置。根据现状设施、地质信息，立交、通航和保护等协议，沿线路中心线设置梁式桥、框构桥、涵洞工点。

(3)孔跨布置/孔径设置。对于梁式桥工点，综合考虑地质条件、汇水流量、通行（航）要求、地上地下结构物避让等边界条件布置桥梁孔跨，并提出模板需求。

(4)节段划分。根据施工工艺要求划分连续梁节段；综合考虑地形、汇水流量、通行（航）、结构物防护要求，确定框构桥和涵洞孔径、轴线及高程，并划分节段。

(5)定位坐标计算。基于线路中心线计算梁、墩、台、基础、节点空间坐标及姿态，生成定位骨架。

(6)模型实例化。利用桥梁及框涵装配知识工程工具，以定位骨架为输入，引用各构件模板，进行桥梁模型实例化，如图 5-22～图 5-24 所示。

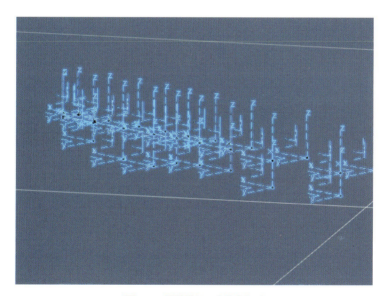

图 5-22　桥梁骨架－定位坐标系

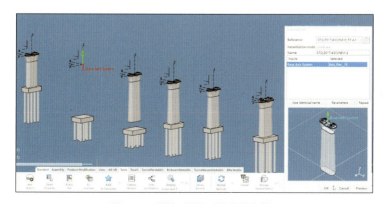

图 5-23　以骨架为输入实例化墩台模型

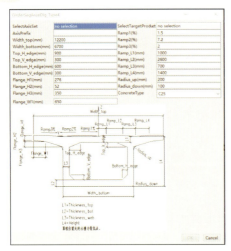

图 5-24　根据节段划分实例化连续梁节段

5.10　隧道设计

隧道工程设计内容包括依据线路中心线、地形模型、地质模型等上序资料开展隧道骨架设计，根据项目特点同步建设模板资源库，以骨架和模板为输入实例化隧道模型，设计流程如图 5-25 所示。

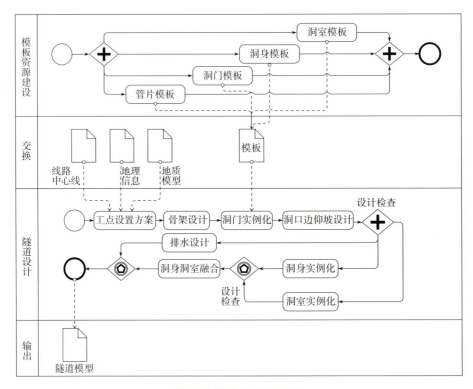

图 5-25　隧道 BIM 设计流程

(1) 工点设置方案。根据线路中心线、地形、地质情况设置隧道工点，初步确定隧道缺口。

(2) 根据本项目设计原则，在平台提供的模板库基础上，补充隧道管片、洞门、明洞、暗洞、洞室、斜井、钢筋、钢架、超前支护、刷坡、回填构件等模板资源，模板资源采用知识工程 KP+Action 方法。

(3) 骨架设计。以单个工点为单位并行开展隧道骨架设计，主要包括根据线路左右线中心线计算隧道中心线、根据围岩等级确定隧道结构起讫点位置、根据四电工程上序资料设置洞室位置骨架。

(4) 边仰坡设计。以隧道骨架和洞门模板为输入，实例化隧道洞口边仰坡设计，在每个洞口位置首先实例化为初步模型，因地制宜交互式调整其中的刷坡、回填模型。

(5) 设计检查。完成洞口边仰坡设计后，开展洞口偏压、危岩落石防护设计检查，并迭代优化洞口位置方案，选定最优洞口位置生成洞口模型。洞口迭代优化过程如图 5-26 所示。

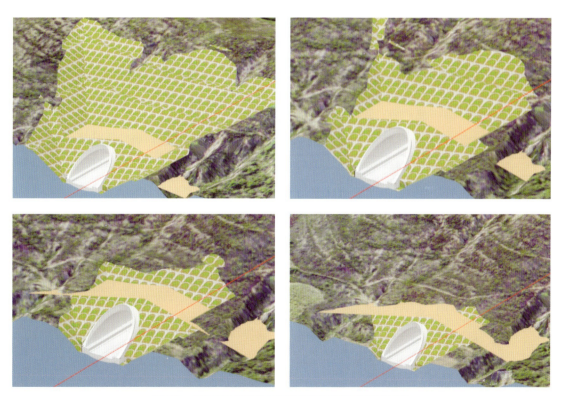

图 5-26 基于三维地形的隧道洞口位置比选及边坡防护设计

(6) 洞身、洞室实例化（图 5-27）。以隧道骨架和洞身、洞室模板为输入，采用无参装配阵列方法批量装配盾构隧道管片模型；使用知识工程 Action 批量实例化洞门、明洞、暗洞、洞室、斜井；采用人机交互实例化规律性较弱的钢筋、钢架、超前支护等模型。

(7) 洞身洞室融合。应用平台专用布尔运算功能，对洞门和洞室进行自动化裁切。

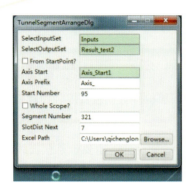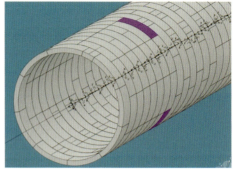

图 5-27　隧道洞身、洞室实例化

（8）排水设计。采用 Alignment 设计功能沿边仰坡设计水沟平、纵断面，并对平、纵断面进行迭代。再调用排水沟模板，以中心线和地形为输入，实例化排水沟模型。

5.11　路基设计

路基工程设计内容包括依据线路中心线、地形模型、地质模型、站桥隧缺口等上序资料设置路基工点，分工点设计路基骨架，调用模板资源实例化路基模型，路基 BIM 设计流程如图 5-28 所示。

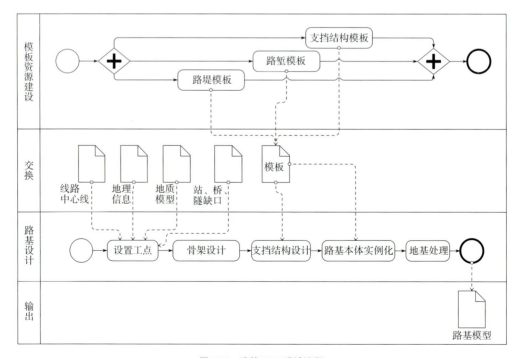

图 5-28　路基 BIM 设计流程

（1）项目模板资源。根据项目设计原则及标准，以特征建模方法补充建立项目路基支挡结构、路堤和路堑模板资源，模板资源需符合铁路 IFC、IFD 标准。

（2）设置工点。根据线路中心线、地理信息、地质模型以及站、桥、隧缺口，考虑路堤路堑填挖分界，分左右侧路基计算各工点缺口里程。

（3）骨架设计。路基骨架主要是缺口里程和路肩线。按照工点缺口里程截取线路中心线，并考虑路基曲线加宽和上建高度，偏移生成路肩线。

（4）支挡结构。根据设计原则，以路肩线和地形曲面为输入计算支挡结构起讫里程，生成支挡结构骨架，再引用模板生成支挡结构模型。

（5）路基本体实例化。通过知识工程 KP+Action，以地形、路基骨架为输入，分段调用模板资源，批量生成路基本体模型。

（6）地基处理。根据设计原则，以路基本体模型和地质模型为输入，确定地基处理方式并计算地基处理范围，生成地基换填三维几何体或地基加固桩轴线特征。应用平台地基处理程序，以地基换填特征为输入，生成地基处理模型。

路基本体和过渡段实例化如图 5-29 和图 5-30 所示。

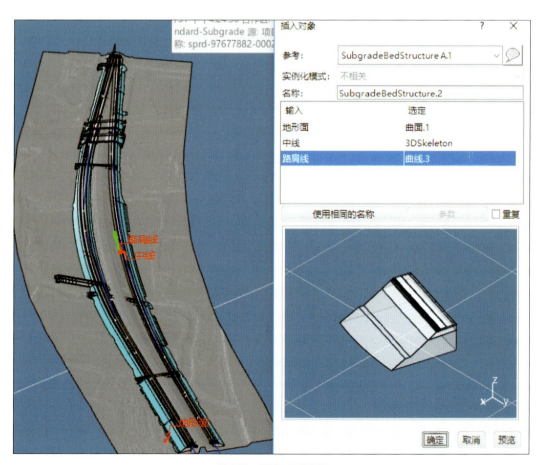

图 5-29　路基本体实例化

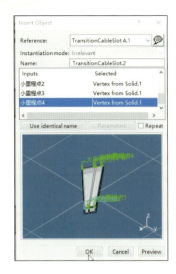
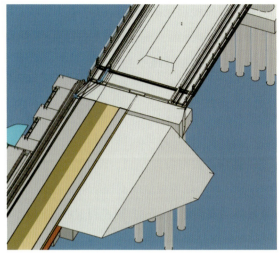

图 5-30 过渡段实例化

5.12 轨道设计

轨道工程 BIM 设计首先根据线路中心线、道岔、桥梁梁跨布置、隧道缺口和路基工点进行轨道分段；然后按照设计原则依据分段信息偏移并计算超高后生成由轨道左右轨顶线组成的曲面骨架；之后根据曲面骨架及分段信息批量调用模板资源实例化道床结构；再根据路、桥、隧缺口及线下特殊结构规则计算单元轨节后，实例化钢轨模型；最后按照线路中心线计算生成线路标桩。轨道 BIM 设计流程如图 5-31 所示。

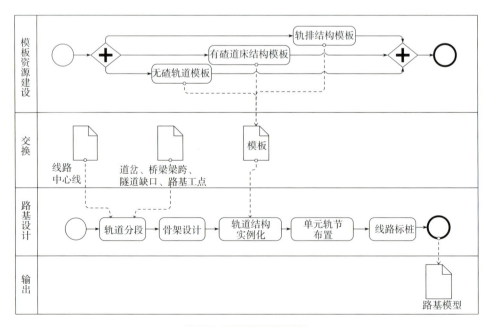

图 5-31 轨道 BIM 设计流程

（1）轨道分段。根据道岔、桥梁梁跨、隧道缺口和路基工点信息，沿线路中心线建立轨道结构分段特征，并自上序模型提取信息作为分段特征附加参数。

（2）骨架设计。以分段特征为输入，分段截取线路中心线，按照设计原则计算轨道超高并偏移出轨道中心线及左右轨顶线，构建左右轨顶线曲面。按照设计原则，以轨道中心线、轨顶曲面等骨架为输入，生成轨道板装配轴系及底座定位坐标。

（3）使用无参装配功能批量装配轨道板与底座，如图 5-32 所示；或以轨道中心线及轨顶曲面为输入，调用有砟轨道模板生成有砟轨道模型。

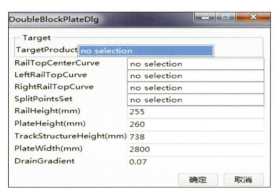 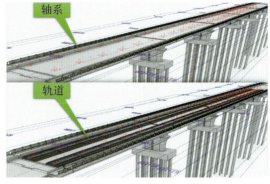

a）生成轨道板装配轴系及底座定位坐标　　b）采用通用平台客制关联装配功能装配轨道板与底座

图 5-32　板式无砟轨道装配

（4）单元轨节布置。根据道岔、路桥隧缺口以及特殊桥梁梁跨位置，沿线路中心线规划轨道结构单元轨节设置，应用知识工程 Action 批量、分段建立钢轨模型。

（5）按照线路中心线及其曲线参数、单元轨节布设方案，计算线路标桩位置，通过无参装配功能调用标准模型资源装配线路标桩模型。

5.13　牵引变工程设计

牵引变工程设计内容包括牵引变电所、开闭所、分区所、AT 所平面布置等。牵引变工程逻辑设计部分采用专业软件计算，BIM 设计内容主要是设备布置及线缆敷设，设计流程如图 5-33 所示。

（1）牵引变所址选址、设备选型与布置。根据上序专业信息模型，计算牵引变所址、设备选型与布置。

（2）创建定位轴网。根据线路中心线、区间场坪建立轴网，并根据（1）计算结果加密轴网。

（3）创建布置点集。基于轴网批量创建设备布置点集，自动与轴网关联。

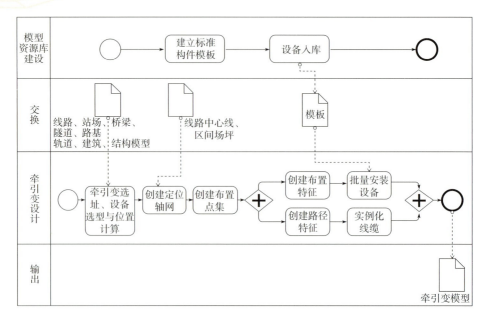

图 5-33 牵引变工程设计流程

（4）创建布置特征。基于布置点集创建布置特征。

（5）批量安装设备。根据布置特征引用设备库批量布置牵引变设备。

（6）创建路径特征。根据布置点集，人工引导系统半自动化创建路径特征。

（7）实例化线缆模型。引用路径特征批量扫掠生成模型，自动化填写属性。

5.14 电力工程设计

电力工程设计内容主要包括外部电源设计、变配电所设计、区间电力贯通线设计、站场高低压线路设计、室内动力照明设计以及电力远动设计等。供电能力计算利用既有设计软件将计算结果导入系统，BIM 设计以设备布置和线缆敷设为主，BIM 设计流程如图 5-34 所示。

（1）用电需求。根据上序各专业模型信息计算统计用电位置并汇总用电量。

（2）定位轴网。根据线路中心线、区间场坪建立轴网，并引用用电点位对加密轴网。

（3）创建布置点集。基于轴网批量创建设备布置点集，自动与轴网关联。

（4）创建布置特征。基于布置点集创建布置特征。

（5）批量安装设备。批量根据布置特征引用设备库布置设备。

（6）创建路径特征。根据布置点集，人工引导系统半自动化创建路径特征。

（7）实例化线缆模型。引用路径特征批量扫掠生成模型，自动化填写属性。

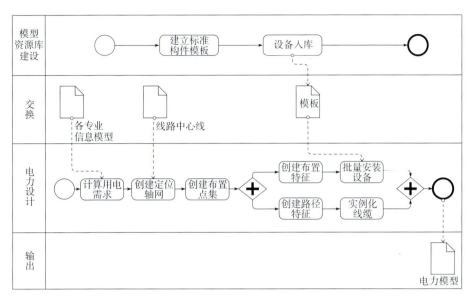

图 5-34 电力工程 BIM 设计流程

5.15 接触网工程设计

接触网工程设计内容主要包括悬挂类型、导线及张力选择，主要设备器材选择，支柱与基础类型选择，接触网装配、下锚安装方式选择，供电分段设置，附加线安装方式选择，隔离开关设置，防雷、接地及回流设计，桥梁、隧道、跨线建筑物、站场雨棚处接触网设计，接触网防护设计等。接触网能力及锚段计算采用既有计算软件，BIM 设计内容主要是接触网立柱和基础布置以及线缆敷设，BIM 设计流程如图 5-35 所示。

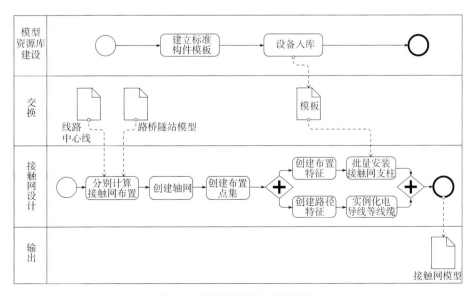

图 5-35 接触网工程 BIM 设计流程

（1）接触网布置。根据线路中心线、路基、桥梁、隧道、站场等信息模型，计算接触网布置。

（2）创建轴网。根据线路中心线和接触网布置方案创建轴网，如图 5-36 所示。

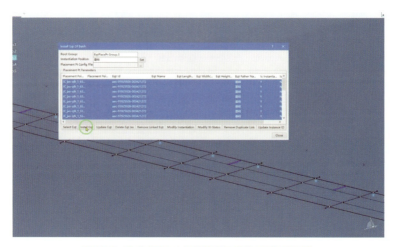

图 5-36　根据线路中心线和接触网布置方案创建轴网

（3）创建布置点集。根据接触网布置方案，使用"曲线正交轴网"功能、"批量创建布置点"功能实现创建布置点集，包含设备定位坐标和设备姿态信息，自动与轴网关联。

（4）创建布置特征。根据布置点集批量生成布置特征，包括点位和方位。

（5）批量安装接触网支柱。根据布置特征引用设备库批量布置设备，包括基础、支柱、支持装置、定位装置、软横跨、硬横跨、补偿装置、接触悬挂、附加线悬挂、供电线支柱及悬挂等模型，如图 5-37 所示。

图 5-37　根据布置特征引用设备库批量布置接触网设备

（6）创建路径特征。根据布置点集，人工引导系统半自动化创建路径特征。

（7）实例化电导线等线缆。引用路径特征批量扫掠生成模型，自动化填写属性。

5.16 通信工程设计

通信工程设计内容主要包括通信线路、传输系统、接入网系统、电话交换系统、数据通信网、调度通信系统、移动通信系统、会议电视系统、综合视频监控系统、应急通信系统、时钟同步系统、时间同步系统、综合布线系统、通信电源、防雷及接地、电源及设备房屋环境监控系统、综合网络管理系统等。通信工程逻辑设计采用既有专业软件计算，BIM 设计的主要内容为设备布置及线缆敷设，BIM 设计流程如图 5-38 所示。

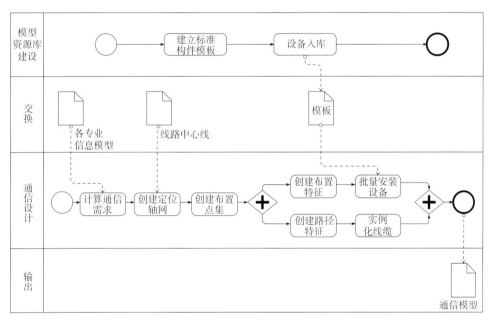

图 5-38　通信工程 BIM 设计流程

（1）计算通信需求。根据上序各专业模型信息计算统计通信需求点位置及通信要求。

（2）创建定位轴网。根据线路中心线、区间场坪建立轴网，并引用通信点里程对轴网进行加密。

（3）创建布置点集。基于轴网批量创建设备布置点集，自动与轴网关联。

（4）创建布置特征。基于布置点集批量创建布置特征，形成通信设备装配位置骨架。

（5）批量安装设备。根据布置特征引用设备库批量布置通信设备。

（6）创建路径特征。根据布置点集，人工引导系统半自动化创建路径特征。

（7）实例化线缆模型。引用路径特征，调用特征模板批量生成线缆模型，并自动化填写属性。

5.17 信号工程设计

信号工程设计内容主要包括列车运输调度指挥/调度集中系统、车站联锁系统、列车运行控制系统、区间闭塞、信号集中监测系统、驼峰信号及编组站自动化系统、道岔融雪系统、道岔缺口监测系统等。信号工程逻辑设计部分采用既有专业软件计算，BIM 设计的主要内容为设备布置及线缆敷设，BIM 设计流程如图 5-39 所示。

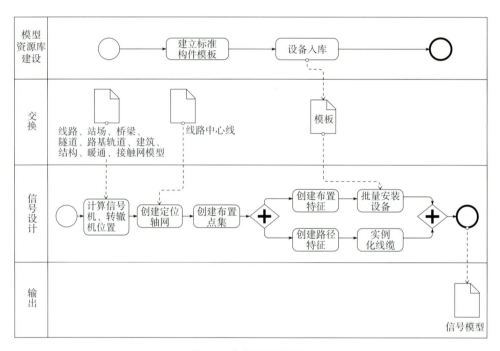

图 5-39　信号工程设计流程

（1）计算信号设备位置。根据上序专业信息模型，计算信号设备等位置。

（2）定位轴网。根据线路中心线、区间场坪建立轴网，并根（1）计算结果加密轴网。

（3）创建布置点集。基于轴网批量创建设备布置点集，自动与轴网关联。

（4）创建布置特征。基于布置点集创建布置特征。

（5）批量安装设备。批量根据布置特征引用设备库布置信号设备。

（6）创建路径特征。根据布置点集，人工引导系统半自动化创建路径特征。

（7）实例化线缆模型。引用路径特征批量扫掠生成模型，自动化填写属性。

5.18 信息工程设计

信息工程设计内容主要包括客票系统、旅客服务信息系统、办公管理信息系统、公安管理信息系统、综合显示系统、视频监控系统、广播系统、查询及求助系统、入侵报警系统、安检系统、时钟系统、门禁系统、自然灾害及异物侵限系统、地震预警监测系统等。信息工程逻辑设计采用既有专业软件计算，BIM 设计的主要内容为设备布置及线缆敷设，BIM 设计流程如图 5-40 所示。

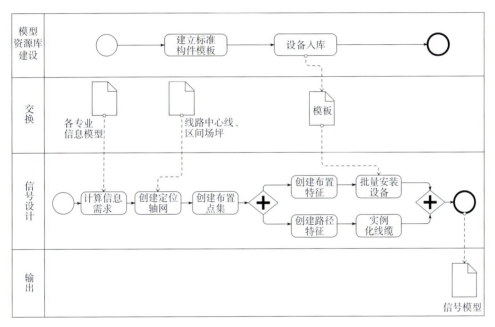

图 5-40 信息工程 BIM 设计流程

（1）计算信息需求。根据上序各专业模型信息计算统计信息需求点位置及信息要求。

（2）创建定位轴网。根据线路中心线、区间场坪建立轴网，并引用信息点里程对轴网进行加密。

（3）创建布置点集。基于轴网批量创建设备布置点集，自动与轴网关联。

（4）创建布置特征。基于布置点集批量创建布置特征，形成信息设备装配位置骨架。

（5）批量安装设备。根据布置特征引用设备库批量布置信息设备。

（6）创建路径特征。根据布置点集，人工引导系统半自动化创建路径特征。

（7）实例化线缆模型。引用路径特征，调用特征模板批量生成线缆模型，并自动化填写属性。

5.19 动车所设计

动车所 BIM 设计是一项复杂的系统工程，涉及测绘、站场、轨道、桥梁、建筑、结构、暖通、给排水、电力、接触网、信号、通信、信息、供变电、机械、环保、机辆等十几个专业。各专业工程设计内容见表 5-1。

动车段所 BIM 设计内容　　　　表 5-1

专　业	BIM 设计内容
测绘	场坪地形建模及贴图
站场	场坪布置，包括路基工程、轨道工程、排水工程、站区建筑等
轨道	室外整体道床及轨道模型
桥梁	桥梁、框架涵模型
房建	检查库、临修库、锅炉房、垃圾转运站等房屋模型
给排水	室内外给排水管线模型
暖通	检查库、临修库内暖通及室外暖通管线模型
机辆	检查库、临修库管线、设备模型及布置
机械	锅炉房内设备模型
环保	垃圾转运站内设备模型
接触网	运用所内接触网设施模型
电力	主要房屋内电力设备及管线、室外管线模型
信号	主要房屋内信号设备及管线、室外管线模型
通信	主要房屋内通信设备及管线、室外管线模型
信息	主要房屋内信息设备及管线、室外管线模型
供变电	室外供变电设备及管线模型

动车所综合管线、设备、设施、构筑物排布密集，且常受场地和空间布局制约，各类构件布置难度大，易发生碰撞问题，是典型的多专业交叉工程。为做好系统性设计，保证各设施间密切协作，采用 BIM 设计流程如图 5-41 所示。

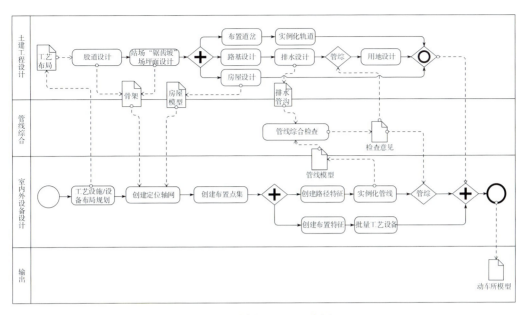

图 5-41 动车段所 BIM 设计流程

5.19.1 动车所工艺布局

动车组列车从入段到出段的检修流程和模式决定了动车所工艺布局，流程一般包括：列车入段踏面诊断及受电弓检测→洗车→一二级检修→踏面镟修→（根据需要确定是否更换转向架）→存车→出段等作业流程。涉及的生产生活房屋包括：轮对踏面诊断棚、洗车机及其配套房屋、检查库、临修库，与检修配套的大部件库、加压泵站、压缩空气间、配电所、信号楼、牵引变电所、污水处理站等，以及办公楼、司机公寓、食堂等其他所内生产生活房屋。主要工艺布局设计流程如下：

（1）根据规划和运量等输入条件，确定动车所规模及预留情况。

（2）根据场坪位置和运行方式，确定检查库采用的形式，如尽头式、通过式等，确定检查库和临修库位置及布置方式。

（3）根据检修流程确定检修设备总体布局，包括轮对踏面及受电弓检测设备、洗车设备、检查库设备、临修库设备等。

（4）根据（2）和（3）工艺设备布局确定配套生产房屋位置，如边跨、大部件库、压缩空气间等，一般设置在检查库及临修库附近，方便进出库。

（5）确定配套生活房屋位置，如综合楼、司机公寓、食堂等，既要最大限度远离生产房屋区域，又要便于工作人员快速安全地进出生产房屋。

（6）结合工艺布局和建筑结构，开展综合管线设计。

5.19.2 设备设施及管线综合

土建工程、四电工程设备设施及管线设计参考前述相关节内容,本节详述机辆工艺设备及管线综合设计方法。

(1)创建定位轴网。根据线路中心线建立轴网,参考检修设备及登车台等设施分布位置,对轴网进行加密。

(2)创建布置点集。基于轴网批量创建设备布置点集,自动与轴网关联。

(3)创建布置特征。基于布置点集批量创建布置特征,形成检修设备设施装配定位骨架。动车所检查库设备装配定位轴网及特征批量创建如图5-42所示。

图 5-42 动车所检查库设备装配定位轴网及特征批量创建

(4)批量布置设备设施。根据布置特征引用设备库批量布置检修设备设施模型,如图5-43所示。

图 5-43 动车所检查库电动接地设备批量布置

(5)创建路径特征。根据布置点集,人工引导系统半自动化创建路径特征。

(6)实例化线缆模型。引用路径特征,调用特征模板批量生成管线模型,并自动化填写属性。

（7）管线综合。总体专业完成室内外管线综合碰撞检查，组织设计会审，提出优化调整意见，组织各专业完成管线综合修改。

（8）经管线综合协调，并确认无误后，完成动车所设计模型。

动车段所 BIM 设计成果如图 5-44 所示。

图 5-44 动车段所 BIM 设计成果

5.20 排水系统设计

排水畅通是铁路工程安全运营的必要条件，基于高精度地形曲面和路基、隧道、站场和桥梁工程模型开展排水设计，可有效提升排水设计的系统性。基于铁路工程 BIM 协同设计平台开展排水设计，其流程如图 5-45 所示。

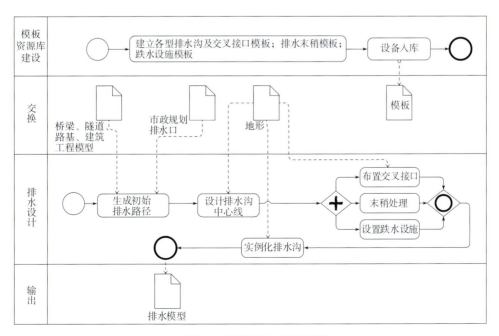

图 5-45 排水系统 BIM 设计流程

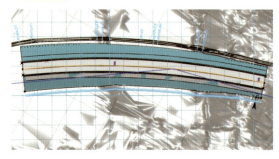

图 5-46 初始排水路径

（1）模型板设计。建立排水沟、交叉接口、排水末梢、急流槽等模板。

（2）生成初始排水路径。提取路堤坡脚、路堑顶、隧道洞口边仰坡顶特征线，并向外侧偏移（填方地段 2.8～3m，挖方地段 5m），再通过线形拟合生成相对光顺初始排水路径，如图 5-46 所示。

（3）设计排水沟中心线。使用中心线设计功能，以初始排水路径为基础，将起终点调整至附近排水出口或接至其他水沟中心线，并对平、纵断面进行设计迭代，直至满足路基规范，如图 5-47 所示。

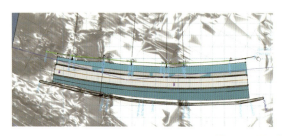
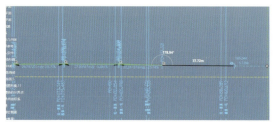

图 5-47 平、纵断面迭代优化

（4）布置交叉接口。在两排水沟交接处实例化并布置交叉接口模型。

（5）排水末梢处理。根据实际情况，可在排水沟尽头设置消能池等末梢处理设施。

（6）急流槽。根据实际情况，在地面纵坡陡峭地段设置急流槽等跌水设施。

（7）实例化排水沟。利用排水沟模板，以中心线、交叉接口、跌水设施、末梢设施为输入，实例化排水沟及挖方边坡，如图 5-48 所示。

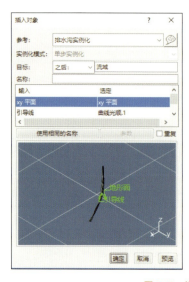
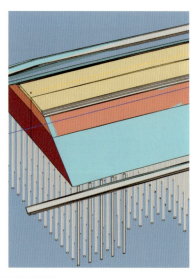

图 5-48 排水沟实例化

第 6 章
高铁 BIM 设计交付与设计交底

6.1 设计交付

铁路 BIM 设计交付一般指铁路工程初步设计、施工图阶段，勘察设计企业将项目 BIM 设计成果交付建设单位、总承包单位的过程。

铁路 BIM 设计交付成果应以建设方或甲方的招投标文件（或合同）具体要求及相关的国家、行业标准为基本准则。在交付内容、精度、形式等方面应符合项目 BIM 实施计划中的具体要求。当未制定项目 BIM 实施计划或实施计划中对交付内容等无详细约定时，设计交付过程可参照《铁路工程信息模型统一标准》《铁路工程信息模型交付精度标准》《铁路工程信息模型表达标准》《基于信息模型的铁路工程施工图设计文件编制办法》《面向铁路工程信息模型应用的地理信息交付标准》等现行铁路 BIM 有关标准执行。

受 BIM 软件功能支持范围及项目参与方对 BIM 认知程度的限制，特别是依据铁路有关文件办法规定，目前信息模型交付完全替代二维图表交付仍不现实，同时交付传统二维图表成果和信息模型是必要的。

铁路工程信息模型的交付方式可采用在协同工作平台上交付（线上提交电子文件或发布有效版本），亦可采用以优盘、移动硬盘、光盘为存储介质的线下交付。

6.1.1 交付内容

铁路 BIM 设计交付内容从狭义上说可以仅包括铁路 BIM 模型及其相关说明文件；从广义上说铁路 BIM 设计交付是完整交付，即分为两部分，一部分为铁路 BIM 模型及其相关说明文件，另一部分为现行设计文件编制办法中要求交付的设计说明、设计附图、设计附表等。

《基于信息模型的铁路工程施工图设计文件编制办法》《铁路工程信息模型表达标准》等标准中主要从广义的角度，详细规定了各专业铁路 BIM 设计交付内容。如表 6-1 展示了《铁路工程信息模型表达标准》对桥梁施工图文件交付内容的规定。

当从狭义的角度，根据项目 BIM 应用需求出发，仅要求交付铁路 BIM 模型及其相关说明文件时，可参照标准中交付内容对照表的"BIM 文件内容"列执行。

桥梁施工图文件交付内容对照表 表 6-1

序号	文 件 名		与 93 号文内容比较	BIM 文件内容
1	说明	初步设计审批意见的主要内容及执行情况	相同	
2		设计说明	在此基础上补充	设计原则中增加 BIM 模型设计的相关要求或统一规定

第6章 高铁 BIM 设计交付与设计交底

续上表

序号	文件名			与93号文内容比较	BIM 文件内容
3	说明		景观设计、环境保护与水土保持措施	相同	
4			施工注意事项	相同	
5			运营注意事项	相同	
6			安全施工的措施	相同	
7	附件		特大桥、大桥、中桥表	相同	
8			小桥表	相同	
9			涵洞表	相同	
10			道路桥涵表	相同	
11			工程数量汇总表	相同	
12			采用标准图、通用图、参考图一览表	相同	
13			有关协议、纪要及公文	相同	
14			图纸目录	相同	
15			BIM 模型文件目录	增加	桥涵 BIM 模型、桥涵工程概况的漫游动画、特殊结构和新结构的三维动画介绍、个别桥涵施工动画、新型部件安装动画
16	附图	特大、大、中桥	复杂工点的设计说明	相同	
17			桥址平面图	不出	采用模型表达－包含结构物及三维桥址地形的模型
18			桥址工程地质图	不出	采用模型表达－桥址工程地质的模型
19			桥址工程地质纵断面图	不出	采用模型表达－桥址工程地质的模型
20			全桥总布置图	相同	桥梁模型补充表达
21			墩台及基础设计详图	不出	墩台模型表达，增加必要的设计说明及数量
22			地基加固设计图（必要时附）	相同	
23			特殊结构设计图	①设计说明及数量表；②模型未包含或难以准确表达时，如钢束、钢筋等图纸；③与施工相关模型不宜表达的，如预拱度等图纸	结构模型表达，增加特殊结构的三维视图
24			新技术、新结构设计图	①设计说明及数量表；②模型未包含或难以准确表达时，如钢束、钢筋等图纸；③与施工相关模型不宜表达的，如预拱度等图纸	结构模型表达，增加特殊结构的三维视图

续上表

序号			文件名	与93号文内容比较	BIM文件内容
25	附图	特大、大、中桥	新型部件安装图，新材料选型或配方设计，新工艺操作流程图	不出	采用施工工艺动画表达或以属性信息表达
26			非标设计指导性施工步骤图，必要的工艺过程图	不出	采用施工工艺动画表达
27			旧线加固设计，运营预留措施设计图	相同	
28			关联科研项目的落实措施设计	相同	
29			导治建筑物及其他附属工程设计图	相同	
30			既有线加固及复杂的施工防护设计图	相同	
31			铁路便桥设计图	相同	
32			桥梁照明、通信、信号、电力、电气化、无砟轨道轨下基础等有关设计图	基本相同（有详细模型时不出）	接触网基础等采用模型表达
33		小桥涵	小桥涵址平面图	不出	采用模型表达－包含结构物及三维桥涵址地形的模型
34			小桥涵设计图	除桥涵总布置图外，其余图纸不出	小桥涵模型补充表达，增加必要的设计说明及数量
35			特殊结构，新技术及新结构设计图	①设计说明及数量表；②模型未包含或难以准确表达时如钢束、钢筋等图纸；③与施工相关模型不宜表达的如预拱度等图纸	结构模型表达，增加特殊结构的三维视图
36			地基加固设计图	相同	
37			导治建筑物及其他附属工程设计图	相同	
38			漫流、岩溶、高原冰川及泥石流等地区的桥涵布置图	相同	桥涵模型辅助表达
39		水文	汇水面积图	相同	增加复杂径流的三维地形模型
40	附模		特大桥、大桥、中桥设计模型		新增
41			小桥涵设计模型		新增
42			新型部件设计模型		新增
43			复杂的施工防护模型		新增
44			重点铁路便桥模型		新增
45			复杂的导治建筑物模型		新增
46			施工工艺动画视频		新增
47	道路桥		道路桥设计图	请参照铁路桥涵办理	

注：1. 摘自《铁路工程信息模型表达标准》。
　　2. "93号文"指《铁路建设项目预可行性研究、可行性研究和设计文件编制办法》（TB 10504—2018）。

6.1.2 交付精度

铁路 BIM 设计交付信息模型在信息深度、几何表达精度方面应符合《铁路工程信息模型交付精度标准》等相关标准或项目 BIM 实施计划（项目级交付标准）的要求。

（1）信息深度

信息深度是信息模型非几何信息详细程度的衡量指标。《建筑信息模型设计交付标准》（GB/T 51301—2018）和《铁路工程信息模型交付精度标准》将信息深度分为 N1、N2、N3、N4 四个等级，并对每一等级的信息深度要求给出了文字性描述，但该种粗粒度的信息深度等级定义仍不足以指导和约束具体的交付行为。遵照上述标准的基本规定，在具体交付应用场景中，用户可定义项目级交付标准。在项目级交付标准中，需要定义每类信息模型单元应包含的具体属性和属性集（非几何信息）。而且信息模型单元、属性集、属性应能够映射到 IFC，即信息模型单元、属性集、属性应该是在数据存储标准中预先定义的。项目级交付标准具体定义方法可参照表 6-2 和表 6-3。

属性信息预定义等级表 表 6-2

组别	属性集 / 属性		IFC	信息预定义等级			
				N1	N2	N3	N4
1. 通用							
	1	标识					
	1.1	全局唯一标识符	IfcRoot.GlobalId	O	O	O	M
	1.2	名称	IfcRoot.Name	O	O	M	M
	1.3	描述	IfcRoot.Description	O	O	O	O
	1.4	类型	IfcObject.ObjectType	O	M	M	M
	1.5	状态标识	IfcRoot.OwnerHistory.State	N1	N2	N3	N4
	1.5.1	所有者	IfcRoot.OwnerHistory.OwningUser	O	O	O	M
	1.5.2	应用程序	IfcRoot.OwnerHistory.OwningAppliction	O	O	O	M
	1.5.3	读写状态	IfcRoot.OwnerHistory.State	O	O	O	M
	1.5.4	修改状态	IfcRoot.OwnerHistory.ChangeAction	O	O	O	M
	1.5.5	最后修改时间	IfcRoot.OwnerHistory.LastModifiedDate	O	M	M	M
	1.5.6	最后修改者	IfcRoot.OwnerHistory.LastModifyingUser	O	O	O	M
	1.5.7	最后修改应用程序	IfcRoot.OwnerHistory.LastModifyingApplication	O	O	O	M
	1.5.8	创建时间	IfcRoot.OwnerHistory.CreationDate	O	M	M	M
2. 线路							
	2.1	铁路线主要技术标准	Pset_MainTechnicalStandardOfRailway				
	2.1.1	铁路等级	RailwayClassification	M	M	M	M
	2.1.2	正线数目	NumberOfTrack	M	M	M	M
	2.1.3	线间距	TrackSpacing	O	M	M	M

续上表

组别	属性集／属性	IFC	信息预定义等级			
			N1	N2	N3	N4
	2.1.4 限制坡度	RulingGrade	O	M	M	M
	2.1.5 一般最小曲线半径	MinimumRadiusOfCurveNormal	O	O	M	M
	2.1.6 困难最小曲线半径	MinimumRadiusOfCurveDifficult	O	O		M
	……					
3. 桥梁						
	3.1 桥梁通用属性	Pset_BridgeCommon				
	3.1.1 孔跨布置	BridgeArrangement	O	O	M	M
	3.1.2 中心里程	CenterKilometerage	O	M	M	M
	3.1.3 跨度	Span	O	M	M	M
	3.1.4 序号	Number	O	O	O	M
	3.1.5 排水方式	DrainForm	O	O	O	M
	3.1.6 规模	Scale	O	O	M	M
	3.1.7 施工方法	ConstructionMethod	O	O	M	M
	3.2 桥梁技术标准	Pset_TechnicalStandard				
	3.2.1 设计速度目标值	DesignSpeed	O	M	M	M
	3.2.2 最大线间距	MaximumDistanceBetweenCentersOfTracks	O	O	M	M
	3.2.3 最小线间距	MinimumDistanceBetweenCentersOfTracks	O	O	M	M
	3.2.4 道路等级	RoadLevel	O	O	O	M
	3.2.5 汽车最高行驶速度	HighestDrivingSpeedOfCar	O	O	O	M
	3.2.6 设计洪水频率	DesignFloodFrequency	O	M	M	M
	3.2.7 通航等级	NavigationLevel	O	O	M	M

注：M-需要；O-可选。

信息深度定义示例　　　　　　　　　　　　　　　　　　　　　　　表 6-3

组别	信息模型单元	IFC	初步设计	施工图
1. 线路				
	1.1 铁路线	IfcRailway	M	M
	1.1.1 标识		N3	N4
	1.1.2 铁路线主要技术标准	Pset_MainTechnicalStandardOfRailway	N3	N4
2. 桥梁				
	2.1 桥梁	IfcBridge	M	M
	2.1.1 标识		N3	N4
	2.1.2 桥梁通用属性	Pset_BridgeCommon	N3	N4
	2.1.3 桥梁技术标准	Pset_TechnicalStandard	N3	N3

注：M-需要；O-可选；N1、N2、N3、N4-表 6-2 中预定义的信息深度等级。

第6章 高铁 BIM 设计交付与设计交底

（2）几何表达精度

几何表达精度是信息模型几何表达真实性和精确性的衡量指标。《建筑信息模型设计交付标准》（GB/T 51301—2018）和《铁路工程信息模型交付精度标准》将几何表达精度分为 G1、G2、G3、G4 四个等级，并对每一等级精度要求给出了文字性描述。《铁路工程信息模型交付精度标准》还对各 LOD 等级中各专业具体交付信息模型单元几何表达精度进行了详细规定，如表 6-4 描述了桥梁模型 LOD3.5 等级（施工图）几何表达精度要求。

LOD3.5 桥梁模型几何精度 表 6-4

建模内容	几何精度要求
桥位场地基本信息	宜用简单几何形体表达项目周边场地中的铁路、地铁、道路、航运、航空、建筑、农田、水利设施等公共基础设施
桥墩/桥台	①应按照需求输入桥墩/桥台的几何信息，建模几何精度宜为1mm； ②应反映泄水坡、倒角、开槽等细节构造； ③桥墩/台应按照墩/台身的定位基线建模； ④桥墩在高程方向的插入基点一般设置在顶帽顶
基础	①应按照需求输入基础的几何信息，建模几何精度宜为1mm； ②应具有编号、里程等信息
支座	①使用块体简化表达； ②应具有支座型号、几何尺寸、限位方向、定位等信息
伸缩缝	①使用块体简化表达； ②应具有长度、宽度、定位等信息
梁	①应按照需求输入梁的几何信息，建模几何精度宜为1mm； ②作为一个整体对象，对于不同类型的梁，应可选择梁的具体组成构件，如分片梁、湿接缝、杆、节点、板等
拱	①应按照需求输入拱的几何信息，建模几何精度宜为1mm； ②应可选择拱的组成构件； ③应具有拱的线形方程等信息
桥面板	应按照需求输入桥面板的几何信息，建模几何精度宜为1mm
索塔	①应按照需求输入索塔的几何信息，建模几何精度宜为1mm； ②应根据定位轴线建模； ③应具有里程等信息
斜拉索	①应按照需求输入斜拉索的几何信息，建模几何精度宜为1mm； ②应根据定位直线建模； ③斜拉索可作为一个对象，不反映内部的组成关系； ④应输入拉索型号等信息
吊杆	①应按照需求输入吊杆的几何信息，建模几何精度宜为1mm； ②吊杆应根据吊杆定位轴线建模； ③应反映吊杆与桥面的连接构造； ④吊杆可作为一个对象，不反映内部的组成关系
缆	①应按照需求输入缆的几何信息，建模几何精度宜为1mm； ②应反映出缆与吊杆的详细连接构造； ③缆可作为一个对象，不反映内部的组成关系； ④缆宜采用悬链线方程曲线直接建立，不宜采用分段直线拟合

续上表

建模内容	几何精度要求
柱	①应按照需求输入柱的几何信息，建模几何精度宜为1mm； ②应根据定位轴线建模
桥面系	①应按照需求输入桥面系的几何信息，建模几何精度宜为1mm； ②桥面系的组成部分应为单独对象； ③栏杆可作为整体对象
基础施工辅助设施	①应按照需求输入栈桥、便桥、钢围堰等基础施工附属设施的几何信息，建模几何精度宜为10mm； ②施工辅助设施建模应与地形相结合； ③影响主体结构构件几何的应具有位置、尺寸等几何信息
附属工程	①应包括锥体、吊篮、围栏、检查梯、防护门、护栏、排水设施、限高架、通航辅助设施等附属工程的简单几何表达； ②影响主体结构构件几何的应具有位置、尺寸等几何信息
涵洞/框架/地道	①应按照要求输入涵洞涵身、出入口、翼墙等几何信息，建模几何精度宜为1mm； ②宜给出沉降缝、出入口铺砌、倒流工程、改沟顺接工程的简单几何外形表达
其他	①其他桥梁构件、配件可按照需求建模，建模几何精度宜为100mm； ②桥梁设备宜用简单几何体表达

注：摘自《铁路工程信息模型交付精度标准》。

6.1.3 交付方式

6.1.3.1 交付流程

铁路工程信息模型交付前应进行审核并签署。主要审核内容包括：

（1）模型完整性要求的检查：检查模型内容是否完整，信息深度、几何表达精度是否符合交付标准。

（2）建模规范性要求的检查：检查模型的组合、命名、模型视图和拆分方式的合规性。

（3）模型协调性要求的检查：检查模型间冲突、干扰情况，模型与图纸表达的一致性。

铁路工程信息模型交付流程可参考图6-1。

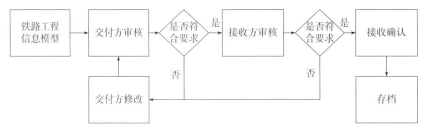

图6-1 铁路工程信息模型交付流程

6.1.3.2 设计文件编码

同一项目中电子文件及文件夹的命名宜使用统一的命名规则。其中《基于信息模型的铁路工程施工图设计文件编制办法》等标准中给出了一些推荐的电子文件命名和文件夹组织结构。

第6章 高铁 BIM 设计交付与设计交底

（1）设计文件编码结构

设计文件中的说明文件和附件文件编码由四个字段组成，分别为：项目编码 + 设计阶段及篇章编码 + 设计单元编码 + 文件编码，见表 6-5。

设计文件编码结构表　　　　　　　　　　　　表 6-5

第一字段	X	X	X	X	X	X	X	X	
	项目编码								
第二字段	X	X	X	X	X				
	设计阶段及篇章编码								
第三字段	X	X	X	X	X	X	X		
	设计单元编码								
第四字段	X	X	X	X	X	X	X	X	X
	文件编码								

（2）项目编码结构

项目编码预留七位，采用字母和数字的组合表示，其编码结构见表 6-6。前四位用字母表示，宜为项目简称的拼音缩写；后三位用数字表示，为项目段落（一个项目可能由多个工程或段落组成）的顺序号。

项目编码结构表　　　　　　　　　　　　表 6-6

第一字段	X	X	X	X	X	X	X
	项目简称				项目段落顺序号		

（3）设计阶段及篇章编码结构

设计阶段及篇章编码预留四位，采用字母和数字的组合表示，其编码结构见表 6-7。第一位用字母表示，为设计阶段编码，可用编码见表 6-8；第二位用数字表示，为设计阶段顺序号，用来解决同一设计阶段需多次提交不同交付成果的情况；后三位用数字表示，为篇章编码，可用编码见表 6-9，编码可以根据工程实际情况添加，其具体含义应在设计说明中说明。

设计阶段及篇章编码结构表　　　　　　　　　　　　表 6-7

第二字段	X	X	X	X	X
	设计阶段	设计阶段顺序号	篇章		

设计阶段可用编码　　　　　　　　　　　　表 6-8

预可行性研究文件	Y
可行性研究文件	K
初步设计文件	L
施工图设计文件	S
变更设计文件	B

篇章可用编码

表 6-9

序号	篇名称	篇编码	章名称	章编码	备注
1	不分篇文档	000		000	预可行性研究报告、铁路特大桥或、加深地质工作等文件
2	总说明书	010		010	
3	经济与运量	020		020	
4	运输组织	030		030	
5	地质	040		040	
6	线路	050	线路	051	
			工务有关设施	052	
7	轨道	060		060	
8	路基	070		070	
9	土地利用	080		080	
10	桥涵	090		090	
11	隧道	100	隧道	101	
			隧道通风机械设施	102	
12	站场	110	站场	111	
			客货运机械设备及其他	112	
13	电气化	120	牵引供电系统	121	
			牵引变电所、开闭所、分区所、AT所及电力调度所	122	
			接触网	123	
			维护管理	124	
			受电气化影响的电力线路的处理	125	
			路外(内)易燃、易爆品库及油、气管道的电磁干扰防护	126	
14	机务设备	130		130	
15	车辆、动车组设备	140	车辆设备	141	
			动车组设备	142	
16	给水排水	150		150	
17	通信	160	通信	161	
			路外通信、广播及其他设施的电磁干扰防护	162	
18	信号	170	信号	171	
			驼峰调速设备及其动力设备	172	
19	信息	180		180	
20	防灾安全监控	190		190	
21	电力	200		200	
22	综合检测与维修	210		210	

续上表

序号	篇名称	篇编码	章名称	章编码	备注
23	房屋建筑	220	房屋建筑	221	
			暖通空调卫生设备	222	
24	环境保护、水土保持	230		230	
25	节约能源	240		240	
26	施工组织方案意见	250		250	
27	投资估算、资金筹措	260	投资估算	261	
			资金筹措	262	
28	经济评价	270	评价依据、原则及基础	271	
			财务评价	272	
			国民经济评价	273	
			结论	274	
29	安全施工	280		280	
30	迁改与重点大型临时工程	290	迁改	291	
			重点大型临时工程	292	
31	施工组织设计	300		300	
32	总概算	310		310	
33	投资检算或总预算	320	投资检算	321	
			总预算	322	

（4）设计单元编码结构

设计单元编码预留七位，采用数字表示，其编码结构见表6-10。前两位为设计单元类型顺序号（对于不属于设计单元的文件，其设计单元类型顺序号为00），该顺序号根据工程实际情况进行编号，每个项目的设计单元类型顺序号代表的具体含义可能不同，应在设计说明中进行说明；后五位为设计单元顺序号（对于不属于设计单元的文件，其设计单元顺序号为00000）。

设计单元编码结构表　　　　　　　　表 6-10

第三字段	X	X	X	X	X	X	X
	设计单元类型顺序号		设计单元顺序号				

（5）文件编码结构

文件编码预留八位，采用字母和数字的组合表示，其编码结构见表6-11。

前两位用字母表示，为文件类型编码，可用编码见表6-12。当文件类型编码为FT时，第三至第五位为图册顺序号，第六至第八位为该图册内图纸顺序号。当文件类型编码为除FT外的其他类型时，则第三至第八位均为文件顺序号。

文件编码结构表　　　　　　　　　　　　　　表 6-11

第五字段	X	X	X	X	X	X	X	X
附图文件	文件类型		图册顺序号			图纸顺序号		
其他文件				文件顺序号				

文件类型可用编码　　　　　　　　　　　　　表 6-12

说明	附件	附图	附模	GIS 文档	其他
SM	FJ	FT	FM	GS	QT

（6）举例说明

①编码：JSKZ001-S1090-0100021-SM000003。

编码的含义：JSKZ001- 京沈客专第 1 段工程。S1- 施工图设计阶段首次提交的设计成果。090- 桥涵篇。0100021- 第 1 种设计单元的第 21 个设计单元。SM- 说明。000003- 说明中的第 3 个文件。综合编码含义：京沈客专第 1 段工程施工图设计阶段西沟特大桥的第三个说明文件。

②编码：JSKZ001-S1060-0100021-FT0010003。

编码的含义：JSKZ001- 京沈客专第 1 段工程。S1- 施工图设计阶段首次提交的设计成果。060- 轨道篇。0100021- 第 1 种设计单元的第 21 个设计单元。FT- 附图。001003- 第 1 册图中的第 3 张图纸。综合编码含义：京沈客专第 1 段工程施工图设计阶段轨道篇附图中第 1 册图的第 3 张图纸。

③编码：JSKZ001-S1060-0000000-FJ0000003。

编码的含义：JSKZ001- 京沈客专第 1 段工程。S1- 施工图设计阶段首次提交的设计成果。060- 轨道篇。0000000- 不属于任何设计单元。FJ- 附件。000003- 附件中的第 3 个文件。综合编码含义：京沈客专第 1 段工程施工图设计阶段轨道篇第三个附件。

6.1.3.3 交付文件组织

交付的铁路工程信息模型电子文件一般按"项目 - 段落 - 专业 - 工点"分层组织，便于后续集成应用。《基于信息模型的铁路工程施工图设计文件编制办法》推荐了设计文件及其附属文档交付文件夹层次结构，见表 6-13。

交付文件夹层级结构及命名　　　　　　　　　表 6-13

级别	第一层级	第二层级	第三层级	第四层级
文件夹名称	项目（段落）名称	设计段落名称	篇章号	设计单元名称
说明	每一具有相同项目名称、项目段落、设计阶段及顺序号的项目（段落）建立独立文件夹存储交付文件	每一设计段落建立独立文件夹，以分设计段落存储交付文件	每一篇或章建立独立文件夹，以分篇章存储交付文件。不属于设计单元的交付文件保存在所属篇章文件夹中	每一设计单元建立独立文件夹，以分设计单元存储交付文件

第 6 章　高铁 BIM 设计交付与设计交底

6.1.3.4　数据格式

为保证信息模型在异构软件系统间的有效传递，扩大信息模型应用范围，便于多领域信息模型集成应用，要求交付的数据格式具有开放性和兼容性，开放数据格式一般指 IFC 等。

目前主流 BIM 建模软件导出的开放标准格式信息模型一般不支持对几何信息的再编辑。因此，在具体应用中，相关方通常根据交付信息模型的后续应用需求选择适宜的交付格式。当信息模型应用各方使用不同的 BIM 软件时，一般选择双方均兼容的开放数据格式。选用开放数据格式时，需要根据后续应用需求，对导出开放数据格式后可能产生的信息模型几何信息精度降低进行评估。

6.1.4　设计交付案例

6.1.4.1　雄安新区东西轴线工程设计交付标准

雄安新区东西轴线工程是雄安新区进入大规模建设阶段首个超大型系统性工程，涉及铁路、市政、水利、园林等多领域、多学科、多专业。各分项工程间空间关系错综复杂，行业间、专业间接口众多，一体化设计要求高，设计协调难度大，项目开展多行业 BIM 总体设计需求迫切。中国铁路设计集团有限公司作为项目总体设计单位，牵头制定了《雄安新区起步区东西轴线工程 BIM 建模与交付标准》，从各行业 BIM 设计范围、工点划分、建模软件、建模内容、信息模型组织结构、几何表达精度、信息深度、命名规则、颜色与材质等方面进行了详细的规定，从源头规范各行业 BIM 成果质量，保证后续成功实现多行业 BIM 总体设计。该标准于 2021 年 11 月已由中国雄安集团有限公司与中国铁路建设管理有限公司联合发布。

《雄安新区起步区东西轴线工程 BIM 建模与交付标准》引用了《铁路工程信息模型交付精度标准》《建筑信息模型设计交付标准》等国家和行业相关标准，但也根据项目特点和实际情况，在遵循国家和行业标准基本要求的前提下，对项目信息模型组织结构、信息深度、交付程序等做了更明确的规定，可为其他项目借鉴。

雄安新区东西轴线工程信息模型签署单、工程交付文件夹结构分别如表 6-14、图 6-2 所示。铁路区间工程模型单元组成、属性信息深度、模型颜色材质及关联文档说明分别如图 6-3、图 6-4、表 6-15 所示。

雄安新区东西轴线项目 BIM 模型签署单　　　　表 6-14

单位_____ _____专业 第_____号 共_____号

模型名称	桥梁 BIM 模型	日期	2021.××.××
压缩包名称 / 压缩包 MD5 值： ****.zip/811977421529d739ed4d43174edada1c 文件名称 / 文件 MD5 码： 顺序码 _ 项目名称 _ 初设 _ 铁路区间工程 _ 桥梁 _ 工点 1_ 文件内容 _A.ifc/0f5ca4541b2d7fff336623a499631943 顺序码 _ 项目名称 _ 初设 _ 铁路区间工程 _ 桥梁 _ 工点 2_ 文件内容 _A.ifc/0f5ca4541b2d7fff336623a499631943 顺序码 _ 项目名称 _ 初设 _ 铁路区间工程 _ 桥梁 _ 工点 3_ 文件内容 _A.ifc/0f5ca4541b2d7fff336623a499631943 ……			

- 255 -

续上表

模型名称	桥梁 BIM 模型	日期	2021.××.××
设计		复核	
专业审定		总工程师	

注：本表用于专业模型签署，专业模型项目总工程师参与会签。

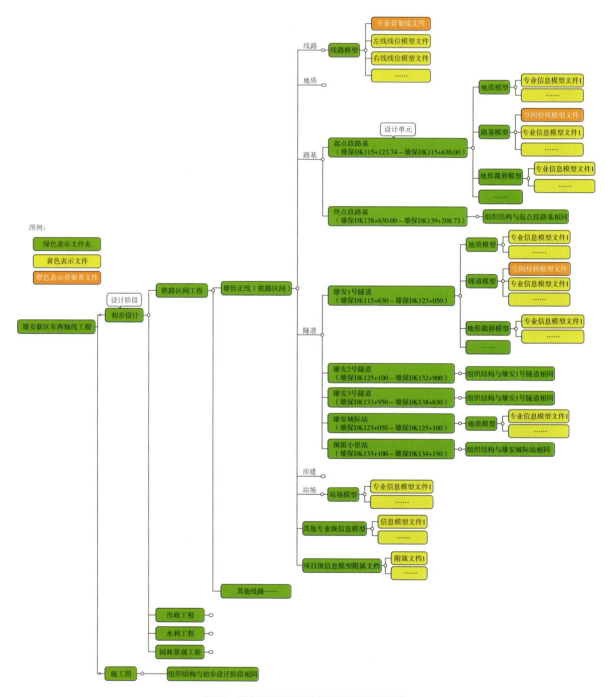

图 6-2 雄安新区东西轴线工程交付文件夹结构

第6章 高铁 BIM 设计交付与设计交底

1. 地质专业模型单元组成

专业	序号	地质模型组成构件		初设阶段模型 是否建模	施工图阶段模型 是否建模
地质	1	地层	土层	√	√
	2		岩层	√	√
	3	地下水	地下水面	√	√
	4	勘探点	钻孔	√	√

2. 线路专业模型单元组成

专业	序号	线路模型组成构件		初设阶段模型 是否建模	施工图阶段模型 是否建模
线路	1	线路中线	直线	√	√
	2		圆曲线	√	√
	3		缓和曲线	√	√
	4	标志标牌	公里标	√	√
	5		半公里表	√	√
	6		百米标	√	√

3. 站场专业模型单元组成

专业	序号	站场模型组成构件		初设阶段模型 是否建模	施工图阶段模型 是否建模
站场	1	站场构筑物	站台面	√	√
	2		站台墙	√	√
	3	标志标牌	警冲标	√	√
	4	轨道工程	道岔	√	√

4. 路基专业模型单元组成

专业	序号	路基模型组成构件		初设阶段模型 是否建模	施工图阶段模型 是否建模
路基	1	填方	基床表层	√	√
	2		基床底层	√	√
	3		垫层	√	√
	4	支挡工程	坞式挡土墙（U形槽）	√	√
	5	排水工程	侧沟	√	√

图 6-3 雄安新区东西轴线工程模型单元组成（铁路区间工程）

根据《铁路工程信息模型数据存储标准》和《铁路工程信息模型交付精度标准》成熟度，在京雄铁路 BIM 设计中模型应含如下信息，其他信息依据具体应用确定。

1. 线路工程模型信息

线路工程模型应包含以下非几何信息。

模型非几何信息及与 IFC 映射关系

序号	编号	项目	非几何信息	对应的 IFC 类型	所属 IFC 属性集名称	IFC 属性或预定义类型	说明
1	1	中线	线路名称	IfcRailway	—	—	1
2	1	中线	铁路等级	IfcRailway	Pset_MainTechnicalStandardOfRailway	RailwayClassification	
3	1	中线	正线数目	IfcRailway	Pset_MainTechnicalStandardOfRailway	NumberOfTrack	
4	1	中线	速度目标值	IfcRailway	Pset_MainTechnicalStandardOfRailway	TechnicalSpeed	
5	1	中线	牵引质量	IfcRailway	Pset_MainTechnicalStandardOfRailway	TractionMass	
6	1	中线	牵引类型	IfcRailway	Pset_MainTechnicalStandardOfRailway	ModeOfTraction	
7	1	中线	限制坡度	IfcRailway	Pset_MainTechnicalStandardOfRailway	RulingGrade	
8	1	中线	最小曲线半径	IfcRailway	Pset_MainTechnicalStandardOfRailway	MinimumRadiusOfCurveNormal	
9	1	中线	最小曲线半径	IfcRailway	Pset_MainTechnicalStandardOfRailway	MinimumRadiusOfCurveDifficult	
10	1	中线	机车类型	IfcRailway	Pset_MainTechnicalStandardOfRailway	TypeOfLocomotive	
11	1	中线	到发线有效长度	IfcRailway	Pset_MainTechnicalStandardOfRailway	EffectiveLengthOfReceivingDepatureTrack	
12	1	中线	闭塞类型	IfcRailway	Pset_MainTechnicalStandardOfRailway	BlockSystem	

注：表中说明列中，1 表示 IFC 标准中未包含该属性信息；2 表示该属性信息不属于设计阶段信息。

2. 隧道工程模型信息

隧道工程模型应包含以下非几何信息。

模型非几何信息及与 IFC 映射关系

序号	编号	项目	非几何信息	对应的 IFC 类型	所属 IFC 属性集名称	IFC 属性或预定义类型	说明
1		隧道	隧道名称	IfcTunnel	Pset_TunnelCommon	TunnelName	
2		隧道	中心里程	IfcTunnel	—	—	1
3		隧道	单双洞类别	IfcTunnel	Pset_TunnelCommon	SingleOrDoubleLine	
4		隧道	设计时速	IfcTunnel	Pset_TunnelCommon	DesignSpeed	
5	1	衬砌结构	段落里程信息	IfcTunnelLining	—	—	1
6	1	衬砌结构	段落地质信息	IfcTunnelLining	—	—	1
7	1	衬砌结构	施工工艺	IfcTunnelLining	—	—	1
8	1.1	拱墙衬砌	类型名称	IfcLining/ARCHWALLLINING	Pset_LiningCommon	ConcreteType	
9	1.1	拱墙衬砌	抗渗等级	IfcLining/ARCHWALLLINING	Pset_LiningCommon	AntiPermeabilityLevel	
10	1.1	拱墙衬砌	环境等级	IfcLining/ARCHWALLLINING	Pset_LiningCommon	—	1
11	1.1	拱墙衬砌	混凝土强度等级	IfcLining/ARCHWALLLINING	Pset_LiningCommon	StrengthGradeOfConcrete	
12	1.1	拱墙衬砌	钢筋类型（主筋）	IfcReinforcingBar	Pset_ReinforcingBarCommon	MainBarType	
13	1.1	拱墙衬砌	钢筋类型（分布筋）	IfcReinforcingBar	Pset_ReinforcingBarCommon	DistributionBarType	

注：表中说明列中，1 表示 IFC 标准中未包含该属性信息；2 表示该属性信息不属于设计阶段信息。

图 6-4 雄安新区东西轴线工程信息模型属性信息深度表（铁路区间工程）

雄安新区东西轴线工程信息模型颜色材质及关联文档说明表（铁路区间工程） 表 6-15

专业	序号	模型组成		初步设计阶段模型				
				颜色（R）	颜色（G）	颜色（B）	材质贴图	说明文档内容
站场	1	站场构筑物	站台面	250	250	240	混凝土材质	可能包含的内容： ①各站场工程概况； ②各工点内容； ③各类注意事项； ……
	2		站台墙	178	178	178	混凝土材质	
	3	标志	警冲标				按照实际外观	

第6章 高铁BIM设计交付与设计交底

续上表

专业	序号	模型组成		初步设计阶段模型				
				颜色(R)	颜色(G)	颜色(B)	材质贴图	说明文档内容
地质	1	岩土体/钻孔地质体	素填土	196	179	209		
	2		杂填土	108	147	124		
	3		新近沉积黏土	74	79	198		
	4		新近沉积粉质黏土	224	121	225		
	5		新近沉积粉土	204	121	205		
	6		黏土	72	67	186		
	7		粉质黏土	222	159	223		
	8		粉土	98	173	82		
	9		粉细砂	145	140	120		
	10		中砂	190	170	150		
	11		粗砂	220	190	170		
	12		砾砂	250	210	190		
	13		上覆非饱和土层	211	178	125		
	14		砂土(潜水含水层)	0	255	255		
	15		黏性土(隔水层)	255	255	0		
	16		砂土(承压水含水层)	255	0	255		
	17	地下水	潜水	255	0	0		
	18		承压水	0	0	255		
隧道	1	衬砌结构	基础结构	250	250	240		
	2		拱墙结构	250	250	240		
	3	基坑开挖	基坑开挖					
路基	1	填方	基床表层	211	178	125		
	2		基床底层	200	90	90		
	3		基床以下填筑	102	0	51		
	4	支挡结构	桩板挡土墙	178	178	178	混凝土材质	
	5		重力式挡土墙	178	178	178	混凝土材质	
	6		悬臂式挡土墙	178	178	178	混凝土材质	
	7		扶壁式挡土墙	178	178	178	混凝土材质	
	8		坞式挡土墙(U形槽)	178	178	178	混凝土材质	
	9	边坡防护	骨架护坡				混凝土材质,贴图参见"骨架护坡.jpg"	
	10		空心砖护坡				混凝土材质,贴图参见"空心砖护坡.jpg"	
	11	排水工程	侧沟	178	178	178	混凝土材质	

- 259 -

6.1.4.2 基于 BIM+GIS 的设计交付成果总装集成

在高铁 BIM 设计过程中，针对不同专业特点可能采用不同的 BIM 设计软件。按《基于信息模型的铁路工程施工图设计文件编制办法》要求，这些基于不同软件完成的 BIM 设计成果将分项目、段落、篇章、设计单元交付。在交付成果审核及后续建设管理、运维等应用中，通常需要对设计交付成果进行总装集成。

基于 BIM+GIS 的数字化交付可将多专业大体量 BIM 模型集成到 GIS 平台，并与地形影像相融合，实现大场景与精细模型相结合的空间多尺度可视化。对 BIM 设计成果进行集成化、统一化管理，并从项目、线别、工点、分部分项工程等多角度组织模型。京雄高铁和雅万高铁基于 BIM+GIS 的设计成果总装集成效果如图 6-5 和图 6-6 所示。

图 6-5　京雄高铁基于 BIM+GIS 的设计成果总装集成

图 6-6　雅万高铁基于 BIM+GIS 的设计成果总装集成

6.2　设计交底

6.2.1　交底内容

铁路建设项目技术交底包括设计技术交底和施工技术交底两部分。

设计技术交底是铁路建设的重要程序，是铁路建设技术管理的重要内容。设计技术交是由建设单位组织，施工单位和监理单位参加，由设计单位对施工图设计文件和图纸内容进行讲解的一项技术活动。其目的是让施工、监理单位充分了解设计意图、设计内容和技术规范要求，明确质量控制的重点和难点。设计技术交底可分为首次交底、专项交底、新技术交底和变更设计交底，交底工作一般在现场进行。

施工技术交底是施工单位将施工方案及施工工艺、施工进度计划、过程控制及质量标准、作业标准、材料设备及工装配置、安全措施及施工注意事项、应急处置措施等向施工技术管理人员和作业人员传达的过程。

设计技术交底的主要内容包括：

（1）设计说明。主要介绍设计依据、设计原则、设计文件组成及内容、设计范围及内容（包括工点、临时设施、用地、排水系统、测量控制网等）、主要技术标准和质量标准、工程条件（地质、水文、气候、交通及有关建设协议等）、设计采用主要技术规程规范及新技术工程、工程数量、工程造价、风险控制措施和风险防范注意事项等。

（2）主要施工方案和施工注意事项。主要介绍重难点工程以及采用新技术（包括新结构、新材料、新设备、新工艺等）工程的施工方法、检测检验要求和施工注意事项，技术复杂结构工程和高风险工程采取的施工安全措施，对影响施工及行车安全、干扰运营采取的措施等。

（3）文件中尚未说明的问题。主要介绍施工图设计文件完成时尚未明确及需要建设单位、施工单位和地方进一步协调配合解决落实的问题。

设计技术交底分为总体技术交底和专业技术交底。

总体技术交底是指对主体工程、相关工程、预留工程、主要水系及通航情况、山脉、气象、不良地质、采空区、自然保护区、水源保护区、沿线城市规划、铁路与地方交通设施等进行交底。

专业技术交底以工点为单位，针对各专业特点分别采用不同的交底方法，在虚拟数字环境下全面表达工程设计意图、技术标准和施工注意事项，提升施工单位对工程的了解，利于建设单位对工程的全面把控。

6.2.2 交底方法

铁路工程建设按不同工序、工种部位、区段、阶段、系统，把项目划分成不同单元，包括单位工程、分部工程、分项工程和检验批。单位工程是指一个完整构筑物、一个独立系统，如一座大桥、一座隧道、一段路基、一个给水站、一个变电所、一个监控系统等；分部工程是一个单位工程中的完整部位、主要结构、施工阶段或功能相对独立的组成部分，如一个桥梁单位工程，包括基础、墩台、梁部、附属设施等分部工程；分项工程是工种、工序、材料、设备、施工工艺，如模板、钢筋、混凝土、信号机、灯塔、洗车机等。

基于 BIM 的可视化交底方法包括：基于 Web 浏览器的线上三维模型可视化交底、基于本地客户端的离线三维模型可视化交底、基于 BIM 建模平台的三维可视化交底、基于视频/3DPDF/EXE 形式独立文件的三维可视化交底、基于 VR/AR/MR 技术的三维可视化交底等。

（1）基于 Web 浏览器的线上三维模型可视化交底

基于 Web 浏览器的线上三维模型显示技术，如 WebGL、虚幻引擎（Unreal Engine，UE）像素流/Unity 云渲染等，可以满足项目级大体量带状铁路工程的多专业总装集成展示需求，便于开展接口工程、排水工程等系统性、跨专业的三维可视化交底。

其优势在于，不需要在本地计算机上部署软件及模型数据，使用浏览器即可随时登录、浏览查看。如果系统使用了云渲染技术还可降低对本地计算机的硬件要求。其弊端在于，严重依赖互联网进行数据传输，对网络带宽要求较高。雅万高铁基于 Web 的三维模型可视化技术交底如图 6-7 所示。

图 6-7 雅万高铁基于 Web 的三维模型可视化技术交底

（2）基于本地客户端的离线三维模型可视化交底

基于本地客户端进行离线三维模型的集成显示，如 Autodesk Navisworks、Bentley Navigator、广联达 BIM5D 等，可以满足工点级单位工程（如一座桥梁、一座隧道、一段路基）的三维可视化需求，便于开展复杂工点的整体性技术交底。

其优势在于，摆脱对服务器和互联网的依赖，在本地即可实现 BIM 模型的浏览查看、标注、测量等操作；其弊端在于，对本地计算机性能要求较高，且需要掌握一定的操作技能。广湛高铁佛山特大桥基于 Navisworks 的离线三维模型可视化技术交底如图 6-8 所示。

（3）基于 BIM 建模平台的三维可视化交底

直接基于 BIM 基础建模平台开展技术交底，如 Autodesk Revit、Bentley Microstation、Dassault 3D EXPERIENCE、Graphisoft ArchiCAD 等，几乎可以满足任何场景的设计交底需求。

其优势在于，可以非常详尽地展示 BIM 模型的所有细节结构和属性信息，可以实现 BIM 模型的任何操作。其弊端在于，对本地计算机性能要求极高，通常依赖于专业图形工作站，且需要专业的软件操作技能。广湛高铁佛山特大桥基于 BIM 基础建模平台的三维可视化交底如图 6-9 所示。

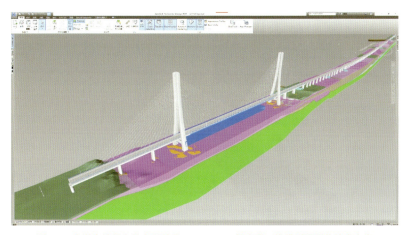

图 6-8　广湛高铁佛山特大桥基于 Navisworks 的离线三维模型可视化技术交底

图 6-9　广湛高铁佛山特大桥基于 BIM 基础建模平台的三维可视化交底

（4）基于视频 /3DPDF/EXE 形式独立文件的三维可视化交底

基于视频动画、三维 PDF 文档（在常规 PDF 文档中嵌入三维模型）、EXE 可执行程序等独立的三维模型可视化文件，如 MP4 视频、3DPDF 文档、Composer 程序、Enscape EXE 封装等，可以实现具有特殊需求的工点、工艺、工序的三维可视化交底，如工艺 / 工序仿真动画、二维形式的 BIM 施工图、三维模型尺寸标注等。

其优势在于，可以对工点或工艺工法的交底材料进行针对性设计制作，满足各种复杂形式的交底需求，且对操作人员和计算机硬件基本没有特殊要求；其弊端在于，交底文件形式和内容固化，不具备特定功能以外的三维模型灵活调整和展示能力。基于视频 /3DPDF/EXE 形式独立文件的三维可视化交底如图 6-10 所示。

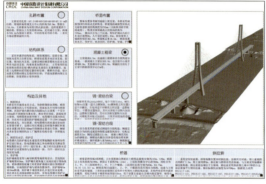
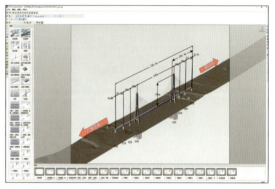

图 6-10　基于视频/3DPDF/EXE 形式独立文件的三维可视化交底

（5）基于 VR/AR/MR 技术的三维可视化交底

基于虚拟现实（VR）、增强现实（AR）、混合现实（MR）的三维可视化技术，是近年来在民用建筑工程和铁路工程中逐渐兴起的 BIM 模型可视化手段。通过虚拟现实眼镜或头盔，如 Microsoft Hololens、Facebook Oculus、HTC Vive、Huawei VR Glass，配合 Unreal Engine、Unity 3D、Maya、C4D、Lumion、Fuzor 等软件进行素材制作，可以实现三维模型在虚拟/现实混和环境中的沉浸式体验，真正实现"所见即所得"的 BIM 技术愿景，是未来理想的技术交底手段。广湛高铁基于 VR 技术的三维可视化交底如图 6-11 所示。

图 6-11　广湛高铁基于 VR 技术的三维可视化交底

第7章
BIM 设计与应用案例

在铁路 BIM 标准体系和铁路工程 BIM 协同设计平台的支撑下，中国铁设完成了多个铁路工程项目的 BIM 设计，通过工程实践不断深化需求、迭代标准，并完善软件平台。本章将重点介绍 BIM 技术在牡佳高铁、京雄高铁、印尼雅万高铁和盐通铁路南通动车所项目中的应用。在牡佳高铁项目首次实现长大干线铁路全线 BIM 设计，并实现向建设管理和施工深化应用的交付。京雄高铁 BIM 应用是在吸收 BIM 试点应用经验的基础上，面向智能高铁 2.0 建设的具体应用实践，填补了项目级标准体系的空白，实现跨阶段的 BIM 应用，在智能建造方面也做了有益尝试。雅万高铁是"一带一路"倡议的标志性工程，其 BIM 应用也是中国铁路 BIM 标准和数字铁路"走出去"的第一单。盐通铁路南通动车所 BIM 应用是在铁路工程复杂工点上做高质量设计和数字化施工的一次深入探索。

7.1 牡佳高铁 BIM 设计与应用

7.1.1 工程概况

（1）线路概况

新建牡丹江至佳木斯铁路客运专线地处黑龙江省东部，线路全长 371.622km，新建线路长度 367.190km。其中，路基工程总长 159.956km，占线路全长的 43.56%；桥梁 141 座，长 143.502km，占线路全长的 39.08%；隧道 34 座，长 63.732km，占线路全长的 17.36%。全线设牡丹江等 8 座车站；通信基站 57 处，牵引变电所 26 处，信号中继站 20 处。

（2）业主要求

业主要求全线开展基于 BIM 的设计、施工和建设管理应用，服务"精品工程 数字牡佳"的建设总体目标，这是高铁领域第一个全线开展 BIM 应用的项目。具体要求为：设计阶段开展全线全专业 BIM 设计，建立施工图精度模型，并优化站前工程与四电工程设计接口；为工程建设信息化应用提供符合铁路 BIM 标准的信息模型；施工单位基于设计阶段模型开展深化设计和数字化施工应用。

（3）BIM 应用概况

根据业主要求，建立全线 1：2000 施工图精度数字高程模型和航空影像，全线 34 座隧道范围 LOD3.5 精度地质体模型，全线线路、站场、轨道、路基、桥梁、隧道、建筑、四电、给排水、环保和机辆等专业 LOD3.5 精度模型。为实现全专业设计模型高效集成和应用，结合面向 9 个土建标段设计深化服务需求，分 9 个标段组织模型，平均每 40km 做一次总装，实现在同一会话环境中加载全专业模型。基于总装模型，全面检查站前工程与四电工程间的接口设计，建立设计优化清单，各专业对模型进行优化调整。

铁路 IFC 以标准的元数据进行描述，而精度标准则采用自然语言表达，为实现信息的高度标准化，建立精度标准与 IFC 标准的映射关系，并以模板、软件的形式进行固化。

面向模型交付，以工点为单位加载局部模型后输出 IFC 文件，保持每个模型文件完整的装配关系，在建设管理平台端导入模型，再合并恢复工程组织结构；面向施工深化设计应用，在互联网上部署 BIM 协同设计平台，分标段建立协同作业区，通过软件开发，将模型产生过程全部删除，仅保留模型信息和几何结果，以原厂文件传入协同平台，各标段登录相应的协同作业区深化施工模型。

在牡佳高铁项目，将站前与站后工程 BIM 设计分两个阶段组织，先开展站前工程设计，站后工程在站前工程设计成果基础上开展，在全部工程设计完成后进行统一检查，再进一步优化设计。

在牡佳项目首次实现了长大铁路工程项目全专业 BIM 设计，实现对铁路 IFC 标准完整的落地应用，以不同的交付形式实现向建设管理和施工应用的交付，通过 BIM 应用有效提升了工程设计的系统性和工程接口的精确性，也是对铁路 BIM 标准体系实用性的深入验证和对铁路工程 BIM 协同设计平台功能和性能的一次全面检验。

（4）项目重难点

标准编制和平台研发基本是以设计阶段应用为目标，尽管经过 BIM 试点技术迭代，平台基本稳定，也具备支持 IFC 标准附加信息的条件，但没经过在长大铁路工程项目上的应用和交付考验，更没有尝试过面向多参与方异地协同的施工深化应用。业主所提三项要求在铁路行业应用上均属首次，没有可借鉴的成功经验。

7.1.2 设计原则

（1）采用标准

牡佳高铁 BIM 设计和交付执行铁路 BIM 联盟《铁路工程信息模型数据存储标准》（简称"铁路 IFC 标准"）、《铁路工程信息模型分类和编码标准》（简称"铁路 IFD 标准"）、《铁路工程信息模型交付精度标准》（简称"精度标准"）和国际建筑智慧联盟发布的工业基础类平台规范（简称"国际 IFC 标准"）。

（2）统一设计原则

为指导各专业协同设计和数字化建模，正确使用各项标准，产生标准化的工程设计模型，统一编制了总体设计原则，明确本项目的设计范围、标准执行、模型组织结构、骨架结构、模型定位、模型命名、协同作业空间等内容。

①规定从各专业 BIM 设计便利性角度考虑，将不同的施工坐标系做位置偏移，将不同坐标系的总骨架（线路中心线）拼接成一条完整线路，支持各专业依据总骨架进行连续设计。

②规定铁路工程每个模型应具有明确的类型，并符合铁路 IFC 标准规定。建筑工程部分采用国际 IFC 标准。当标准不满足应用需求时，根据具体情况对铁路 IFC 标准进行项目级扩展，并对扩展内容进行记录和植入协同设计平台。明确禁止使用达索软件无具体物理含义的"物理产品"和"构件"类型。

③规定在按照铁路 IFC 分类的同时，按照铁路 IFD 标准对构件赋分类码。对于采用参数化模板实例化的工程模型在模板中内置 IFD 编码；对于无法采用模板的，在二次开发的专业功能中直接为模型赋 IFD 编码。明确模型分类编码需支持表 10、表 53、表 54 分类码的组合。分类码的存储按照铁路 IFC 标准规则，自土木工程构件 IfcCivilElement 实体扩展 IFD 属性集，全部子实体继承该属性集。

④为规范属性信息的附加，将精度标准规定的信息以属性集和属性进行存储。在总体设计原则中约定精度标准中各类型构件非几何信息与 IFC 标准属性集 / 属性间明确的映射关系表。

⑤考虑实际应用需求，灵活掌握精度标准中对模型几何精度的规定，按实际需求建模。对于需现场加工和施工的工程实体按 LOD3.5 精度标准建模，对于通过成品采购、现场安装的产品，在满足安装定位和设备限界检查需求的前提下，设计时采用低等级 LOD 模型表达。

⑥参考《铁路工程实体结构分解指南》中工程结构的划分原则和分解结构，并充分考虑设计阶段工程整体表达的必要性，按照"线别、标段、专业、工点、部位、构件"的层级建立项目工程分解结构。模型的名称按照"项目名称 _ 线别 _ 标段号 _ 专业代码 _ 工点"的结构统一命名。工点内部由各专业按照"部位 _ 构件"的结构进行组织和命名。专业代码按照各专业中文名称首字母拼接。牡佳高铁 BIM 设计工程结构树和桥梁工点内部分解结构如图 7-1 所示。

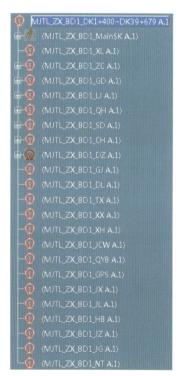

图 7-1 牡佳高铁 BIM 设计工程结构树和桥梁工点内部分解结构

7.1.3 项目组织

中国铁设专门成立牡佳 BIM 设计应用组织机构，如图 7-2 所示。领导层负责重大事项决策，保障层负责技术支持和商务，执行层负责 BIM 标准研究、软件工具研发和 BIM 设计，二维设计团队给予全程配合。

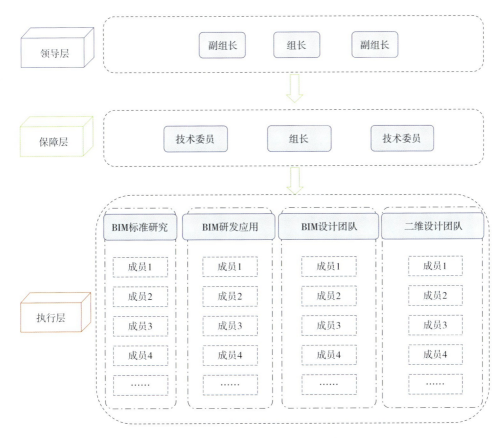

图 7-2 牡佳铁路 BIM 设计应用组织机构

7.1.4 BIM 设计

按照设计准备、现状建模、骨架设计、模型设计、设计检查完成设计，具体设计方法详见第 5 章内容。

（1）设计准备

设计准备阶段收集了全线测绘点云数据、正射航空影像和施工坐标系设置表，地质勘察钻孔试验数据和地质纵断面，线路平面图纸、线路中心线数据、平立交道表、改移道路图纸，桥梁工点表、桥梁全桥图、框构和涵洞平、立剖面图，隧道工点表、隧道纵断面和横断面图、洞口防护设计图纸，路基设计工点表、路基横断面和排水用地图纸，轨道结构设计原则，接触网和电力设计平面图，牵引变电所、通信所等平面设计图纸，收集全线线路过轨、电缆上下桥位置等数据，声屏障设置段落和声屏障结构图纸，并针对隧道洞身、洞门结构等建立参数化模板。

（2）现状建模

按照建模流程，测绘专业首先对航空测量点云进行粗分类，采用人机交互方式剔除所有的噪点。对于路基和站场地段需要对点云进行细分类，并依据横断面测绘数据对点云进行校正。完成分类后再综合考虑工点设置情况，沿线路中心线每 2km 对点云进行分块处理，对正射影像也进行相应的分块处理，再导入平台构建 MESH 后转换为 Nurbs 地形（当时平台还不支持 PHM），并贴材质。点云坐标根据第 7.1.4 节第（3）款所述分段中心线偏移坐标进行偏移，保持地形与骨架坐标系统的一致性。牡佳全线 370km 铁路点云约分 180 块，如图 7-3 所示。

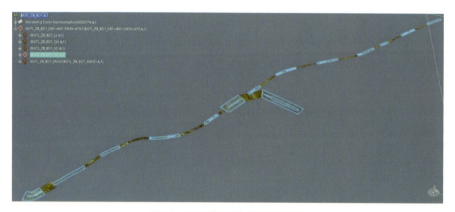

图 7-3　牡佳高铁测绘点云分块模型

根据钻孔试验数据，沿第 7.1.4 节第（3）款所述线路中心线建立钻孔模型，包括钻孔节段及其化验结果信息；根据地质纵断面，沿线路中心线建立隧道地段地层连线拓扑数据，并结合地层横向推演出地质体。本项目建立了全线隧道工程段落（长 64km）三维地质实体模型，如图 7-4 所示。

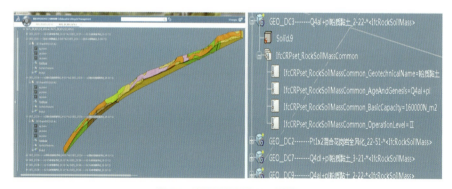

图 7-4　牡佳高铁地质 BIM 模型

（3）总骨架设计

按照施工坐标系，在线路平、纵断面设计软件中分段建立线路中心线模型，将模型平移至坐标原点附近，再将线路平、纵断面导出为 IFC 格式文件。线路平、纵断面设计软件中的线路中心线模型和输出的中心线 IFC 文件如图 7-5 所示。将中心线 IFC 文件导入铁路工程 BIM 协同设计平台，生成线路中心线平面和空间曲线。为保证各专业设计的连续性，将各段线路中心线做刚性平移后首尾相连，形成全线贯通的线路中心线，如图 7-6 所示。

第 7 章　BIM 设计与应用案例

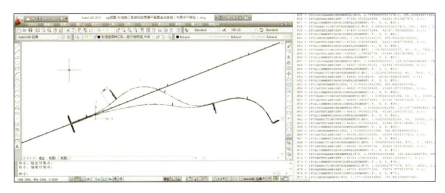

图 7-5　牡佳高铁线路中心线模型和输出的中心线 IFC 文件

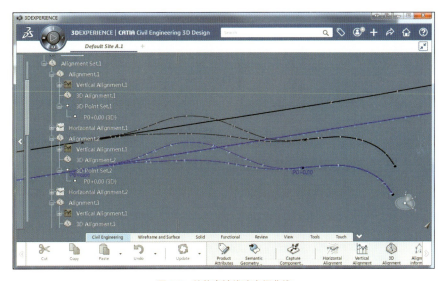

图 7-6　牡佳高铁线路空间曲线

按照站桥隧路的顺序，沿线路中心线建立缺口里程特征点。站场股道自站场设计系统输出站场各股道中心线 IFC 文件，再将其导入铁路工程 BIM 协同设计平台，生成各股道中心线，如图 7-7 所示。

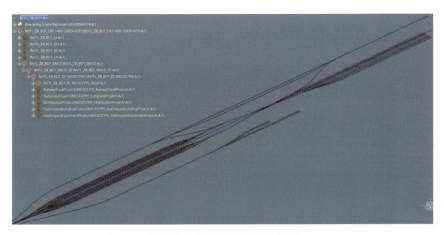

图 7-7　牡佳高铁站场股道中心线

根据线路中心线和地形、地质及地物保护需求，初步确定桥梁工点起讫里程，如图 7-8 所示。

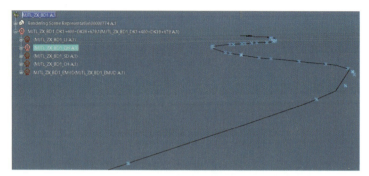

图 7-8　牡佳高铁桥梁工点起讫里程骨架 BIM 模型

建立隧道洞口模板与线路中心线的位置约束关系后，沿线路中心线确定洞口位置，调用边坡建模功能动态创建隧道边仰坡，综合考虑工程量和洞口安全条件确定隧道缺口里程，并根据四电设备布置需求，建立洞室骨架坐标系，如图 7-9 所示。

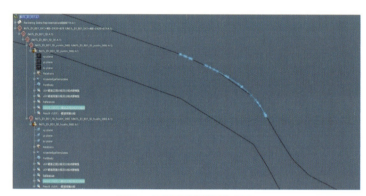

图 7-9　牡佳高铁隧道洞室骨架

引用线路中心线、站场、桥梁、隧道工点起讫里程，创建路基工点范围里程点，如图 7-10 所示。

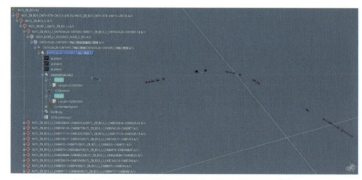

图 7-10　牡佳高铁路基工点起讫里程骨架 BIM 模型

（4）桥梁设计

考虑沿线地面设施保护具体要求，分工点排布桥梁孔跨，生成桥梁墩顶坐标系，再结合地形情况生成基础、承台、梁坐标系，最后根据实际布置的桥梁孔跨调整总骨架中桥梁缺口里程点位置。牡佳高铁桥梁骨架如图 7-11 所示。

对于标准结构桥梁，采用 KP+Action 方式以骨架和模板为输入实例化桥梁模型；对于特殊结构桥梁，采用标准的构件建模、装配流程进行设计。牡佳客专项目共完成全线 141 座桥梁（长 143km）BIM 设计，桥梁模型如图 7-12 所示。

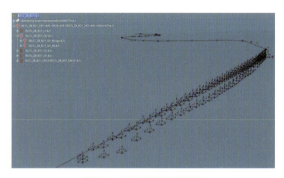 

图 7-11　牡佳高铁桥梁骨架　　　　　　　　图 7-12　牡佳高铁桥梁 BIM 模型

（5）隧道设计

根据总骨架线与地形确定隧道缺口里程，截取缺口范围总骨架线形成隧道一级骨架线；根据一级骨架线与地质体围岩等级属性做进一步段落划分，截取一级骨架线形成二级骨架；再根据设计原则中的隧道断面特征偏移得到不同围岩段落隧道中心线。根据四电设备布置需求，确定隧道洞室位置，并引用线路中心线建立隧道洞室定位坐标系。牡佳高铁隧道骨架如图 7-13 所示。

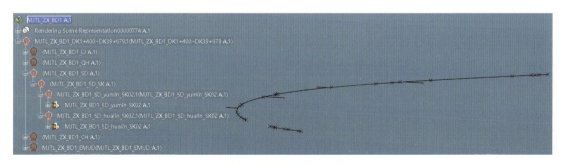

图 7-13　牡佳高铁隧道骨架

采用 KP+Action 方式以骨架和模板为输入实例化隧道模型。牡佳客专项目完成了全线 34 座隧道（长 64km）BIM 设计，设计模型如图 7-14～图 7-17 所示。

（6）站场设计

在汇总各专业房屋需求后，首先在平面上排布房屋位置，再考虑站场场坪分坡排水，构建站场场坪面，创建道岔和警冲标位置坐标系，生成站场骨架，如图 7-18 所示。

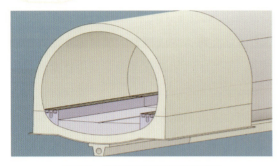

图 7-14 牡佳高铁隧道明洞结构模型

图 7-15 牡佳高铁隧道洞门结构模型

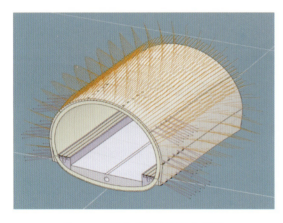

图 7-16 牡佳高铁隧道格栅钢架模型

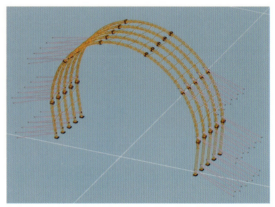

图 7-17 牡佳高铁隧道型钢钢架模型

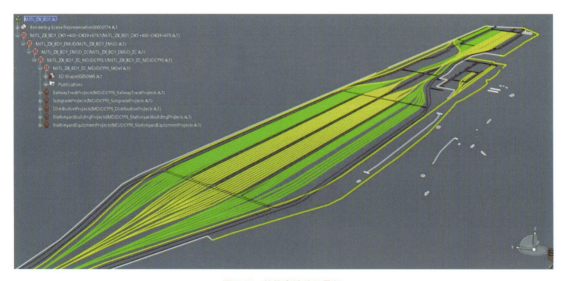

图 7-18 牡佳高铁站场骨架

根据场坪面边界，利用平台提供的边坡建模功能分段创建路基边坡，并截取地形曲面围合成路基体，使用模型切割工具将路基体切分为基床表层和基床底层。牡佳高铁路基模型如图 7-19 所示。

第 7 章　BIM 设计与应用案例

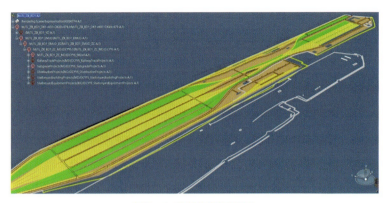

图 7-19　牡佳高铁路基模型

利用无约束阵列功能，以道岔和警冲标骨架及模板为输入，实例化站场设备模型。利用 KP+Action，以股道中心线和道岔起终点为输入，调用轨道模板实例化各股道轨道模型。牡佳高铁站场设备和股道轨道模型如图 7-20 所示。

图 7-20　牡佳高铁站场设备和股道轨道模型

牡佳客专项目完成了全线 8 座车站及动车所场坪、站内轨道、道岔、路基填筑、站场设备等 BIM 模型，如图 7-21 所示。

（7）路基设计

根据总骨架确定的路基工点范围，分工点再按左右两半路基分别创建填挖分界点，并进一步按照设计原则和填挖分界，截取线路中心线，根据平面曲线条件计算路基加宽后偏移得到路肩线，形成各工点路基骨架，如图 7-22 所示。

图 7-21　牡佳高铁站场动车所 BIM 模型

图 7-22　牡佳高铁各工点路基骨架

- 275 -

通过 KP+Action，以线路中心线、路肩线和地形曲面为输入，调用相应的路堤/路堑模板创建路基模型，如图 7-23 和图 7-24 所示。牡佳客专项目完成了全线 160km 路基段 BIM 设计。

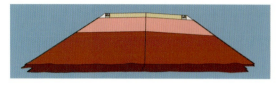

图 7-23　牡佳高铁路堤 BIM 模型

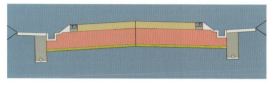

图 7-24　牡佳高铁路堑 BIM 模型

在设计阶段路基体模型作为一个整体进行设计，在施工深化设计时，利用平台模型切割功能，将路基模型按分层填筑和碾压厚度进行分段、分层切分。切分前后路基模型对比如图 7-25 所示。

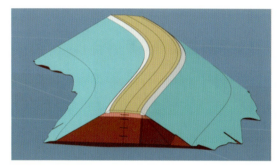
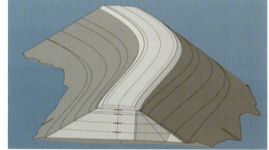

图 7-25　切分前后路基模型对比

（8）轨道设计

根据线路中心线、道岔、路桥隧缺口分段截取线路中心线。再根据中心线平面曲线和分段速度条件计算并创建左右轨顶面，建立轨道骨架，如图 7-26 所示。

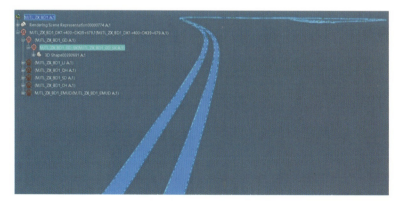

图 7-26　轨道骨架

以轨道骨架和路基面为输入，通过 Action 调用轨道模板，分段建立轨道结构模型，如图 7-27～图 7-30 所示。

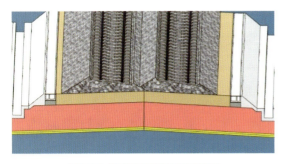

图 7-27　牡佳高铁路基段轨道模型

图 7-28　牡佳高铁桥梁段轨道模型

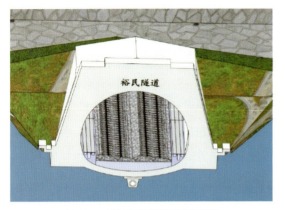

图 7-29　牡佳高铁隧道段轨道模型

图 7-30　牡佳高铁钢轨类型和属性

（9）四电设计

接触网、信号工程设计主要是沿线路中心线布置设备和敷设电缆，利用平台轴网定位功能沿中心线布置轴网，并在接触网支柱和信号机位置加密轴网，再分别建立设备布置坐标系，在坐标系与轴网之间建立关联关系，再利用批量安装设备功能从设备库中获取构件后安装至设备布置坐标系位置。接触网和信号设备布置如图 7-31 和图 7-32 所示。

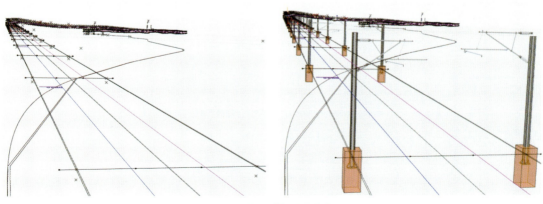

图 7-31　接触网轴网定位与装配

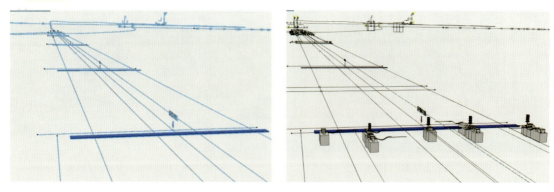

图 7-32 信号轴网定位与装配

7.1.5 设计交付

（1）面向建设管理的模型交付

面向建设管理应用，以通用 IFC 格式向牡佳高铁建设管理平台进行交付。模型文件以光盘为载体，并附模型文件说明书。模型文件说明书对模型的工程结构和文件内容做了详细说明。设计交付的 BIM 模型所包括内容见表 7-1；标段一桥梁专业 BIM 模型交付清单见表 7-2。

牡佳高铁 BIM 设计交付内容 表 7-1

序号	专业	主要交付模型
1	桥梁	主体结构：梁、墩、台、基础、涵洞； 附属结构：栏杆、电缆槽盖板
2	隧道	主体结构：洞门、刷坡、明洞、暗洞、洞室、横洞、斜井、超前支护； 附属结构：排水侧沟、盖板、中心沟、检查井
3	路基	基床表层填筑体、基床底层填筑体、基床底层以下填筑体、电力电缆槽、路堤重力墙、路堑重力墙、桩板墙、悬扶壁墙、侧沟、排水沟、天沟、盲沟、路堤边坡、路堑边坡
4	站场	站内轨道模型：钢轨、轨枕、有砟道床、道岔； 设备模型：车挡、警冲标； 路基面、边坡、排水沟（槽）、电缆槽、过轨
5	轨道	有砟轨道：钢轨、轨枕、道床； 无砟轨道：钢轨、轨道板、底座、自密实混凝土层
6	线路	线路平面、纵断面、空间曲线、百米标、公里标
7	地质	三维地质体、三维钻孔
8	建筑	墙、幕墙、门窗、楼板、吊顶、楼梯等模型
9	结构	梁、板、柱、基础、结构楼板、钢结构雨棚、挡墙等模型
10	暖通	水管、风管模型，站房内管线综合碰撞检查报告
11	电力	站场内及区间室外以及站房内主要电力设备、线缆模型
12	通信	站场及区间主要通信线缆模型、室外铁塔及天馈主要通信设备模型、室外视频监控主要通信设备模型、站房内主要通信设备模型及桥架
13	信息	室外防灾系统设备模型、线缆模型，以及站房内主要信息设备、桥架模型
14	信号	站场内及区间室外以及站房内主要信号设备模型

第7章 BIM设计与应用案例

续上表

序号	专业	主要交付模型
15	牵引变	牵引变电所、AT所、分区所室内、室外模型
16	接触网	支柱、支持装置、补偿装置、线索连接、标识与防护模型
17	给排水	给排水附属井、消防水池、水塔、管井、污水泵站
18	环保	声屏障模型
19	机械	门式和桥式起重机模型

牡佳高铁 BIM 交付清单（标段一桥梁专业） 表 7-2

段落	专业	IFC 模型_名称	施工图图号	工点二维设计名称
MJTL_ZX_BD1	桥涵	MJTL_ZX_BD1_Bridge_001MDJTDQ.ifc	牡佳客专桥-001-1	牡丹江特大桥
		MJTL_ZX_BD1_Bridge_002LHCZQ.ifc	牡佳客专施桥-002	莲花村大桥
		MJTL_ZX_BD1_Bridge_003KHDGLTDQ.ifc	牡佳客专施桥-003	跨鹤大公路特大桥
		MJTL_ZX_BD1_Bridge_004NGCTDQ.ifc	牡佳客专施桥-004	南沟村特大桥
		MJTL_ZX_BD1_Bridge_005NGCDQ.ifc	牡佳客专施桥-005	南沟村大桥
		MJTL_ZX_BD1_Bridge_006AMCTDQ.ifc	牡佳客专施桥-006	安民村特大桥
		MJTL_ZX_BD1_Bridge_007HLDKHDGSTDQ.ifc	牡佳客专施桥-007	桦林东跨鹤大高速特大桥
		MJTL_ZX_BD1_Bridge_008NCZCTDQ.ifc	牡佳客专施桥-008	南城子村特大桥
		MJTL_ZX_BD1_Bridge_009LZHTDQ.ifc	牡佳客专施桥-009	亮子河特大桥
		MJTL_ZX_BD1_Bridge_010SGCDQ.ifc	牡佳客专施桥-010	四岗村大桥
		MJTL_ZX_BD1_Bridge_011WXCYHDQ.ifc	牡佳客专施桥-011	五星村1号大桥
		MJTL_ZX_BD1_Bridge_012WXCEHDQ.ifc	牡佳客专施桥-012	五星村2号大桥
		MJTL_ZX_BD1_Bridge_013WXCTDQ.ifc	牡佳客专施桥-013	五星村特大桥
		MJTL_ZX_BD1_Bridge_014JCGHTDQ.ifc	牡佳客专施桥-014	金场沟河特大桥
		MJTL_ZX_BD1_Bridge_015HLCTDQ.ifc	牡佳客专施桥-015	洪林村特大桥
		MJTL_ZX_BD1_Bridge_016MXGHTDQ.ifc	牡佳客专施桥-016	马西沟河特大桥
		MJTL_ZX_BD1_Bridge_017TACKHDGSTDQ.ifc	牡佳客专施桥-017-1	太安村跨鹤大高速特大桥

将全线 IFC 格式模型导入牡佳高铁建设管理平台进行集成，集成应用效果如图 7-33 所示。

（2）面向施工深化的交付和应用

为实现建设单位主导的、基于 BIM 的施工深化设计、可视化施工交底和数字化、智能化施工应用，中国铁设牵头建设了牡佳高铁施工深化服务平台。施工深化服务平台

图 7-33 牡佳高铁建设管理平台中的模型

主服务器设于中国铁设天津总部，各施工标段现场设置文件服务器，大体量数据在服务器

空闲时自动同步,各参与方基于同一信息模型远程协作。施工深化服务平台部署方式如图 7-34 所示。

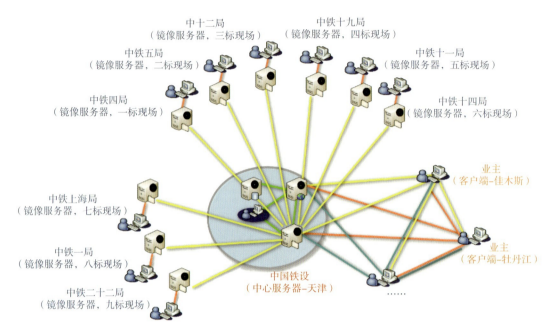

图 7-34 牡佳高铁施工深化服务平台

由设计向施工深化应用的交付采用达索原厂 3dxml 格式文件,上传至施工深化服务平台天津主服务器,各施工单位从天津主服务器同步施工图模型,在施工图模型基础上进行施工深化设计及应用,各标段施工单位完成的施工深化设计模型同时同步传递到天津主服务器进行存档。

施工深化服务平台硬件配置见表 7-3,软件系统直接采用铁路工程 BIM 协同设计平台。

牡佳施工深化服务平台硬件配置　　　　　　　　表 7-3

序号	硬件	参数	用途
1	机型	Dell PowerEage R730	3D 索引、数据库、全文检索
2	CPU	2*E5 INTEL E5-2650v4	
3	内存	128GB	
4	硬盘	2*1T+4*2T	

7.1.6 获得的荣誉

牡佳高铁作为第一条国铁集团安排的 BIM 试点外全线应用 BIM 技术的项目,对 BIM 设计平台的成熟度和铁路 BIM 标准落地应用能力是非常大的考验。经过工程多方努力协作,在本项目上首次实现了长大干线工程全专业跨阶段的应用,将铁路 BIM 技术应用提升到新的高度。项目应用成果获得了国内外广泛认可,获 2018 年度 buildingSMART 国际 BIM 大赛特别奖和"龙图杯"第八届全国 BIM 大赛综合组一等奖，如图 7-35 ~ 图 7-38 所示。

图 7-35 牡佳高铁 BIM 设计 bSI 获奖证书

图 7-36 牡佳高铁 BIM 设计 bSI 获奖代表发言

图 7-37 牡佳高铁 BIM 设计代表合影

图 7-38 牡佳高铁 BIM 设计"龙图杯"获奖证书

7.2 京雄高铁 BIM 设计与应用

7.2.1 工程概况

（1）线路概况

新建京雄高铁是连接北京与河北省雄安新区的城际铁路，以大兴机场为界分两个段落建设。李营站至大兴机场站段落，起点为京九线李营站（不含），终点为大兴机场站（含），全长 30.79km，部分利用既有京九线，包含 7 座单线桥及 1 座双线特大桥、1.5 座隧道、2 座车站；大兴机场站至雄安站段落，起点为大兴机场站（不含），终点为雄安站（含），全长 58.96km，包含 3 座特大桥、0.5 座隧道、2 座车站、1 座动车所。

(2) 业主要求

国铁集团提出京雄城际铁路新机场至雄安站段要采用 BIM 技术开展施工图设计，各施工单位施工时要严格落实，切实实现 BIM 工程化实施的要求。建设单位落实国铁集团要求，确立了全线、全专业、全过程的应用目标，以 BIM 协同设计为载体，创新采用两级平台建设，深化基于 BIM 的数字化施工新技术。同时，以科研创新为抓手，探索 BIM 技术在京雄项目的深层次应用，践行"交通强国、铁路先行"战略，推进"智能铁路2.0"的建设，开启铁路智能建造新模式。雄安新区要求各项目设计单位要提供工程设计 BIM 模型，以开展新区数字化建设管理与城市运维。

(3) BIM 应用概况

京雄高铁 BIM 设计是在智能京张高铁 BIM 应用基础上面向"智能铁路"建设的进一步提升，首次完成项目级 BIM 标准体系建设和应用实践，是从标准建立、软件研发、项目应用和设计、施工、建设管理两个维度成体系利用 BIM 技术开展工程建设的示范性应用项目。项目组根据各方需求编制了项目应用策划书，面向标准化设计、信息化交付和应用建立了 BIM 设计实施标准等 8 套项目标准、规范或指南，配套研发了铁路 IFC 可视化审核软件，升级了一级建设管理平台，研发了多套二级建设管理平台。从初步设计阶段开始采用 BIM 技术开展设计方案比选和设计审查；在施工图阶段应用 BIM 技术开展复杂地段桥梁布置方案优化、大跨度连续梁转体结构设计优化、基于地质模型计算挖方数量、辅助"绿色京雄"方案设计和决策等应用；在施工阶段实现了基于 BIM+ 云平台的数字化钢筋加工等应用。

7.2.2 项目策划

京雄高铁 BIM 应用主要内容包括：项目 BIM 应用标准体系建设、BIM 应用平台研发，以及 BIM 技术在设计、施工、建设管理中的应用。项目 BIM 标准体系用于指导和规范平台建设和各参与方 BIM 应用行为；BIM 应用平台包括"铁路 BIM 全生命期数据服务平台、铁路 BIM 协同设计平台、铁路建设管理平台、铁路施工管理平台"。"铁路 BIM 全生命期数据服务平台"作为京雄项目 BIM 基础数据服务平台，为其他专业应用平台提供基础数据服务。

根据业主和雄安新区管委会要求做了全阶段 BIM 设计应用策划书。策划书主要内容包括执行标准、设计阶段 BIM 应用、施工阶段 BIM 应用和建设管理阶段 BIM 应用。

在执行标准部分，明确本项目采用《铁路工程信息模型数据存储标准》《铁路工程信息模型交付精度标准》，制定《京雄铁路 BIM 设计实施标准》，规范模型属性信息和模型工程组织结构要求。铁路工程信息模型最终成果的交付形式应为各专业总装模型，除建筑、结构、暖通、机电等专业采用 Revit 软件提交 rvt 格式数据以外，其余专业优先采用铁路 BIM 联盟颁布的 IFC 标准格式，也可根据需要采用其他通用数据格式。交付方法采用电子数据和纸质签署文件同步提交的方式，在签署文件上使用 MD5 码对交付的数字模型做唯一性标识。

在设计阶段 BIM 应用中，明确 BIM 模型精度符合《铁路工程信息模型交付精度标准》要求，模型精度等级采用 LOD3.5。设计内容：站前工程包括机场 2 号隧道、雄安站、霸州北站站场，跨廊涿高速公路、跨南水北调、跨荣乌高速公路、跨京九铁路、跨大广高速公路支架现浇+转体连续梁、跨 G106 国道支架现浇连续梁、跨津保铁路六线并行段 T 构转体、跨新盖房泄洪区南堤节段拼装连续梁，全线路基工程及过渡段等；站后工程主要包括雄安站、霸州北站及站房内四电工程，以及全线四电接口、接触网和房建工程。

同时，设计阶段 BIM 应用中明确应用目标为：优化设计方案，提高施工图设计精度；实现 BIM 模型交付管理工作；验证中国铁路 BIM 联盟相关 BIM 标准。结合实际工程，进一步明确具体的应用内容，包括连续梁预应力束与钢筋位置布置优化，机场 2 号隧道与相邻路堑 U 形槽及侧沟、电缆槽干涉检查与优化，基于 BIM 技术开展多线并行地段桥梁布置方案研究等内容。

7.2.3 项目标准体系

"铁路建设、标准先行"，为使 BIM 技术更好地服务于京雄智能建造，形成统一的、易于操作的项目技术标准，在铁路 BIM 联盟相关标准的基础上，编制 11 项京雄项目实施标准，指导各参建单位进行全方位应用。京雄高铁专项 BIM 应用标准体系框架如图 7-39 所示。

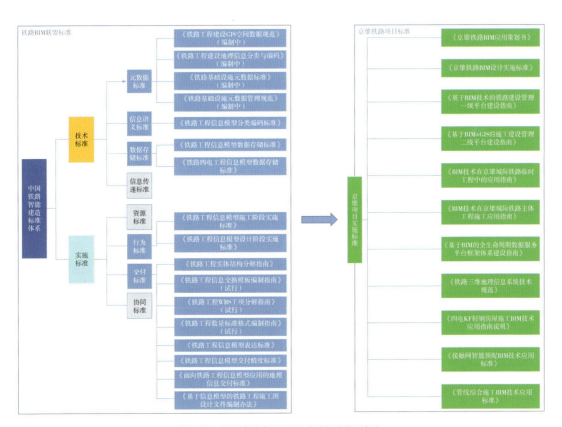

图 7-39　京雄高铁专项 BIM 应用标准体系框架

（1）《京雄铁路 BIM 应用策划书》

该策划书目的是落实国铁集团提出的京雄城际铁路"BIM 工程化实施"要求，建立参建各方协同工作流程，促进 BIM 技术与施工应用密切结合，建立基于 BIM 的项目管理体系，提升对工程进度、质量、安全的管理精细度，将京雄城际铁路建成基于 BIM 的设计、施工、运维全生命周期管理的标杆项目。其主要内容包括：实施依据、工程概况、实施目标、执行标准、设计阶段 BIM 应用、施工阶段 BIM 应用、建管阶段 BIM 应用、工作计划、软硬件环境、项目组织 10 部分。

（2）《京雄铁路 BIM 设计实施标准》

该标准目的是指导和规范 BIM 协同设计，在设计阶段产生标准的信息模型。其主要内容包括：总则、术语、基本规定、模型信息、模型组织、设计环境、BIM 设计、设计交付 8 部分。

（3）《基于 BIM 技术的铁路建设管理一级平台建设指南》

该指南目的是在铁路工程管理平台 1.0 基础上建立统一的建设管理基础平台，满足国铁集团层面的工程信息化管理需求，同时也为各施工单位研发二级管理平台提供统一的环境，促进京雄铁路建设信息化技术发展。铁路建设管理平台主要面向建设单位，以实现全线进度、安全、质量等监控管理为目标。其主要内容包括：总则、术语、基本规定、铁路建设管理平台应用组织、铁路建设管理平台实施内容、综合管理、进度管理、材料管理、质量管理、安全管理、投资控制和数据执行标准 12 部分。

（4）《基于 BIM+GIS 的铁路施工管理二级平台建设指南》

该指南目的是指导基于 BIM+GIS 的京雄铁路施工管理平台的建设，保证施工阶段数据的有效集成和管理。施工管理平台实施主体为各施工单位，以实现精细化施工、智能化管理为目标，与建设管理基础平台共享施工阶段信息数据。其主要内容包括：总则、术语与符号、平台总体架构、三维场景建立、技术管理、进度管理、安全质量管理、成本管理、环境管理、智能建造、与铁路工程建设管理平台接口 11 部分。

（5）《BIM 技术在京雄城际铁路临时工程中的应用指南》

该指南目的是加强京雄城际铁路临时工程 BIM 技术应用实施，提升京雄城际铁路项目施工质量，优化工艺布局和工艺装备配备。其主要内容包括：总则、术语、基本规定、模型创建、模型应用、BIM 管理平台应用、附录 7 部分。

（6）《BIM 技术在京雄城际铁路主体工程施工应用指南》

该指南目的是支撑京雄城际铁路建设信息化建设，引导和推动 BIM 技术在装配式桥梁地段、明挖隧道段、全封闭式声屏障连续梁段的应用。其主要内容包括：特殊结构 BIM 工程化应用指南、装配式桥梁施工 BIM 应用指南、全封闭式声屏障连续梁 BIM 施工应用指南、明挖隧道 BIM 应用指南 4 部分。

(7)《京雄铁路 BIM 全生命周期数据服务平台建设指南》

该指南目的是规范 BIM 全生命周期数据服务平台的建设，保证京雄铁路工程全生命周期数据有效整合，高效使用。其主要内容包括：总则、目标、思路与定位、平台总体框架、铁路全生命周期数据、铁路时空信息服务、运行支撑环境、平台应用 8 部分。

(8)《铁路工程三维地理信息数据技术规范》

该规范目的是规范铁路工程三维地理信息数据生产、更新、管理和应用，保证铁路工程全寿命周期信息管理的有效运作。其主要内容包括：总则、术语和符号、坐标系统及其转换、要素分类与编码规则、元数据和三维数据生产及更新、数据组织与管理、数据交换与互操作、数据质量以及相关附录 9 部分。

7.2.4 BIM 设计

在第 7.1.4 节已对 BIM 设计过程做了详细阐述，京雄项目所采用的设计方法基本相同，不再赘述，此处重点介绍 BIM 数据组织。为实现高效设计和标准化交付，在本项目上对设计方法做了进一步优化，提出"三棵树"的设计方法，分别制定了标准化的骨架树、设计模型树和交付模型树，如图 7-40 所示。

a)骨架树　　　　　　b)设计模型树　　　　　　c)交付模型树

图 7-40　京雄高铁 BIM 数据组织结构

采用基于"骨架树"进行协同的设计方法，建立总骨架、专业一级和专业二维骨架结构，层次化组织工程定位元素。线路专业负责建立总骨架，各专册负责人建立专业一级骨架，具体设计人员建立专业二级骨架。为提升建模效率，将地质体、路基体等需与地面模型多次布尔运算的模型进一步整合，建立设计模型树，减少对地形的引用次数和模型数量，大幅降低客户端与服务器间的数据交换频次，从而获得高效的设计体验。面向信息化交付建立交付模型树，在设计交付前，利用特征升级工具，将设计模型树升级至交付模型树，自动将特征化表达的设计模型升级为以物理构件表达的交付模型。

站前专业工程按照空间和物理组成划分最小设计单元，通常将每项单体工程作为一个设计单元；站后专业则按照系统组成划分设计单元。以桥梁专业为例，模型设计单元划分如图 7-41 所示。

所属段落	起始里程	终点里程	施工图图号	或 工点二维设计名称	备注
JXCJ_Seg3_QH	DK54+040.10	DK57+948.97	京雄施桥-01	固安特大桥	
	DK61+089.66	DK65+018.05	京雄施桥-02	固霸特大桥	Seg3与Seg4分界里程65+000；Seg3部分
	LZDK54+827.35	DK57+949.58	京雄施桥-08	廊涿城际固安特大桥	
	LZDK81+089.61	右LZDK62+262.28	京雄施桥-09	廊涿城际固霸特大桥	
	SLDK1+830.52	SLDK3+730.74	京雄施桥-07	天津至新机场客专固安特大桥	
	DK53+840		京雄施涵-01	1-2m钢筋混凝土框架箱涵	
	DK58+600		京雄施涵-02	1-4m钢筋混凝土框架箱涵	
	DK59+605		京雄施涵-03	1-2.5m钢筋混凝土框架箱涵	
	DK60+095		京雄施涵-04	1-2m钢筋混凝土框架箱涵	
JXCJ_Seg4_QH	DK65+018.05	DK81+561.78	京雄施桥-02	固霸特大桥	Seg3与Seg4分界里程65+000；Seg4部分
	DK81+689.40		京雄施涵-05	1-6m钢筋混凝土框架箱涵	
	DK81+831.20		京雄施涵-06	1-4m钢筋混凝土框架箱涵	
	DK83+229.85	DK93+867.54	京雄施桥-03 A段	霸雄特大桥 A段	大里程为Seg4和Seg5分界里程93+834.84
JXCJ_Seg5_QH	DK93+867.54	JGD2K102+000.60	京雄施桥-03	霸雄特大桥	
	JGD2K102+000.60	JGD2K104+634.00	京雄施桥-04	雄安站特大桥	
	JGD2K104+634.00	DZD1K5+012.84	京雄施桥-05	动车走行线特大桥	
	津九SLD2K2+341.99	津九SLD1K4+000.25	京雄施桥-09	津九上行联络线特大桥	
	津九XLD2K2+713.07	津九XLD2K3+696.56	京雄施桥-10	津九下行联络线特大桥	
	JGD2K98+714.28	JGD2K102+000.60	京雄施桥-11	京港台高铁雄安特大桥	
	JGD2K104+634.00	JGD2K107+901.83	京雄施桥-12	雄商铁路雄安特大桥	
	D2K104+635.76	D2K107+296.51	京雄施桥-13	石雄城际雄安特大桥	

图 7-41 模型设计单元划分（桥梁专业）

本项目地质模型成果如图 7-42 所示，站前工程 BIM 设计成果如图 7-43 ～图 7-53 所示。

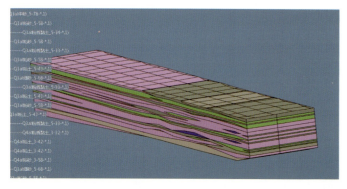

图 7-42 地质三维模型及工程勘察信息

图 7-43 线路线位模型

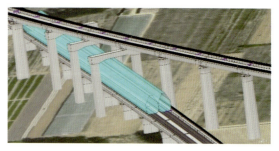

图 7-44 铁路相互跨越处的建筑限界模型

第7章　BIM 设计与应用案例

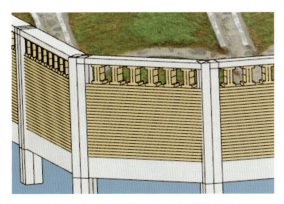

图 7-45　站区建筑模型（站内栅栏及围墙模型）

图 7-46　霸雄特大桥

图 7-47　京雄双线桥

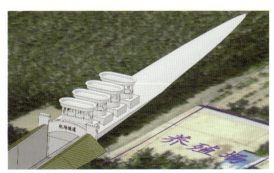

图 7-48　隧道洞口模型

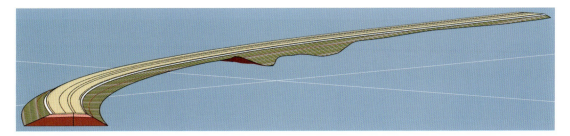

图 7-49　基床结构

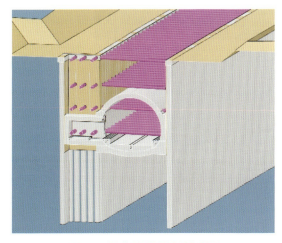

图 7-50　隧道主体及围护结构模型

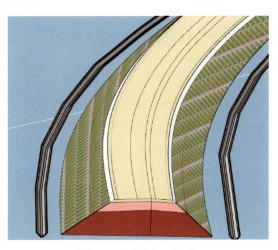

图 7-51　路堤基床与排水沟

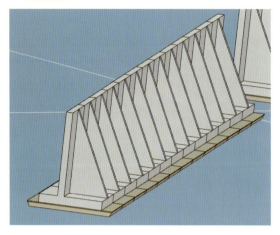
图 7-52　扶壁式挡土墙

图 7-53　U 形槽

本项目站后段所工程 BIM 设计成果如图 7-54 ~ 图 7-56 所示。

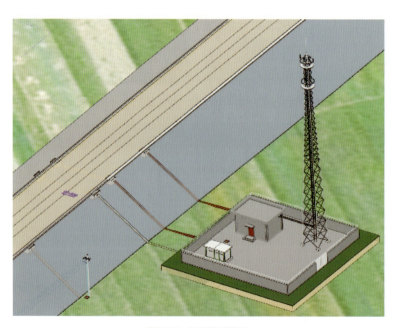
图 7-54　通信基站模型

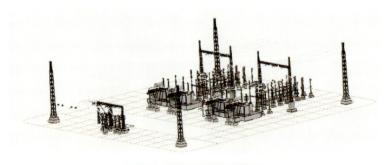
图 7-55　固安东牵引变电所模型

图 7-56　动车所检查库动车设备 BIM 模型

本项目站房工程 BIM 设计成果如图 7-57 和图 7-58 所示。

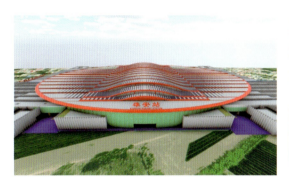

图 7-57　雄安站站房模型

图 7-58　雄安站站台雨棚模型

7.2.5　设计应用

（1）多线并行地段桥梁布置方案优化

多线并行地段的桥梁布置存在大量的小角度交叉跨越等情况，各线空间关系复杂，存在框架墩布置、梁体切悬臂、并行基础布置、桥梁安全限界以及道岔梁与简支梁衔接等问题。

应用 BIM 技术建立带装配约束的全参数化模型，在线路方案确定的前提下，微调孔跨序顺后快速更新模型，检查紧临构件之间空间相对位置关系以及与铁路、道路交通限界位置关系，通过逐步迭代实现桥梁布置方案最优化。廊涿城际左右线与京雄正线多线并行段落桥梁布置方案优化如图 7-59 所示。

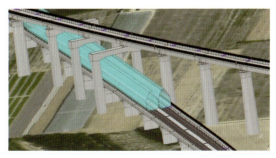

图 7-59　廊涿城际左右线与京雄正线多线并行段落桥梁布置方案优化

(2）大跨度连续梁墩顶转体结构优化

京雄高铁跨廊涿高速公路（72+128+72）m 连续梁采用转体施工，是国内时速 350km 高铁第一座采用边支点墩顶转体的连续梁结构。建立连续梁主体结构、桥墩、承台、贝雷梁、滑道、拖拉系统和球铰 LOD4.0 精度模型及临时设施模型，在上下球铰间增加同心约束，为下部结构增加固定约束，在下球铰与下部结构之间增加相对固定约束，在上部结构与上球铰之间增加相对固定约束，通过自由旋转梁体动态检查设计的合理性。转体整体结构及球铰 BIM 模型如图 7-60 所示。

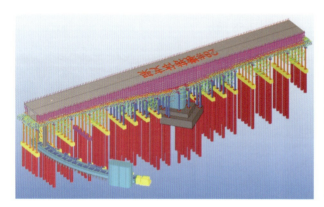

图 7-60　转体整体结构及球铰 BIM 模型

（3）挖方工程数量计算

在明挖隧道段落，利用三维地质体模型与路堑外轮廓面进行布尔运算得到挖方体，再根据挖方体的地质属性计算挖方工程数量，如图 7-61 所示。

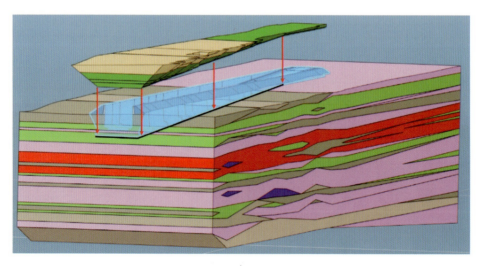

a）

图　7-61

第 7 章 BIM 设计与应用案例

里程	挖方工点	岩土类型	挖方工程量（m³）	挖方总量（m³）
DK53+300-DK53+815	Top layer of subgrade	Ⅱ	0	27613.504
		Ⅲ	13058.046	
		Ⅳ	14555.458	
	Bottom layer of subgrade	Ⅱ	15354.145	39708.27
		Ⅲ	24354.125	
		Ⅳ	0	
	Sheet pile wall	Ⅱ	0	4853.01
		Ⅲ	4853.01	
		Ⅳ	0	
	Drainage ditch	Ⅱ	0	2104.568
		Ⅲ	2104.568	
		Ⅳ	0	
	Cable well	Ⅱ	0	1045.113
		Ⅲ	1045.113	
		Ⅳ	0	

岩土类型	Ⅱ	Ⅲ	Ⅳ	Ⅴ
挖方工程量（m³）	15354.145	45414.862	14555.458	0
挖方总量（m³）	75324.465			

b）

图 7-61 挖方工程数量计算

（4）绿化方案比选

基于 BIM 模型展现"绿色京雄"方案设计，辅助方案决策。绿化方案比选如图 7-62 所示。

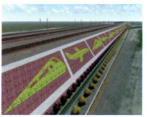

图 7-62 绿化方案比选

（5）设计数据自检

为保证交付数据的完整性和信息准确性，研发基于铁路 IFC 标准的全自动数据自检工具，实现京雄全线 BIM 模型 IFC 交付文件的自动检查，如图 7-63 所示。

（6）初步设计和施工图设计审查

利用 BIM 可视化集成特点，在初步设计、站前施工图、四电施工图审查中采用 BIM 技术做方案汇报，并辅助方案研讨，如图 7-64 所示。

图 7-63　IFC 数据自检工具及与商业软件检查对比

图 7-64　京雄高铁初步设计和施工图审查

7.2.6　多元化数据交付

（1）交付雄安数字 CIM 平台

应用铁路 IFC 标准，打通了铁路工程设计信息模型向数字城市系统传递的通道，成功将京雄高铁 BIM 设计模型交付至数字雄安 CIM 平台，如图 7-65 所示。

图 7-65　数字雄安 CIM 平台 BIM 模型交付

（2）交付建设单位一级建设管理平台

应用铁路 IFC 标准，打通了铁路工程设计信息模型向铁路建设管理平台传递的通道，支撑了一级建设管理平台的研发和应用，如图 7-66 所示。

（3）交付施工单位二级施工管理平台

中国铁设与站前工程四标、五标等施工单位联合开展BIM施工管理二级平台的建设和应用。以BIM模型为载体，利用BIM的形象直观、可计算分析、全生命周期管理等特性，关联施工过程中的进度、成本、安全、质量、物料等信息，建立BIM施工级管理平台，如图7-67所示。

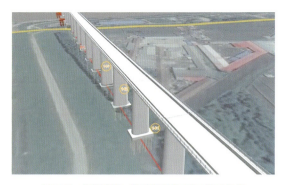
图7-66 京雄高铁一级建管平台BIM模型交付

图7-67 京雄高铁施工级建管平台BIM模型交付

7.2.7 项目获奖情况

京雄高铁是中国智能高铁深化应用的代表项目。首次实现项目建设全过程应用铁路BIM标准；首次在铁路行业实施全设计阶段、全专业协同的BIM设计；首次在铁路行业探索开展全生命周期数据交付和传递；首次将铁路BIM数据纳入城市信息模型（City Information Modeling，CIM）系统（数字雄安CIM平台）；构建了中国铁路第一个项目应用级BIM实施标准体系；京雄高铁BIM设计获2019年度buildingSMART国际BIM大赛基础设施领域特别奖，如图7-68所示。

图7-68 京雄高铁BIM设计获buildingSMART国际BIM大赛特别奖

此外，"京雄城际铁路BIM设计与应用"项目获"龙图杯"第九届全国BIM大赛一等奖，如图7-69所示。"BIM技术助力智能京雄精品工程建设"项目获首届"联盟杯"铁路工程BIM应用大赛一等奖，如图7-70所示。

图 7-69 京雄高铁 BIM 设计获龙图杯一等奖

图 7-70 京雄高铁 BIM 设计获铁路 BIM 联盟一等奖

7.3 印尼雅万高铁 BIM 应用

7.3.1 工程概况

（1）线路概况

印尼雅万高铁是中国高铁全系统、全要素、全产业链"走出去"的第一单，是"一带一路"标志性项目。雅万高铁连接印度尼西亚首都雅加达和西爪哇省省会万隆，设计时速350km，线路全长142.3km，其中桥梁长87.6km，隧道长16.6km（含盾构隧道1座），路基长38.1km，桥隧比73.3%。全线共设置车站4座，动车段1处、综合维修基地1处、调度中心1处。

（2）BIM 应用概况

作为中国铁路"走出去"的第一单，雅万高铁面临所在国缺少产业工人、施工人员对二维图纸的理解存在障碍、技术人员对跨国交流存在语言障碍等难题，业主迫切需要利用工程可视化技术解决这些困难；国外工程建设存在高风险，在设计阶段需要应用 BIM 技术开展精确设计，规避技术风险。应用目标如图 7-71 所示。

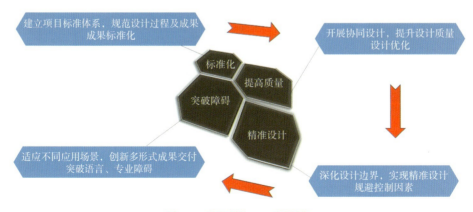
图 7-71 雅万高铁 BIM 应用目标

按照上述目标，项目团队开展了全线 BIM 设计，重点优化工程设置方案，优化隧道洞口位置，减少边坡、仰坡工程量，最大限度降低对周边环境的影响；全线优化排水系统设计，保证排水畅通，控制水害；在复杂工点多专业密切协作，细化设计接口；全面检查道路交通空间，保证工程设置与当地路网相协调；采用多种手段交付设计成果，降低现场应用门槛。利用 BIM 技术，为项目提供了高质量设计成果和可视化沟通手段。

7.3.2 BIM 成果

雅万高铁首次实现了 BIM 技术在海外项目的全线、全专业、多阶段 BIM 应用，制定了模型组织结构标准、几何精度标准、信息深度标准、配色方案标准、数字交付标准、质量审核标准等成套体系的项目级 BIM 实施标准。完成全线 142km 站前与站后 BIM 模型的建立，并开展了设计检查与优化。典型复杂路桥隧地段 BIM 设计成果如图 7-72 所示。

图 7-72 雅万高铁复杂路桥隧地段 BIM 设计成果

7.3.3 BIM 设计应用

（1）路基、隧道设置方案比选

在 BIM 设计过程中发现，DK81+900 ～ DK82+040 段自然坡与设计路堑边坡坡率接近，如图 7-73a）所示，导致边坡最高达 100m。经综合方案比选，该段落采用隧道形式，如图 7-73b）所示。

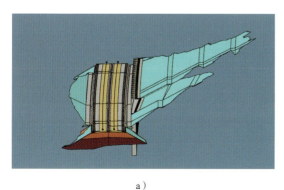

a） b）

图 7-73 原方案路堑边坡与自然坡坡率相近导致高边坡

（2）隧道洞口优化设计

传统的隧道洞口设计采用断面法，难以准确描述不同位置的刷坡情况，不易发现隧道洞口高刷坡等问题，为隧道洞口施工埋下了安全隐患，利用 BIM 技术，以边仰坡安全和工程量最小为目标，对隧道洞口位置做了优化。全线共优化 11 处隧道洞口设计，有效避免了高刷坡问题，降低了工程对周边环境的破坏，提高了运营安全性，如图 7-74 所示。

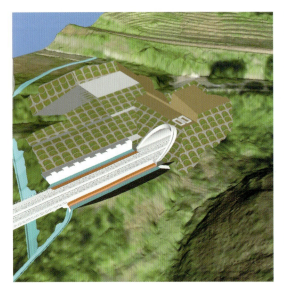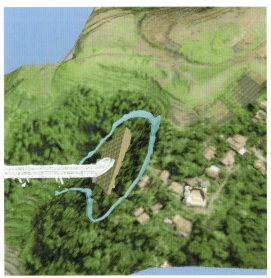

图 7-74　雅万高铁隧道洞口刷坡优化前后对比

（3）隧道出入口排水、直放站、改移道路综合设计

基于高精度地形曲面，在隧道出入口位置开展排水系统三维设计、隧道洞口直放站选址、改移道路三维设计，有效解决了隧道出入口位置排水系统不连续、直放站二次征地、改移道路方案不合理等问题，如图 7-75 所示。

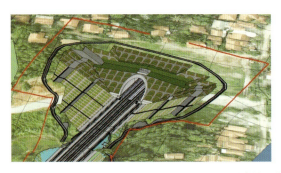

图 7-75　雅万高铁隧道洞口边仰坡 BIM 优化

（4）路基边坡优化设计

DK80+516.45～DK80+976.74 段原路基设计长度为 460m，BIM 设计过程中发现，该段落线位右侧自然山坡与路堑设计边坡坡率相近，导致刷坡高度过大，且右侧 30～280m 范围

由于采石场开挖的原因，存在危岩、危石不良地质。经 BIM 优化设计，路基工点范围调整为 DK80+ 656.05～DK80+747.73，长 92m，避开了落石区，如图 7-76 所示。

a）优化前　　　　　　　　　　　　　　　　b）优化后

图 7-76　雅万高铁路基边坡 BIM 优化

（5）系统排水方案校核

雅万 WALINI 车站内地形高低起伏，给排水设计造成了很大困难。通过 BIM 精细化设计，形成站内系统排水方案，确保了排水通畅，如图 7-77 所示。

（6）道路交通空间校核

在集成系统中完成桥梁、线路空间限界设计后，通过测量限界面至桥底的距离，校核道路交通空间设置是否合理，如图 7-78 所示。

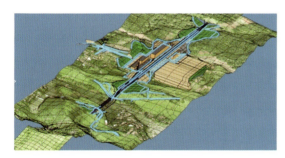 

图 7-77　雅万高铁系统排水 BIM 设计　　　　　图 7-78　道路交通空间校核

7.3.4　多元化成果交付

针对不同体量 BIM 模型和应用场景，综合利用虚拟现实、Composer 动画、3D PDF 富媒体文档、高清视频 4 种不同技术手段开展设计成果交付和设计交底。

（1）雅万高铁 BIM 虚拟现实系统

在复杂工点应用虚拟现实技术集成工程模型，按照模型类型添加高真实感的 PBR 材质，打造出高真实感的虚拟场景，辅助业主、地方政府决策方案，如图 7-79 所示。

图 7-79　雅万高铁 BIM 虚拟现实系统

（2）基于 Composer 的施工交底

针对专业设计交底应用，采用 Catia Composer 软件，接收平台输出的原厂 3dxml 格式文件，按照施工顺序制作成动画，增加标注或施工要点说明，并输出为可执行文件交付，如图 7-80 所示。

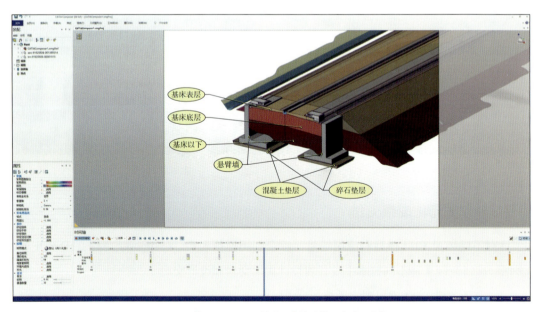

图 7-80　基于 Composer 的雅万高铁路基工点成果交付

（3）基于 3D PDF 的设计成果交付

基于 3D PDF 的设计成果交付应用，以二维图纸与 BIM 模型融合的方式，取代了二维图纸交付，雅万高铁某大桥 3D PDF 文档成果交付如图 7-81 所示。

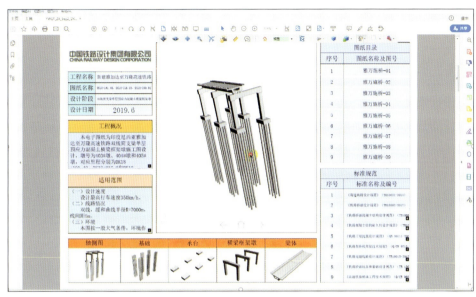

图 7-81 基于 3D PDF 的雅万高铁某大桥成果交付

（4）高逼真度渲染视频交付

根据项目要求，雅万 HALIM 车站 BIM 设计完成后，通过电影级渲染成视频格式交付现场，完成高质量视频素材的制作，如图 7-82 所示。

图 7-82 雅万高铁 HALIM 车站高逼真度渲染效果

7.4 盐通铁路南通动车所 BIM 应用

7.4.1 项目概况

（1）工程概况

盐通铁路是国内首条采用 EPC 模式建设的高铁，在南通设置一座动车所，新建 20 条、预留 16 条存车线，新建 6 条、预留 4 条检查库线，新建 2 条人工清洗线、1 条临修线、1 条镟轮线、2 条出入段线，新建 1 条、预留 1 条牵出线，设通过式洗车机 2 套，新建配套生产生活房屋 21 栋，总面积 50192.96m²。南通动车所三维总图如图 7-83 所示。

图 7-83 南通动车所三维总图

（2）BIM 应用概况

实施性施组安排施工周期为 26 个月，涉及中铁建工集团有限公司、中国铁建电气化局集团有限公司、中铁十一局集团有限公司、中铁二十四局集团有限公司 4 家施工单位，由于前期工作原因，按照通常施工组织方法施工无法按期建成投入使用。为此，利用 BIM 技术对设计进行深化，排除所有工程之间的干涉，确保施工一次到位；将动车所分为咽喉区、存车场区、检查库区、生产生活房屋区 4 个"区域"，以及土建和建筑、给排水管网、接触网、四电电缆槽、车辆工艺管路 5 个"系统"，在 4 个区域内，对 5 个系统进行工序优化，保证各工种之间互不干扰，尽可能并行作业。在施工过程中利用 BIM 模型辅助读图和施工放样，最终耗时 20 个月，按期交工。

（3）应用流程

南通动车所的 BIM 设计应用涵盖总包单位、设计单位、咨询监理单位、建设单位、运维单位和业主等多个参与方，中国铁设牵头制定了详细的多方参与的 BIM 设计应用流程。总包单位负责制定 BIM 应用策划，组建 BIM 应用机构；设计单位基于铁路工程 BIM 协同设计平台开展全专业 BIM 设计及优化,成果交付施工单位;施工单位基于设计模型,开展施工深化设计、施工组织设计等具体施工应用,形成施工深化设计模型及数字模型产品,最终形成竣工模型;建设单位接收施工单位提交的 BIM 模型后,开展 BIM 成果竣工验收;运维单位接收建设单位提供的竣工验收 BIM 模型后,添加运维信息,开展运维应用。具体应用流程如图 7-84 所示。

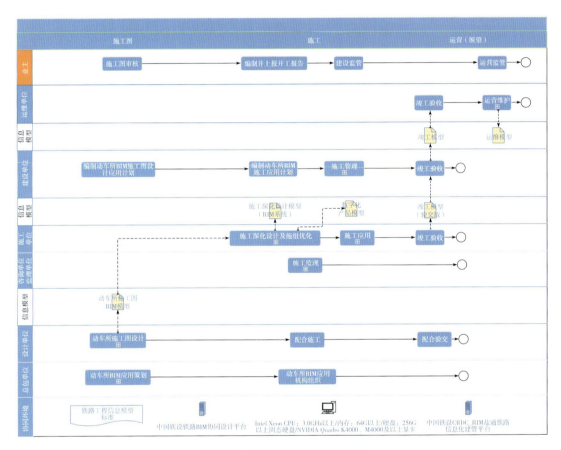

图 7-84 南通动车所 BIM 应用流程

7.4.2 BIM 设计应用

(1)动车所设备设施整体布局设计优化

通过创建动车所全专业 LOD3.5 级 BIM 模型,同步进行系统集成,在满足功能要求的前提下,对四电综合管沟、场区消防系统、信号机布局、库内工艺管线等进行布局调整,使设备布局更为整齐,易于养护维修,也为生产提供了更大作业空间。共计完成 26 项布局优化、300 余处局部调整,如图 7-85 和图 7-86 所示。

图 7-85　站场排水、四电综合管线、接触网基础交叉干扰

图 7-86　四电综合管线上跨排水沟，同时绕避接触网基础

在集成环境中发现入段线外侧四电综合管沟与接触网支柱基础冲突，将四电综合电缆沟整体外移 1m 后，接触网基础、给排水系统和综合管沟均满足规范要求，并对二维设计成果做同步调整，如图 7-87 和图 7-88 所示。

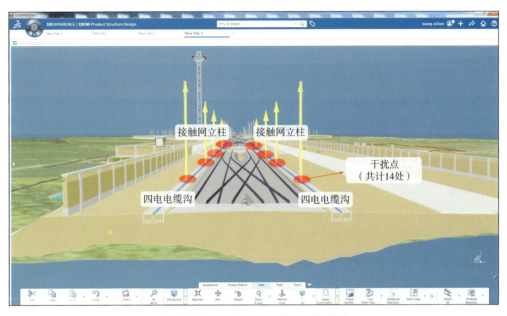

图 7-87 四电综合管沟与接触网基础冲突

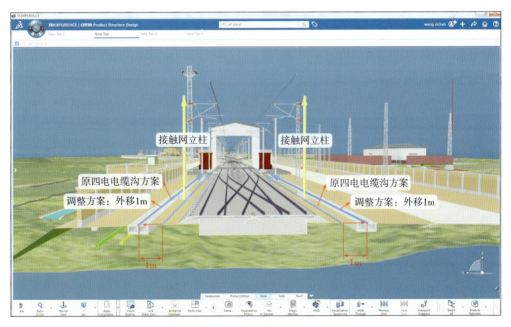

图 7-88 外移 1m 后的四电综合管沟走向

在集成环境中发现原设计动车所存车场范围给排水系统与接触网支柱基础存在干扰,应用 BIM 技术做了给排水系统整体外移和局部绕避两种解决方案。整体外移方案需要设置支管连接主管道与消火栓,如图 7-89 所示;局部绕避方案,主干管网位置不变,在接触网支柱基础位置做局部绕避,如图 7-90 所示。经各参与方共同研讨后确定采用整体外移方案。

图 7-89 主干管整体外移 1m 方案

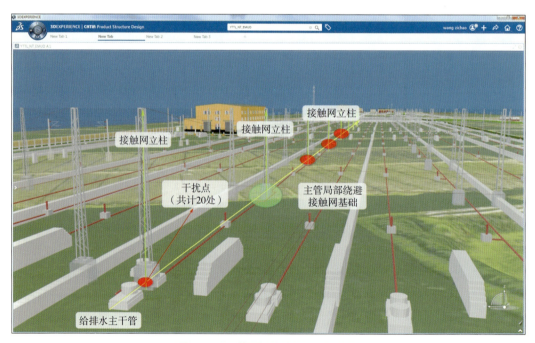

图 7-90 主干管局部绕避接触网基础方案

对动车所内出站信号机位置进行了集中调整，排除信号机与站场排水沟、电缆槽道、接触网、登车台等各类场段设备设施的碰撞干扰，对齐信号机便于司机识别。信号系统设备布局调整前后对比如图 7-91 所示。

第 7 章　BIM 设计与应用案例

图 7-91　信号系统设备布局优化前后对比

（2）动车所室内工艺设备及管线深化设计

检查库中间股道压缩空气管线原设计为吊挂在二层平台下方，应用 BIM 技术检查，发现下部作业空间不足（剩余净空 1.9m，不满足作业净空 2m 的要求），影响作业安全。通过布局设计优化，将中间股道压缩空气管线固定在三层平台悬臂上方，将净高提升到 2m 以上，如图 7-92 所示。

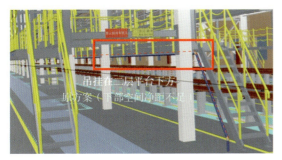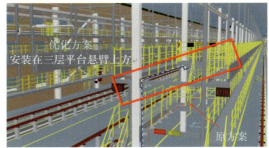

图 7-92　检查库压缩空气管线布局优化调整前后方案对比

7.4.3　BIM 施工应用

（1）施组优化

检查库是制约动车所建设工期的关键工程，涉及 2 家施工单位和三层作业平台、轨道桥、安全联锁监控系统等 6 家设备厂家，施工时序关系复杂，施工组织方式直接决定了是否可以按期完工。利用 BIM 技术，对检查库做分区处理，以每个分区为单位优化施工顺序，增加并行作业，严格控制施工工期。

在铁路工程 BIM 协同设计平台中，按照分区、分块的理念，对检查库内所有构件施工组织时序进行规划，有效保证了建设工作，并为每个施工方提供了足够的施工时间。

施组流程如图 7-93 所示。

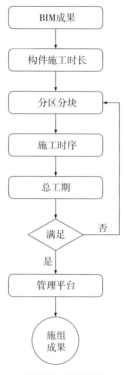

图 7-93 施组流程

通过对施组的优化和仿真模拟,确定了施工单位和设备厂商在每个分区的具体施工内容、时间节点。各单位按照施组约定的时间节点备料、施工、清场,确保各工序间无干扰。施工过程模拟如图 7-94 所示。

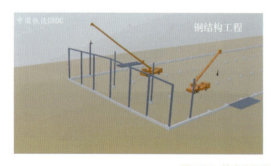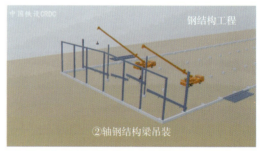

图 7-94 检查库钢结构吊装施工过程模拟

（2）指导施工

应用施工组织仿真成果对各参与方进行施工交底,指导施工各方按时进出场,确保各工序间无干扰,如图 7-95 所示。利用 BIM 设计成果,通过线上线下相结合的方式,从工程实施角度对工程内容做局部优化,如图 7-96 所示。

第 7 章　BIM 设计与应用案例

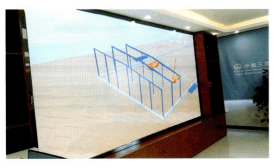
图 7-95　施工单位现场演示检查库施组仿真方案

图 7-96　盐通指挥部远程浏览动车所 BIM 模型开展方案决策

总包方组织，设计单位和各施工单位参与，应用 BIM 成果现场确定管线、检查井等设备设施具体位置，确保工程接口的准确性，杜绝出现工程反复情况，如图 7-97 所示。

图 7-97　与施工单位讨论存车场区域给排水管线、检查井、接触网基础施工方案

7.4.4　竣工交付

施工单位在设计模型的基础上记录了设备设施基本信息、安装信息，形成竣工模型。设计单位在竣工模型的基础上开发了动车所设备设施运维管理平台，并基于物联网技术，接入安全联锁等列车检修设备的动作和状态数据，驱动模型，实现数字孪生，如图 7-98 所示。

图 7-98　南通动车所设备设施竣工交付及运维管理平台

7.4.5 应用效益

在集成环境中,对车辆、四电、给排水、站场等专业设计模型进行干涉检查,发现并消除 30 余处冲突,为施工提供了高精度的数字模型;通过开展深度的施工组织优化,大量增加并行作业,节省了约 2 个月工期,为项目按时竣工做出了贡献。

第 8 章
展望

自 2013 年以来，在国铁集团的大力推动和铁路 BIM 联盟的具体指导下，中国高铁 BIM 技术尤其是设计技术取得了众多突破，在标准制定与落地应用、协同设计软件平台开发、BIM 设计示范与应用等方面取得长足进展。我国承担国际 IFC Rail 标准编制并连续斩获 buildingSMART 大赛基础设施类大奖等均表明，当前中国铁路 BIM 设计能力和水平暂居世界领先水平。但是，必须清醒地看到，铁路行业 BIM 设计仍以辅助性应用为主，尚未成为基础性应用，中国铁路 BIM 技术的发展任重道远。

8.1　国际国内形势要求中国高铁 BIM 设计奋勇争先

德国、法国、英国、美国、日本等发达国家都竞相制定了铁路数字化发展战略，法国于 2015 年提出数字化法铁战略，德国于 2016 年发布铁路数字化战略（铁路 4.0），英国于 2018 年公布了数字铁路战略，日本则于 2016 年制定《技术创新中长期发展规划》，分别将 BIM 技术应用、基础设施建设自动化、列车自动驾驶、基础设施预测性维修、降低铁路能耗等列为关键任务。

党的十八大以来，我国越来越重视数字经济，实施网络强国战略和国家大数据战略，建设数字中国、智慧社会，推进数字产业化和产业数字化。当今时代，数字技术、数字经济是世界科技革命和产业变革的先机，是新一轮国际竞争重点领域，我们要抓住先机，抢占未来发展制高点。住房和城乡建设部在 2022 年初发布的《"十四五"建筑业发展规划》中 BIM 出现 18 次，数字化出现 13 次，智能化出现 30 次，CIM 出现 2 次。

2020 年 9 月国家铁路集团发布《智能高速铁路体系架构 1.0》，规范、指导中国智能高铁技术研究与应用实践。研究和发展智能高铁技术是落实《新时代交通强国铁路先行规划纲要》的重要举措。

智能高铁是指广泛应用云计算、大数据、物联网、移动互联、人工智能、北斗导航、BIM 等新技术，综合高效利用资源，实现高铁移动装备、固定基础设施及内外部环境信息的全面感知、泛在互联、融合处理、主动学习和科学决策，实现全生命周期一体化管理的新一代智能化高速铁路系统。智能高铁总体组成如图 8-1 所示。

智能高铁主要分三大部分：智能建造、智能装备、智能运营。

智能建造是将 BIM、GIS、数字孪生、施工机器人、自动化质检、预制化与拼装化等技术与先进的工程建造技术相融合，实现高铁勘察设计、工程施工、建设全过程的精细化和智能化管理。

智能装备是将全方位态势感知、自动驾驶、运行控制、故障诊断与健康管理等技术与先进装备技术相融合，实现高铁移动装备和基础设施全生命周期的安全化、高效化和智能化管理。

智能运营是将泛在感知、智能检测、增强现实、智能视频、事故预测及智联网等技术，与高铁运营技术相结合，实现个性化服务、预测化运维和智能化运营。

BIM 的理念与智能高铁战略高度契合，BIM 设计的目标就是紧紧锚定高铁智能建造、智能装备、智能运营的需求，创建最基础和源头的信息模型，并在施工、建设、运维中不断成长，当好智能高铁在全生命周期的信息载体和容器，成为发展智能高铁的新动能，践行交通强国铁路先行的新引擎，带动整个铁路行业的科技进步。

图 8-1 智能高铁总体组成

8.2 新技术发展为高铁 BIM 设计及应用创造了更好条件

铁路 BIM 应用是个系统工程，我国互联网、大数据、云计算、物联网、人工智能、第五代移动通信技术（5th Generation Mobile Communication Technology，简称 5G）、区块链等技术的快速发展与突破，为高铁 BIM 设计与这些技术深度融合创造了良好的条件，能更好发挥数字技术在铁路行业发展中的放大、叠加、倍增作用。

（1）VR、AR、MR

VR 技术是指利用计算机设备模拟产生一个三维虚拟世界，提供用户关于视觉和听觉等感官的模拟。AR 技术是指将虚拟世界信息无缝集成到真实世界，达到超越现实的感官体验。MR 技术是在现实世界、虚拟世界和用户之间建立一个交互反馈的信息回路，以增强用户体验的真实感。通过与 VR、AR、MR 技术相结合，可将 BIM 模型应用于技术培训、仿真操作、方案比选和应急演练等方面，使铁路施工人员身临其境，建立直观的认识，有效提高施工的效率和安全性。

（2）物联网

基于 BIM 开展建设管理或运维管理，都离不开物联网，物联网可以利用各类传感设备实现构件、实体的智能化识别、定位、跟踪、监控，BIM 则是铁路项目在虚拟世界的直观映射，物联网可以将项目实体的实时状态数据传输给 BIM 模型，从而驱动 BIM 模型及时自动更新，使得铁路建造、运维过程形成虚实对应、相互映射的信息化管控模式，实际上就是"数字孪生铁路"。未来智能铁路必将基于 BIM 和物联网传来的数据信息，实现各项智能应用。

（3）5G

5G 的速率、时延、连接等网络能力，相对第四代移动通信技术（4th Generation Mobile Communication Technology，简称 4G）有跨越式提升，运用 5G 可以将采集到的铁路建设、运维过程的信息及时传递并存储给 BIM。如近年来铁路施工过程中广泛运用视频监控、无人机摄影、摄像、倾斜摄影等技术，目前的 4G 难以满足数据传输要求，5G 则大幅增强了信息传输能力和效率，满足了 BIM 智能建设、智能运营等技术需求。

（4）人工智能

BIM 与人工智能技术融合，可深度挖掘铁路工程数据信息。BIM 与遗传算法等传统人工智能技术的融合，可以解决规则检查、多目标优化、搜索、事件决策及预测等问题，有助于实现设计方案的合理选择与检查优化、能耗管理、成本管理、风险与安全管理、施工进度与质量管理以及辅助决策等。BIM 与深度神经网络融合，可以解决预测及图像识别等问题，有助于实现铁路施工安全与风险管理，以及设施管理。

以铁路施工组织管理为例，经过人工智能对大数据的分析与模拟，人工智能系统可以对建设周边地形、地段进行完整的分析及预测，结合 BIM 技术的大数据模型，将原本需要人工实地踏勘、筛选的施工组织方案制定与比选工作，由 AI 系统在很短的时间内提出多套解决方案供建设者选择与决策，实现各项资源的最优配置。在结构健康监测方面，通过 BIM 技术建立结构大数据模型，并结合 AI 系统进行数据分析，实现对结构未来发展趋势的预测，这类技术用在铁路既有线的监测中可以避免或降低突发自然灾害对人员造成的破坏。还可以有效地预测铁路桥梁、隧道、轨道等结构物劣化趋势，提前进行修补或构件的更换，可避免突发事故的发生。

（5）区块链

区块链技术通过把区块以链的方式组合相连在一起，实现每个区块数据的可验证及可追溯，具有去中心化、开放性、自治性、信息不可篡改等特点。通过区块链技术和数字签名，将铁路工程设计项目中的 BIM 模型文件操作信息及阶段性成果入链存储，通过时间戳和哈希加密保障入链信息的唯一性和安全性。

8.3 培育铁路 BIM 发展的良好生态

国内外 BIM 发展历程充分表明，搭建一个好的 BIM 发展生态至关重要。

第 8 章 展望

我们认为，铁路 BIM 发展好的生态主要包括：政策环境、标准规则环境、示范工程引领、铁路数字工程认证、BIM 人才培养和国际化等方面。铁路 BIM 发展要素如图 8-2 所示。

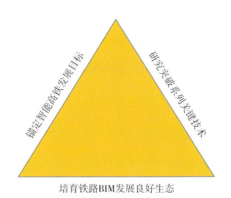

图 8-2 铁路 BIM 发展要素

（1）政策环境

以构建 BIM 建设和运维全生命周期管理体系为出发点，出台铁路 BIM 技术应用的指导意见，明确 BIM 技术应用要求，制定配套政策，特别是 BIM 应用验收考核办法和取费机制，保障 BIM 技术应用的可持续发展。

完善铁路工程招投标的 BIM 技术应用示范文本、条款和评标办法。依法应当招标 BIM 技术咨询服务的建设单位可单独或与工程设计或咨询合并招标，工程设计、施工、监理等招标文件应当按照 BIM 全过程应用的要求和标准，设置相应条款、投标人资格要求和评标办法，全面推进铁路重点项目全过程应用 BIM 技术。

申报优秀工程勘察设计、质量奖项的项目，对应用 BIM 技术且效果良好的给予加分。

（2）标准规则环境

在铁路 BIM 的技术标准和实施标准 1.0 版和大量应用探索的基础上，统筹规划持续完善和升级铁路 BIM 应用的标准和规则体系，特别是完善 BIM 模式下的文件交付办法、模型交付标准、出图标准、算量标准，建立基于 BIM 的审查、鉴定标准和软件平台等，支持 BIM 技术直接应用于设计交付、施工图审查、工程招投标、工程计价、施工管控、竣工验交。

（3）示范工程引领

率先打造在"设计–施工"全过程应用 BIM 的成功案例，从组织管理、标准规范、关键技术、商务运作等方面，为铁路建设应用 BIM 铺路打样。成功后再开展"设计–施工–运维"工程全生命周期应用。

可选择设计企业牵头铁路工程 EPC 总承包项目，制定贯穿设计、施工、竣工交付全过程的 BIM 应用实施方案，突出重点、需求导向，探索在 BIM 设计过程充分考虑施工应用需求，设计模型交付施工单位后积极配合开展深化设计形成施工模型，特别是围绕应用场景，编制 IDM 流程，明确 MVD 具体传递信息内容、形式和责任方，切实优化施工组织、深化细化工程实施方案，减少返工、避免废弃、保证质量、提升效率，充分发挥BIM在设计、施工阶段的价值，最终向运维交付一个几何准确细致、信息丰富完整的竣工模型，满足运维数字孪生需求。

（4）铁路数字工程认证

数字工程认证是指对数字工程提供者产品和服务能力的第三方合格评定活动。开展数字工程认证，有利于提高数字工程服务交付水平，优化工程相关方协作效率，提高工程质量。

在铁路行业开展数字工程认证的必要性至少体现在三方面：一是推动铁路行业的信息化建设，二是保障铁路工程数字资产的质量和安全，三是提升铁路行业服务水平。

建议铁路BIM联盟牵头，联合国内权威认证机构及联盟各单位，尽快构建铁路数字工程认证体系，早日启动铁路数字工程认证工作。

（5）BIM人才培养

铁路行业全面推广对BIM技术专业的人才需求增长显著加速，BIM专业人才不足已成为影响其发展的重要因素之一。目前很多高校已经开设了BIM课程甚至设立了相关专业，但这远远不够。应加强铁路BIM技术基础应用的学历教育和继续教育培训，设置设计、施工、建设、运维管理等关键岗位人员的BIM技术应用能力和考核标准，对注册咨询工程师、建造师、结构师等继续教育增设BIM技术应用课程，开展关键岗位考核认定和持证上岗。依托重大工程项目，鼓励校企合作，支持铁路院校加强BIM学科专业建设，引导职业学校培养铁路发展急需的技能型人才。

（6）国际化

中国铁路应继续与buildingSMART、国际铁路联盟（UIC）、开放地理空间信息联盟（OGC）等国际BIM标准化组织开展积极合作，广泛深度参与国际BIM标准的制定工作，牵头完成国际铁路BIM标准的编制，积极参加国际交流以及buildingSMART国际大赛，提升我国在国际上的软实力和话语权。将为中国铁路走出去，特别是我国参与"一带一路"建设，创造良好的氛围。

8.4 研究突破关键技术

针对中国高铁的特点，需要下力气突破以下技术：

（1）RTM +IFC Rail

RTM是一种逻辑模型，用于标准化铁路基础设施相关数据的表达，旨在成为覆盖铁路系统从设计到运营全生命周期的基础模型，可应用于路网描述、仿真模拟、运输组织和列车调度控制等。RTM使用图论方法将铁路路网分为微观、中观、宏观三个细节层次，描绘铁路网及相关基础设施之间的拓扑关系。

IFC Rail 从空间结构、物理构件、系统、材料等基本类型出发，对桥梁、隧道、路基、轨道、接触网等铁路基础设施的类型、几何表达、空间定位、属性表达、关系等进行了定义。IFC Rail 可应用于铁路工程规划、设计、施工、建设管理和养护维修。

可以看出，RTM 和 IFC Rail 在模型架构和应用范围上不同，但两者恰好是一种功能互补的关系，只有二者结合才能为智能铁路在其全生命周期提供更全面的信息模型解决方案。RTM 与 IFC Rail 的关系如图 8-3 所示。

图 8-3　RTM 与 IFC Rail 的关系

（2）BIM 软件国产化

目前为止，铁路设计（或建模）软件大多数是在法国的达索系统、美国的奔特力软件和欧特克软件三大主流软件上进行二次开发而成。国内也有 PKPM、鲁班、广联达等本土 BIM 软件，但是大多局限在结构分析、工程造价、规范验算等专项领域。实际上国外软件在开放性、适应性，特别是对我们功能新需求方面，反应极慢，即使目前的市场规模都难以满足我们的要求。

除了 BIM 设计软件，在工程全生命周期 BIM 应用的产业链上还需要用到很多其他软件。

铁路 BIM 应用即将进入革命性的新阶段，市场对软件功能品质、大规模应用适应性以及服务跟进能力的需求将大幅提升，加之目前的国际形势，必须高度重视 BIM 软件被国外"卡脖子"的风险。

铁路行业应进一步统一认识，发挥新型举国体制优势和铁路超大规模市场优势，加大产、学、研、用联合攻关和资金扶持力度，培育发展国产化的 BIM 软件服务企业，尽快推出几何引擎等核心技术采用中国技术的国产软件，并不断迭代升级，尽早实现高水平自立自强。

总之，中国铁路的 BIM 发展，前景广阔，困难也不少。但是，我们坚信：道阻且长，行则将至。

附录
铁路工程 BIM 协同设计平台应用规范

1 总则

1.1 为推进铁路建设信息化水平，指导和规范 BIM 协同设计，将设计阶段 BIM 模型信息有效传递到施工阶段而制定本标准。

1.2 本标准适用于除建筑工程外铁路工程站前站后专业。

1.3 遵循铁路 BIM 联盟制定的铁路 BIM 标准体系框架，引用已经发布的有关 BIM 标准，并结合现阶段应用技术发展水平和项目实际应用，制定本标准。

1.4 本标准适用于应用达索系统开展铁路工程设计项目一般 BIM 设计需求，个别应用需求应在本标准基础上补充相应规定。

1.5 铁路工程信息模型的建立和交付，除应符合本标准外，尚应符合国家现行标准和规范的规定。

2 术语

2.1 铁路工程设计信息模型 Railway design information model

铁路工程设计阶段的 BIM 模型，包含设计过程模型和设计向施工阶段交付模型。

2.2 信息模型组织结构 Information model organization

信息模型之间按项目、段落、专业、工点、模型的有机组织机构，通过信息模型组织结构可方便索引出相应的信息模型。

2.3 交付 Delivery

根据铁路工程项目的应用需求，将铁路工程信息模型相关信息传递给需求方的行为。

2.4 模型单元 Model unit

铁路工程信息模型中，承载模型信息的实体及其相关属性的集合，是信息输入、交付和管理的基本对象。模型单元由实体几何表达和信息属性组成。

2.5 几何精度 Level of geometric detail

模型单元实体几何表达真实性和精确性的衡量指标。

2.6 信息深度 Level of information detail

模型单元几何、非几何信息详细程度的衡量指标。

2.7 模型精度 Level of details

表示按照铁路工程建设阶段划分相应的模型层次要求。它是模型单元包含的几何精度和信息深度的全面性、细致程度及准确性的指标，简称LOD。

2.8 非几何信息 non-Geometric information

铁路构筑物除几何信息以外的其他信息，如材料信息、价格信息及各种专业参数信息等。

2.9 定位信息 Localization information

表示铁路构筑物的空间位置信息，具体可包含构筑物的起始里程、中心里程、终止里程信息，起始高程、中心高程、终止高程信息，偏离线路中心线的距离等。

2.10 标准模型 Standard model

表示直接可用于工程装配的固定不变模型，标准模型可在不同的工程、不同的工点重复应用。

2.11 参数化模板 Template

在达索软件系统中，表示在工程应用时需要输入实例化的参数以生成工程特定模型的设计资源。

2.12 空间部件 Product

空间部件对应用于《铁路工程信息模型数据存储标准》中的空间部件和组合件，用于聚合产品、零件或图形。

2.13 物理构件 Part

物理构件对应用于《铁路工程信息模型数据存储标准》中的结构和零件，用于存储信息和几何。

2.14 骨架 Skeleton

骨架为工程主要的定位、分界、轮廓等控制性点、线、面和体等图形元素，用于跨专业的协同设计信息传递和工程模型实例化的输入。

2.15 几何表达 Shape

几何表达为存储模型或骨架几何的对象。

2.16 设计单元 Design unit

专业内部一个相对独立完整的工程单元，如一段路基、一座桥梁等，当模型跨越不同概算段落时须划分成不同的设计单元。

2.17 深拷贝 Deep copy

指在复制模型时，完整复制模型本身和其直接聚合和间接聚合的所有模型。

3 基本规定

3.1 BIM 模型用作信息化建设管理和 BIM 应用的基础数据。

3.2 土建、段所、机辆工程模型应按设计单元进行组织，四电工程模型应按照系统进行组织，满足系统完整性前提下设计工点应尽可能细分。

3.3 模型结构应按统一的工程逻辑结构分级组织。

3.4 标准模型应采用参考引用方式装配。

3.5 工程模型按统一坐标定位，可采用局部坐标系。

3.6 模型单位应采用公制单位。

4 模型信息

4.1 模型分类

4.1.1 铁路工程每个模型应具有明确的类型。

4.1.2 模型分类和存储应符合《铁路工程信息模型数据存储标准》，并允许在标准框架下对分类进行适度调整，增强标准的适用性。

4.2 模型属性

4.2.1 模型应包含属性信息。

4.2.2 根据工程实际需求，在《铁路工程信息模型数据存储标准》框架下可补充属性信息。

4.2.3 结构应含有编码，编码应执行《铁路工程信息模型分类和编码标准》，以属性集存储。

4.2.4 结构应具有唯一标识，按存储标准方式存储。

4.3 模型配色

4.3.1 除地形外，所有模型不宜贴图。

4.3.2 模型几何表达宜具有颜色属性信息。

4.3.3 模型配色的最小单元一般应为 IFC 分类中的结构或零件，对部件、组合件不单独配色。

4.3.4 颜色应设置在 Body 层级，特殊特征可设置颜色。

4.3.5 配色单元的划分以体现主要工程实体功能、材质或结构为原则，不宜过细。

4.3.6 不同类型相邻结构宜采用不同颜色。

4.3.7 若某一结构由两种或多种材质组成，可忽略占比较小的材质。

4.3.8 色系的选择应贴近工程实体的颜色，便于模型浏览。

4.3.9 在不影响模型整体显示效果前提下，对于体量小但功能重要的零件，可采用较为鲜艳的色系。

4.3.10 四电、机辆、环保和给排水等工程按照不同功能系统划分，每个系统采用一种较为鲜艳的色系。

4.4 模型精度

4.4.1 用于现场施工、加工的模型应执行《铁路工程信息模型交付精度标准》，满足测设、施工、制造需求。

4.4.2 自建装配模型在满足应用需求的前提下，应采用简化几何表达，避免过度建模。

4.4.3 通过外购现场安装的产品宜采用简化几何表达，满足安装定位和一般视觉需求，避免过度建模。

4.4.4 模型精度应根据应用需求确定，在满足应用前提下尽可能简化。

4.5 模型命名

4.5.1 工程结构树每节点名称为实例（Instance）中的 Title，应填写工程实例名称。

4.5.2 模板（Template）、参考模型（Reference）的 Title 以分类管理，命名应体现其类型。

4.5.3 3D Shape 及上级节点名称采用字符 A～Z、a～z、0～9、'_'和'-'组合，不应出现宽字符（汉字、全角符号），且不应使用汉语拼音。3D Shape 内部特征名称可采用中文，应规律、有意义。

4.5.4 工点模型命名统一格式，由项目缩写 - 工点 - 专业代码缩写组成。专业以下节点名称由各专业负责编制，标准要一致，并在专业设计原则中明确。

5 模型组织

5.1 长大铁路工程应分段组织模型结构树，每个段落应具有独立的骨架线，且不应跨越不同坐标系，严禁将多个段落骨架线通过简单平移粘合为一体。特殊情况下，经总体和测绘专业评估，在误差允许的情况下，可将临近范围整体划分至相应的段落。

5.2 站前工程设计单元应以线下单体工程，即以路、桥、隧、站进行划分，轨道工程最小结构单元（板单元）可以跨越单元边界。

5.3 站后工程应以最小系统单元进行划分，如某站室外给水、污水分别为一系统单元。

5.4 最小设计单元和最小系统单元的模型范围不应超过 2km。

5.5 几何表达与空间部件、结构、组合件和零件不应并列组织。

5.6 设计阶段模型应以设计效率高、迭代优化快为目的进行组织，合理确定模型分解深度。

5.7 模型组织结构见附表 1。

6 设计环境

6.1 铁路工程 BIM 设计采用中国铁设铁路工程 BIM 协同设计平台。

6.2 生产生活房屋及其室内工程统一采用中国铁设铁路工程 BIM 协同设计平台。

6.3 铁路站房及其室内工程统一采用 Revit 软件。

6.4 跨平台设计协同采用中国铁设铁路工程 BIM 协同设计平台。

7 BIM 设计

7.1 设计流程

7.1.1 BIM 设计总流程由"设计准备""现状建模""骨架设计""模型设计""BIM 应用""成果交付"六个环节组成。

7.1.2 设计准备环节应收集工程设计原则、设计方案、既有测绘资料等成果。

7.1.3 现状建模环节应完成相应精度的地形、地质模型，地下管线模型按占位精度建立。

7.1.4 骨架设计环节应由线路专业建立线路空间曲线、工点起讫点总骨架。各专业负责建立各工点控制点、线、面元素，完成整个工程的框架性设计，确定各专业工程接口。

7.1.5 模型设计环节应基于骨架，应用相应的模板资源实例化模型、引用相应的标准模型进行装配，对于特殊模型也可直接用基本建模功能交互式设计。

7.1.6 BIM 应用环节，各专业要基于模型完成对二维设计的校核、施工说明书、仿真应用。

7.2 设计任务管理

7.2.1 设计任务应采用平台化管理。

7.2.2 设计任务应自顶向下分解派发，交付物明确，责任人唯一。

7.2.3 项目设计人员应及时、据实填报进度，提交交付物。

7.2.4 交付物应通过审核流程，有完整审核记录。

7.2.5 提交交付物后应及时将任务推送至完成状态。

7.3 设计行为约定

7.3.1 参考其他专业模型或总骨架不应深拷贝。

7.3.2 各模型基准平面应保持隐藏状态，仅在专业建模需要时显示。

7.3.3 参考的总骨架或其他专业骨架应保持隐藏状态。

7.3.4 设计过程图形元素应及时隐藏。

7.3.5 整体模型应在产品和零件级别对模型整体隐藏。

7.3.6 模型中不应存在空节点，包括产品、结构和图形。

7.3.7 设计过程采用 Body 方法建模的，应遵循 Body 建模方法，在设计完成后转为 Part 级模型，并满足上述规定。

7.4 设计质量控制

7.4.1 模型应通过完整审核流程，并发布。

7.4.2 设计审核应包括工程结构、模型几何、模型分类、模型属性和专业接口。

7.4.3 模型几何审核宜使用平台提供的冲突检查功能检查。

7.4.4 工程结构和模型信息应通过信息检查工具软件检查。

7.4.5 专业内检查由本专业负责；跨专业接口检查由总体专业负责，相关专业配合。

7.4.6 BIM 设计统一执行六级审核流程，如图 1 所示。

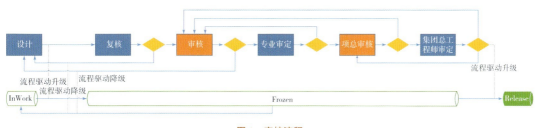

图 1　审核流程

8 设计交付

8.1 基于中国铁设铁路工程 BIM 协同设计平台设计的工程，向建设管理平台交付模型宜采用 IFC 格式。

8.2 工程模型按专业、设计单元输出 IFC 文件，IFC 文件应包含完整的工程结构关系。

8.3 基于 Revit 设计的工程可直接交付 RVT 格式。

8.4 IFC 数据文件中应采用代理方案存储。

（1）《铁路工程信息模型数据存储标准》中所有铁路扩展实体采用 IfcBuildingElementProxy 对象代理，其中 ObjectType 属性填写对象的中性名称，并增加前缀 CR。如：对于 IfcBridge 实体写入 CRBridge。

（2）《铁路工程信息模型数据存储标准》中铁路扩展实体预定义类型及自定义属性以属性集代理。如：IfcBridge 代理属性集为 Pset_IfcBridge，属性集中包含属性 PredefinedType，类型为 IfcBridgeStructureTypeEnum，与标准保持一致。

8.5 模型交付应填写模型交接单，相关单位要签字。

模 型 组 织 结 构 附表1

PROJECTNAME （IfcCRRailway）					
	MainSK				
		PROJECTNAME_MainSK（IfcCRSkeleton）			
			左线 LeftLine（OGS）		
				左线平面 LeftPM	
				左线纵断面 LeftZDM	
				左线空间曲线 LeftKjqx	
				断链表 Dlb	
				百米标、公里标 Bmb	
			右线 RightLine（OG）		
				右线平面 RightPM	
				右线空间曲线 RightZdm	
			PROJECTNAME_Station×××		
				平面 PlanSketch	
				股道 Line1SpartialCurve	
				股道 Line2SpartialCurve	
				……	
			PROJECTNAME_Station×××……		
	PROJECTNAME_XL（IfcCRGroupDepartment）				
	PROJECTNAME_ZC（IfcCRGroupDepartment）				
		PROJECTNAME_ZC/IfcCRGroupDepartment/P			
			PROJECTNAME_ZC_RailwayStation1 车站名称 /IfcRailwayStation		
				RailwayTrackProjects 轨道工程 /IfcCRTrack	
				Track1 股道名称 /Ifc=IfcTrack	
					TrackPart1 轨道段 /IfcTrackPart
					TrackPanel 轨排 /IfcTrackPanel
					钢轨 Rail/Ifc=IfcTrackRail
					轨枕 Sleeper/Ifc=IfcTrackSleeper
					BallastBed 道床 /Ifc=IfcTrackBallastBed
					TrackPart.../Ifc=IfcTrackPart

续上表

				CarBumper 车挡名称 /IfcRailwayCarBumper	
				ClearancePost 警冲标名称 /IfcRailwayClearancePost	
			Track2……		
			Turnouts 道岔集合 /IfcCRGroutDepartment		
				Turnout1 道岔编号 /IfcTrackTurnout	
				Turnout2 道岔编号 /IfcTrackTurnout	
			……		
		SubgradeProjects 路基工程 /IfcCRGroup			
			SubgradeStructureElement1 路基结构 /IfcSubgradeStructureElement		
				Subgrade1 路基段落 1/IfcSubgrade	
				Subgrade1 路基段落 1	
			SubgradeStructureElement……路基结构 /IfcSubgradeStructureElement		
		DistributionProjects 排水工程 /IfcDistributionSystem			
			DistributionSystem1 排水系统 1/IfcDistributionSystem		
				PipeSegment1 排水沟段 1/IfcPipeSegment	
				PipeSegment……排水沟段 /IfcPipeSegment	
			……		
		StationyardEquipmentProjects 站场设备 /IfcCRGroup			
			PhysicalProduct		
		StationyardbuildingProjects 站区建筑 /IfcCRGroup			
			PhysicalProduct		
PROJECTNAME_GD（IfcCRGroupDepartment）					
	PROJECTNAME_GD_Seg1（IfcCRGroup）				
		PROJECTNAME_GD_Seg1_SK（IfcCRSkeleton）			
		PROJECTNAME_GD_Seg1_SubgradeNum_Num（IfcCRTrackPart\OnSubgrade（预制板式无砟轨道））			
			PROJECTNAME_GD_Seg1_SubgradeNum_Num_LeftLine（IfcCRTrackPart\OnSubgrade）		
			SK（IfcCRSkeleton）		
			Rail（IfcCRTrackRail）		
			TrackSlab（IfcCRGroup）		
				TrackSlab（IfcCRTrackSlab）	
				AdjustmentLayer（IfcCRTrackAdjustmentLayer）	
				Fastening（IfcCRTrackFastening）	
				IsolationLayer（IfcCRTrackIsolationLayer）	
				ElasticCushion（IfcCRTrackElasticCushion）	
				Base（IfcCRTrackBase）	

续上表

			PROJECTNAME_GD_Seg1_SubgradeNum_Num_RightLine（IfcCRTrackPart\OnSubgrade）		
				SK（IfcCRSkeleton）	
				Rail（IfcCRTrackRail）	
				TrackSlab（IfcCRGroup）	
					TrackSlab（IfcCRTrackSlab）
					AdjustmentLayer（IfcCRTrackAdjustmentLayer）
					Fastening（IfcCRTrackFastening）
					IsolationLayer（IfcCRTrackIsolationLayer）
					ElasticCushion（IfcCRTrackElasticCushion）
					Base（IfcCRTrackBase）
			PROJECTNAME_GD_Seg1_BridgeName_Num（IfcCRTrackPart\OnBridge（预制板式无砟轨道））		
				PROJECTNAME_GD_Seg1_BridgeName_Num_LeftLine（IfcCRTrackPart\OnBridge）	
				SK（IfcCRSkeleton）	
				Rail（IfcCRTrackRail）	
				TrackSlab（IfcCRGroup）	
					TrackSlab（IfcCRTrackSlab）
					AdjustmentLayer（IfcCRTrackAdjustmentLayer）
					Fastening（IfcCRTrackFastening）
					IsolationLayer（IfcCRTrackIsolationLayer）
					ElasticCushion（IfcCRTrackElasticCushion）
					Base（IfcCRTrackBase）
			PROJECTNAME_GD_Seg1_BridgeName_Num_RightLine（IfcCRTrackPart\OnBridge）		
				SK（IfcCRSkeleton）	
				Rail（IfcCRTrackRail）	
				TrackSlab（IfcCRGroup）	
					TrackSlab（IfcCRTrackSlab）
					AdjustmentLayer（IfcCRTrackAdjustmentLayer）
					Fastening（IfcCRTrackFastening）
					IsolationLayer（IfcCRTrackIsolationLayer）
					ElasticCushion（IfcCRTrackElasticCushion）
					Base（IfcCRTrackBase）
			PROJECTNAME_GD_Seg1_TunnelName（IfcCRTrackPart\InTunnel（预制板式无砟轨道））		
				PROJECTNAME_GD_Seg1_TunnelName_Num_LeftLine（IfcCRTrackPart\InTunnel）	
				SK（IfcCRSkeleton）	
				Rail（IfcCRTrackRail）	

续上表

			TrackSlab（IfcCRGroup）		
				TrackSlab（IfcCRTrackSlab）	
				AdjustmentLayer（IfcCRTrackAdjustmentLayer）	
				Fastening（IfcCRTrackFastening）	
				IsolationLayer（IfcCRTrackIsolationLayer）	
				ElasticCushion（IfcCRTrackElasticCushion）	
			Base（IfcCRTrackBase）		
		PROJECTNAME_GD_Seg1_TunnelName_Num_RightLine（IfcCRTrackPart\InTunnel）			
			SK（IfcCRSkeleton）		
			Rail（IfcCRTrackRail）		
			TrackSlab（IfcCRGroup）		
				TrackSlab（IfcCRTrackSlab）	
				AdjustmentLayer（IfcCRTrackAdjustmentLayer）	
				Fastening（IfcCRTrackFastening）	
				IsolationLayer（IfcCRTrackIsolationLayer）	
				ElasticCushion（IfcCRTrackElasticCushion）	
			Base（IfcCRTrackBase）		
	PROJECTNAME_GD_Seg1_SubgradeNum_Num（IfcCRTrackPart\OnSubgrade（轨枕埋入式无砟轨道））				
		PROJECTNAME_GD_Seg1_SubgradeNum_Num_LeftLine（IfcCRTrackPart\OnSubgrade）			
			SK（IfcCRSkeleton）		
			Rail（IfcCRTrackRail）		
			SleeperGroup（IfcCRGroup）		
				Sleeper（IfcCRTrackSleeper）	
				Fastening（IfcCRTrackFastening）	
			ConcreteSlab（IfcCRTrackConcreteSlab）		
			Base（IfcCRTrackBase）		
			IsolationLayer（IfcCRTrackIsolationLayer）		
			ElasticCushion（IfcCRTrackElasticCushion）		
		PROJECTNAME_GD_Seg1_SubgradeNum_Num_RightLine（IfcCRTrackPart\OnSubgrade）			
			SK（IfcCRSkeleton）		
			Rail（IfcCRTrackRail）		
			SleeperGroup（IfcCRGroup）		
				Sleeper（IfcCRTrackSleeper）	
				Fastening（IfcCRTrackFastening）	
			ConcreteSlab（IfcCRTrackConcreteSlab）		

续上表

			Base（IfcCRTrackBase）	
			IsolationLayer（IfcCRTrackIsolationLayer）	
			ElasticCushion（IfcCRTrackElasticCushion）	
			PROJECTNAME_GD_Seg1_BridgeName_Num（IfcCRTrackPart\OnBridge（轨枕埋入式无砟轨道））	
				PROJECTNAME_GD_Seg1_BridgeName_Num_LeftLine（IfcCRTrackPart\OnBridge）
			SK（IfcCRSkeleton）	
			Rail（IfcCRTrackRail）	
			SleeperGroup（IfcCRGroup）	
				Sleeper（IfcCRTrackSleeper）
				Fastening（IfcCRTrackFastening）
			ConcreteSlab（IfcCRTrackConcreteSlab）	
			Base（IfcCRTrackBase）	
			IsolationLayer（IfcCRTrackIsolationLayer）	
			ElasticCushion（IfcCRTrackElasticCushion）	
			PROJECTNAME_GD_Seg1_BridgeName_Num_RightLine（IfcCRTrackPart\OnBridge）	
			SK（IfcCRSkeleton）	
			Rail（IfcCRTrackRail）	
			SleeperGroup（IfcCRGroup）	
				Sleeper（IfcCRTrackSleeper）
				Fastening（IfcCRTrackFastening）
			ConcreteSlab（IfcCRTrackConcreteSlab）	
			Base（IfcCRTrackBase）	
			IsolationLayer（IfcCRTrackIsolationLayer）	
			ElasticCushion（IfcCRTrackElasticCushion）	
			_Num	
			PROJECTNAME_GD_Seg1_TunnelName_Num（IfcCRTrackPart\InTunnel（轨枕埋入式无砟轨道））	
				PROJECTNAME_GD_Seg1_TunnelName_Num_LeftLine（IfcCRTrackPart\InTunnel）
			SK（IfcCRSkeleton）	
			Rail（IfcCRTrackRail）	
			SleeperGroup（IfcCRGroup）	
				Sleeper（IfcCRTrackSleeper）
				Fastening（IfcCRTrackFastening）
			ConcreteSlab（IfcCRTrackConcreteSlab）	
			Base（IfcCRTrackBase）	
			IsolationLayer（IfcCRTrackIsolationLayer）	

续上表

			ElasticCushion（IfcCRTrackElasticCushion）		
		PROJECTNAME_GD_Seg1_TunnelName_Num_RightLine（IfcCRTrackPart\InTunnel）			
			SK（IfcCRSkeleton）		
			Rail（IfcCRTrackRail）		
			SleeperGroup（IfcCRGroup）		
				Sleeper（IfcCRTrackSleeper）	
				Fastening（IfcCRTrackFastening）	
			ConcreteSlab（IfcCRTrackConcreteSlab）		
			Base（IfcCRTrackBase）		
			IsolationLayer（IfcCRTrackIsolationLayer）		
			ElasticCushion（IfcCRTrackElasticCushion）		
		PROJECTNAME_GD_Seg1_SubgradeNum_Num（IfcCRTrackPart\OnSubgrade（有砟轨道））			
			SK（IfcCRSkeleton）		
			TrackPanel（IfcTrackPanel）		
				Rail（IfcCRTrackRail）	
				Fastening（IfcCRTrackFastening）	
				Sleeper（IfcCRTrackSleeper）	
			BallastBed（IfcBallastBed）		
				BallastLayer（IfcTrackBallastLayer\TOPBALLAST）	
				BallastLayer（IfcTrackBallastLayer\SUBBALLAST）	
		PROJECTNAME_GD_Seg1_BridgeName_Num（IfcCRTrackPart\OnBridge（有砟轨道））			
			SK（IfcCRSkeleton）		
			TrackPanel（IfcTrackPanel）		
				Rail（IfcCRTrackRail）	
				Fastening（IfcCRTrackFastening）	
				Sleeper（IfcCRTrackSleeper）	
			BallastBed（IfcBallastBed）		
				BallastLayer（IfcTrackBallastLayer\TOPBALLAST）	
		PROJECTNAME_GD_Seg1_TunnelName_Num（IfcCRTrackPart\InTunnel（有砟轨道））			
			SK（IfcCRSkeleton）		
			TrackPanel（IfcTrackPanel）		
				Rail（IfcCRTrackRail）	
			Fastening（IfcCRTrackFastening）		

续上表

			Sleeper（IfcCRTrackSleeper）		
			BallastBed（IfcBallastBed）		
			BallastLayer（IfcTrackBallastLayer\TOPBALLAST）		
			BallastLayer（IfcTrackBallastLayer\SUBBALLAST）		
		PROJECTNAME_GD_Seg1_StationName（IfcCRGroup）			
			PROJECTNAME_GD_Seg1_StationName_TrackNum（IfcCRTrack）		
				PROJECTNAME_GD_Seg1_StationName_TrackNum_SubgradeNum_Num（IfcCRTrackPart\OnSubgrade\WithNoTurnout（轨枕埋入式无砟轨道））	
					SK（IfcCRSkeleton）
					Rail（IfcCRTrackRail）
					SleeperGroup（IfcCRGroup）
					Sleeper（IfcCRTrackSleeper）
					Fastening（IfcCRTrackFastening）
					ConcreteSlab（IfcCRTrackConcreteSlab）
					Base（IfcCRTrackBase）
					IsolationLayer（IfcCRTrackIsolationLayer）
					ElasticCushion（IfcCRTrackElasticCushion）
				PROJECTNAME_GD_Seg1_StationName_TrackNum_BridgeName_Num（IfcCRTrackPart\OnBridge\WithNoTurnout（轨枕埋入式无砟轨道））	
					SK（IfcCRSkeleton）
					Rail（IfcCRTrackRail）
					SleeperGroup（IfcCRGroup）
					Sleeper（IfcCRTrackSleeper）
					Fastening（IfcCRTrackFastening）
					ConcreteSlab（IfcCRTrackConcreteSlab）
					Base（IfcCRTrackBase）
					IsolationLayer（IfcCRTrackIsolationLayer）
					ElasticCushion（IfcCRTrackElasticCushion）
				PROJECTNAME_GD_Seg1_StationName_TrackNum_TunnelName_Num（IfcCRTrackPart\InTunnel\WithNoTurnout（轨枕埋入式无砟轨道））	
					SK（IfcCRSkeleton）
					Rail（IfcCRTrackRail）
					SleeperGroup（IfcCRGroup）
					Sleeper（IfcCRTrackSleeper）
					Fastening（IfcCRTrackFastening）
					ConcreteSlab（IfcCRTrackConcreteSlab）

续上表

				Base（IfcCRTrackBase）	
				IsolationLayer（IfcCRTrackIsolationLayer）	
				ElasticCushion（IfcCRTrackElasticCushion）	
			PROJECTNAME_GD_Seg1_StationName_TrackNum_SubgradeNum_Num（IfcCRTrackPart\OnSubgrade\WithTurnout（轨枕埋入式无砟轨道））		
				SK（IfcCRSkeleton）	
				Rail（IfcCRTrackRail）	
				SleeperGroup（IfcCRGroup）	
					Sleeper（IfcCRTrackSleeper）
					Fastening（IfcCRTrackFastening）
				ConcreteSlab（IfcCRTrackConcreteSlab）	
				Base（IfcCRTrackBase）	
				IsolationLayer（IfcCRTrackIsolationLayer）	
				ElasticCushion（IfcCRTrackElasticCushion）	
			PROJECTNAME_GD_Seg1_StationName_TrackNum_BridgeName_Num（IfcCRTrackPart\OnBridge\WithTurnout（轨枕埋入式无砟轨道））		
				SK（IfcCRSkeleton）	
				Rail（IfcCRTrackRail）	
				SleeperGroup（IfcCRGroup）	
					Sleeper（IfcCRTrackSleeper）
					Fastening（IfcCRTrackFastening）
				ConcreteSlab（IfcCRTrackConcreteSlab）	
				Base（IfcCRTrackBase）	
				IsolationLayer（IfcCRTrackIsolationLayer）	
				ElasticCushion（IfcCRTrackElasticCushion）	
			PROJECTNAME_GD_Seg1_StationName_TrackNum_TunnelName_Num（IfcCRTrackPart\InTunnel\WithTurnout（轨枕埋入式无砟轨道））		
				SK（IfcCRSkeleton）	
				Rail（IfcCRTrackRail）	
				SleeperGroup（IfcCRGroup）	
					Sleeper（IfcCRTrackSleeper）
					Fastening（IfcCRTrackFastening）
				ConcreteSlab（IfcCRTrackConcreteSlab）	
				Base（IfcCRTrackBase）	
				IsolationLayer（IfcCRTrackIsolationLayer）	
				ElasticCushion（IfcCRTrackElasticCushion）	

续上表

	PROJECTNAME_GD_Seg2（IfcCRGroup）			
PROJECTNAME_LJ（IfcCRGroupDepartment）				
		路基工点 1PROJECTNAME_LJ_Site1（IfcSubgrade）		
			基床结构 SubgradeBedStructure（IfcCRGroup）	
				路堤 Embankment（IfcSubgradeStructurePartElement）
				基床表层 1TopLayer1（IfcFillingWorks\TOPLAYERSUBBED）
				基床表层 2TopLayer2（IfcFillingWorks\TOPLAYERSUBBED）
				基床表层 nTopLayern（IfcFillingWorks\TOPLAYERSUBBED）
				基床底层 1BottomLayer1（IfcFillingWorks\BOTTOMLAYERSUBBED）
				基床底层 2BottomLayer2（IfcFillingWorks\BOTTOMLAYERSUBBED）
				基床底层 3BottomLayern（IfcFillingWorks\BOTTOMLAYERSUBBED）
				底层以下 1BelowSubbed1（IfcFillingWorks\BELOWSUBBED）
				底层以下 2BelowSubbed2（IfcFillingWorks\BELOWSUBBED）
				底层以下 3BelowSubbedn（IfcFillingWorks\BELOWSUBBED）
				基底换填 Repsubbase（IfcFillingWorks\REPSUBBASE）
				电力电缆槽 CableSlot（IfcCableCarrierSegment）
				电力电缆槽盖板 CableSlotCover（IfcCableCarrierSegment）
				护肩 ShoulderRetainer（IfcFillingWorks）
				路堤边坡 EmbankmentSlope（IfcSlopeProtectionSectionElement）
				路堑 Cutting（IfcSubgradeStructurePartElement）
				基床表层 1TopLayer1（IfcFillingWorks\TOPLAYERSUBBED）
				基床表层 2TopLayer2（IfcFillingWorks\TOPLAYERSUBBED）
				基床表层 nTopLayern（IfcFillingWorks\TOPLAYERSUBBED）
				基床底层 1BottomLayer1（IfcFillingWorks\BOTTOMLAYERSUBBED）
				基床底层 2BottomLayer2（IfcFillingWorks\BOTTOMLAYERSUBBED）
				基床底层 3BottomLayern（IfcFillingWorks\BOTTOMLAYERSUBBED）
				基底换填 1Repsubbase1（IfcFillingWorks\REPSUBBASE）
				基底换填 2Repsubbase2（IfcFillingWorks\REPSUBBASE）
				基底换填 nRepsubbasen（IfcFillingWorks\REPSUBBASE）
				电力电缆槽 CableSlot（IfcCableCarrierSegment）
				电力电缆槽盖板 CableSlotCover（IfcCableCarrierSegment）
				护肩 ShoulderRetainer（IfcFillingWorks）
				路堑边坡 CuttingSlope（IfcSlopeProtectionSectionElement）
				侧沟 SideDitch（IfcPipeSegment）
				侧沟平台 SideDitchBerm（IfcPipeSegment）

续上表

			盲沟FrenchDrain（IfcPipeSegment）		
			路堤Embankment...（IfcSubgradeStructurePartElement）		
			路堑Cutting...（IfcSubgradeStructurePartElement）		
			支挡结构RetainingStructure（IfcSubgradeRetainingStructureElement）		
			挡墙1RetainingWall1（IfcRetainingStructureSectionAssembly）		
			挡墙2RetainingWall2（IfcRetainingStructureSectionAssembly）		
			挡墙3RetainingWall3（IfcRetainingStructureSectionAssembly）		
			挡墙nRetainingWalln（IfcRetainingStructureSectionAssembly）		
			路堑边坡CuttingSlope（IfcSubgradeSlopeProtectionElement）		
			地基处理SubsoilTreatment（IfcSubgradeSubsoilTreatmentElement）		
			过渡段TransitionSection（IfcSubgradeTransitionSectionStructureElement）		
			路基工点nPROJECTNAME_LJ_Siten（IfcSubgrade）		
PROJECTNAME_QH（IfcCRGroupDepartment）					
	PROJECTNAME_QH_CU 涵洞（IfcCRGroup）				
		PROJECTNAME_QH_CU_01 涵洞01（IfcCRBridge\CULVERT）			
			Segments 涵节（IfcCRGroup）		
				SEG01 涵节01（IfcCRBridgeCulvertSegment）	
				SEG02 涵节02（IfcCRBridgeCulvertSegment）	
				……	
			Foundations 基础（IfcCRGroup）		
				SEG01 涵节01（IfcCRBridgePart\FOUNDATION）	
				SEG02 涵节02（IfcCRBridgePart\FOUNDATION）	
				……	
			Subsidiary 附属结构（IfcCRGroup）		
				WingWall 翼墙（IfcCRBridgeWingWall）	
				MANHOLE 进人孔（IfcCRDistributionChamberElement\MANHOLE）	
				SUMP 集水坑（IfcCRDistributionChamberElement\SUMP）	
				HatStone 帽石（IfcCRBridgeHatStone）	
		PROJECTNAME_QH_CU_02 涵洞02（IfcCRBridge\CULVERT）			
		……			
	PROJECTNAME_QH_CU_FrameBridge 框构（IfcCRGroup）				
		PROJECTNAME_QH_CU_FrameBridge_01 框构（IfcCRBridge\FRAMEBRIDGE）			
			Concrete 主体混凝土结构（IfcCRBridgeFrameSegment）		
			Subsidiary 附属结构（IfcCRGroup）		

续上表

			WingWall 翼墙（IfcCRBridgeWingWall）		
			HatStone 帽石（IfcCRBridgeHatStone）		
			Rebar 钢筋（IfcCRGroup）		
				N1 钢筋 1（IfcCRReinforcingBar）	
				N2 钢筋 2（IfcCRReinforcingBar）	
				……	
			Foundations 基础（IfcCRBridgePart\FOUNDATION）		
		PROJECTNAME_QH_CU_FrameBridge_02 框构（IfcCRBridge\FRAMEBRIDGE）			
		……			
	PROJECTNAME_QH_Bridge 桥梁（IfcCRGroup）				
		PROJECTNAME_QH_Bridge_01 桥梁 01（IfcCRBridge\GIRDERBRIDGE）			
			S 简支梁（IfcCRGroup）		
				Type01 类型 01 简支梁（IfcCRGroup）	
					ModelName1 模型 1（IfcCRBridgePart\GIRD）
					Segment 主体混凝土结构（IfcCRBridgeGirderSegment）
					Rebar 钢筋（IfcCRGroup）
					N1 钢筋 1（IfcCRReinforcingBar）
					N2 钢筋 2（IfcCRReinforcingBar）
					……
					Tendon 预应力束体系（IfcCRGroup）
					T1 预应力束 1（IfcCRTendon）
					T2 预应力束 2（IfcCRTendon）
					……
					TendonAnchor 齿块（IfcCRGroup）
					TendonAnchor01 齿块 01（IfcTendonAnchor）
					TendonAnchor02 齿块 01（IfcTendonAnchor）
					……
					BRIDGEFLOORSYSTEM 桥面系（IfcCRBridgePart\BRIDGEFLOORSYSTEM）
					ProtectingWall 防护墙（IfcCRBridgeProtectingWall）
					VerticalWallA 竖墙 A（IfcCRVerticalWall）
					VerticalWallB 竖墙 B（IfcCRVerticalWall）
					CoverPlate 盖板（IfcCRBridgeSlab）
					ShieldPlate 遮板（IfcCRBridgeSlab）
					OCSBase 接触网立柱基础（IfcCRBridgeEmbeddedPartsFoundation）

续上表

				NoiseBarrierBase 声屏障基础（IfcCRBridgeEmbeddedPartsFoundation）	
				Pipe 排水管（IfcCRPipeSegment）	
				Railing 栏杆（IfcRailing）	
			ModelName2 模型 2（IfcCRBridgePart\GIRD）		
			……		
		Type02 类型 02 简支梁（IfcCRGroup）			
		……			
	C 连续梁（IfcCRGroup）				
		Model01No.01 连续梁（IfcCRBridgePart\GIRD）			
			Concrete 主体混凝土结构（IfcCRGroup）		
				Seg01 节段 01（IfcCRBridgeGirderSegment）	
				Seg02 节段 02（IfcCRBridgeGirderSegment）	
				……	
			Rebar 钢筋（IfcCRGroup）		
				Seg01 节段 01（IfcCRGroup）	
					N1 钢筋 1（IfcCRReinforcingBar）
					N2 钢筋 2（IfcCRReinforcingBar）
					……
				Seg02 节段 02（IfcCRGroup）	
					N1 钢筋 1（IfcCRReinforcingBar）
					N2 钢筋 2（IfcCRReinforcingBar）
					……
				……	
			Tendon 预应力束体系（IfcCRGroup）		
				T1 预应力束 1（IfcCRTendon）	
				T2 预应力束 2（IfcCRTendon）	
				……	
			TendonAnchor 齿块（IfcCRGroup）		
				TendonAnchor01 齿块 01（IfcTendonAnchor）	
				TendonAnchor02 齿块 02（IfcTendonAnchor）	
				……	
			BRIDGEFLOORSYSTEM 桥面系（IfcCRGroup）		
				Seg01 节段 01（IfcCRBridgePart\BRIDGEFLOORSYSTEM）	
					ProtectingWall 防护墙（IfcCRBridgeProtectingWall）

续上表

				VerticalWallA 竖墙 A（IfcCRVerticalWall）	
				VerticalWallB 竖墙 B（IfcCRVerticalWall）	
				CoverPlate 盖板（IfcCRBridgeSlab）	
				ShieldPlate 遮板（IfcCRBridgeSlab）	
				OCSBase 接触网立柱基础（IfcCRBridgeEmbeddedPartsFoundation）	
				NoiseBarrierBase 声屏障基础（IfcCRBridgeEmbeddedPartsFoundation）	
				Pipe 排水管（IfcCRPipeSegment）	
				Railing 栏杆（IfcRailing）	
				Seg02 节段 02（IfcCRBridgePart\BRIDGEFLOORSYSTEM）	
				……	
			Model02No.02 连续梁（IfcCRBridgePart\GIRD）		
			……		
		P 桥墩 （IfcCRGroup）			
			Model01 桥墩 01（IfcCRBridgePart\PIER）		
				PierSegment 混凝土结构（IfcCRBridgePierSegment）	
				Rebar 钢筋（IfcCRGroup）	
					N1 钢筋 1（IfcCRReinforcingBar）
					N2 钢筋 2（IfcCRReinforcingBar）
					……
				BedStone 垫石（IfcCRBridgeBedstone）	
				Bearing 支座（IfcCRBridgeBearing）	
				EmbeddedParts 预埋件（IfcCRBridgeEmbeddedPartsFoundation）	
				Coping 盖梁（IfcCRBridgeCoping）	
				Cradle 吊篮（IfcRailing）	
			Model02 桥墩 02（IfcCRBridgePart\PIER）		
			……		
		A 桥台 （IfcCRGroup）			
			A1 桥台 01（IfcCRBridgePart\ABUTMENT）		
				AbutmentSegment 混凝土结构（IfcCRBridgeAbutmentSegment）	
				Subsidiary 附属结构（IfcCRGroup）	
					Cone 锥体（IfcCRCone/B）
					EmbeddedParts 电缆上下桥槽道预埋件（IfcCRBridgeEmbeddedPartsFoundation）
					Cradle 吊篮（IfcRailing）
					InspectionLadder 检查爬梯（IfcRailing）

续上表

				ProtectingWall 防护墙（IfcCRBridgeProtectingWall）	
				VerticalWallA 竖墙 A（IfcCRVerticalWall）	
				VerticalWallB 竖墙 B（IfcCRVerticalWall）	
				CoverPlate 盖板（IfcCRBridgeSlab）	
				BedStone 垫石（IfcCRBridgeBedstone）	
				Rebar 钢筋（IfcCRGroup）	
					N1 钢筋 1（IfcCRReinforcingBar）
					N2 钢筋 2（IfcCRReinforcingBar）
					……
				Bearing 支座（IfcCRBridgeBearing）	
			A2 桥台 02（A_NO.2（IfcBridgePart_Abutment/P）		
			F 基础（IfcCRGroup）		
				No.01 基础 01（IfcCRBridgePart\FOUNDATION）	
				No.02 基础 02（IfcCRBridgePart\FOUNDATION）	
				……	
			ARCHBRIDGE 拱桥（IfcCRBridge\ARCHBRIDGE）		
				GIRD 梁（IfcCRBridgePart\GIRD）	
				ARCH 拱（IfcCRBridgePart\ARCH）	
				BRIDGEFLOORSYSTEM 桥面系（IfcCRBridgePart\BRIDGEFLOORSYSTEM）	
				SUSPENDERS 吊杆（IfcCRBridgePart\SUSPENDERS）	
				……	
			CABLESTAYEDBRIDGE 斜拉桥（IfcCRBridge\CABLESTAYEDBRIDGE）		
			……		
		PROJECTNAME_QH_Bridge_02 桥梁 02（IfcCRBridge\GIRDERBRIDGE）			
		……			
PROJECTNAME_SD（IfcCRGroupDepartment）					
	PROJECTNAME_SD_01 隧道 NameOfTunnel（IfcTunnel）				
		隧道进口工区 Entranceoftunnel（IfcTunnel）			
			暗洞 under-cuttunnelsegment（IfcTunnelPart）		
				01 暗洞 No.1under-cuttunnelsegment（IfcTunnelPart/UNDER-CUTTUNNELSEGMENT）	
				开挖 excavation（IfcExcavation/UNDER-CUTEXCAVATION）	
				初期支护 priamrysupport（IfcTunnelSupport）	
					喷射混凝土 shotconcrete（IfcTunnelSupport/PRIMARYSUPPORT）
					钢筋网 reinforcingbar（IfcTunnelSupport/PRIMARYSUPPORT）

续上表

				锚杆 AncherBolt（IfcTunnelSupport/PRIMARYSUPPORT）			
				钢架 SteelFrame（IfcTunnelSupport/PRIMARYSUPPORT）			
			临时支护 temporarysupport（IfcTunnelSupport）				
				喷射混凝土 shotcrete（IfcTunnelSupport/TEMPORARYSUPPORT）			
				钢架 steelFrame（IfcTunnelSupport/TEMPORARYSUPPORT）			
			二次衬砌 tunnelling（IfcTunnelLining）				
				底板 baseslab（IfcTunnelLining/BASESLAB）			
				拱墙衬砌 archwallling（IfcTunnelLining/ARCHWALLLINING）			
				仰拱衬砌 invertlining（IfcTunnelLining/INVERTLINING）			
				钢筋 reinforcingbar（IfcReinforcingBar/）			
			仰拱填充 invertfilling（IfcTunnelFilling/INVERTFILLING）				
			防排水 DistributionsystemAndWaterprooflayer（IfcTunnelLayer）				
				防水 Waterprooflayer（IfcTunnelLayer）			
					衬砌段防水 LiningWaterprooflayer（IfcTunnelLayer）		
						防水板 WaterProofboard（IfcTunnelLayer/WATERPROOFLAYER）	
						土工布 Geotextile（IfcTunnelLayer/PROTECTIVELAYER）	
						聚氨酯保温板 Polyurethaneinsulationboard（IfcTunnelLayer/Thermal InsulationLayer）	
					施工缝防水 Distructionjointwaterproof（IfcTunnelLayer）		
						中埋式橡胶止水带 buriedtyperubberwaterstop（IfcTunnelLayer/WATER PROOFLAYER）	
						背贴式橡胶止水带 backsticktyperubberwaterstop（IfcTunnelLayer/WATERPROOFLAYER）	
						遇水膨胀止水条 waterswellingsrtip（IfcTunnelLayer/WATERPROOF LAYER）	
						!100 打孔 PVC 管 100mmPerforatedPVCtube（IfcTunnelLayer/WATER PROOFLAYER）	
					变形缝防水 Deformationjointwaterproof（IfcTunnelLayer）		
						中埋式钢边橡胶止水带 buriedtypestelledgerubberwaterstop（IfcTunnel Layer/WATERPROOFLAYER）	
						背贴式橡胶止水带 backsticktyperubberwaterstop（IfcTunnelLayer/WATERPROOFLAYER）	
						聚乙烯泡沫塑料板 Polyethyfoamboard（IfcTunnelFilling/Jointfilling）	
						双组分聚硫密封胶 Two-conponentpolysulfidesealant（IfcTunnelFilling/Jointfilling）	
						遇水膨胀止水条 waterswellingsrtip（IfcTunnelLayer/WATERPROOFL AYER）	
						!100 打孔 PVC 管 100mmPerforatedPVCtube（IfcTunnelLayer/WATER PROOFLAYER）	

续上表

					保温层 ThermalinsulationLayer（IfcTunnelLayer）
				排水 Drainage（IfcDistributionSystem）	
				衬砌背后排水 DrainageBehindLining（IfcDistributionSystem/DRAINAGE）	
					环向盲管 CircularBilndTube（IfcPipeSegment/GUTTER）
					纵向盲管 LongitudinalBlindTube（IfcPipeSegment/GUTTER）
					横向排水管 TransverseDrainagePipe（IfcPipeSegment/GUTTER）
					纵向排水管 LongitudinalDrainagePipe（IfcPipeSegment/GUTTER）
					竖向排水管 VerticalDrainagePipe（IfcPipeSegment/GUTTER）
					维护管 MaintenancePipe（IfcPipeSegment/GUTTER）
					盲沟 BlindDitch（IfcPipeSegment/GUTTER）
				侧沟排水 SideDitch（IfcDistributionSystem/DRAINAGE）	
					沟槽身 SideDitchStructure（IfcPipeSegment/GUTTER）
					盖板 Slab（IfcSlab）
					橡胶条 rubbersrtip（IfcTunnelFilling/jointFilling）
					电缆槽填砂 cablegroovesandfilling（IfcTunnelFilling/DitchFilling）
					聚氨酯保温材料 Polyurethaneinsulationmaterial（IfcTunnelFilling/DitchFilling）
				保温中心沟排水 Thermalinsulationcenterditchdrainage（IfcDistributionSystem/DRAINAGE）	
					保温槽 ThermalinsulationSlot（IfcPipeSegment/GUTTER）
					C20 混凝土填充 C20ConcreteFilling（IfcTunnelFilling/DtichFilling）
					C20 混凝土基座 C20Concretesubstrate（IfcTunnelFilling/Ditch Filling）
					防水板 Waterproofboard（IfcTunnelLayer/WATERPROOFLAYER）
					聚氨酯保温板 Polyurethaneinsulationboard（IfcTunnelLayer）
					加强钢筋网片 Reinforcingbar（IfcReinforcingBar/）
					排水管 DrainagePipe（IfcPipeSegment/GUTTER）
				深埋中心沟排水 Deepcenterditchdrainage（IfcDistributionSystem/DRAINAGE）	
					开挖 Excavation（IfcExcavation/OPEN-CUTEXCAVATION）
					基座 Substrate（IfcTunnelFilling/DitchFilling）
					级配碎石 Gradbrokenstone（IfcTunnelFilling/DitchFilling）
					排水管 DrainagePipe（IfcPipeSegment/GUTTER）
					土工布 Geotextile（IfcTunnelLayer/PROTECTIVELAYER）
					防护 DitchSupport（IfcTunnelSupport）
						喷射混凝土 Shotconcrete（IfcTunnelSupport/Shotconcrete）
						钢架 AnchorBolt（IfcTunnelSupport/AnchorBolt）

附录 铁路工程 BIM 协同设计平台应用规范

续上表

				保温中心沟检查井 Thermalinsulationcenterditchmanhole（IfcDistributionChamberElement/MANHOLE）	
					盖板 Slab（IfcSlab/）
					橡胶条 rubbersrtip（IfcTunnelFilling/JointFilling）
					橡胶垫圈 rubbergasket（IfcTunnelFilling/JointFilling）
					聚氨酯保温材料 Polyurethaneinsulationmaterial（IfcTunnelFilling/DitchFilling）
				深埋中心沟检查井 Deepcenterditchmanhole（IfcDistributionChamberElement/MANHOLE）	
					开挖 Excavation（IfcExcavation/OPEN-CUTEXCAVATION）
					盖板 Slab（IfcSlab/）
					橡胶条 rubbersrtip（IfcTunnelFilling/JointFilling）
					橡胶垫圈 rubbergasket（IfcTunnelFilling/JointFilling）
					聚氨酯保温材料 Polyurethaneinsulationmaterial（IfcTunnelFilling/DtichFilling）
					井身 ditchmanholestructure（IfcTunnelLining/ARCHWALLLINING）
			注浆 IfcTunnelGrouting（IfcTunnelGrouting）		
				帷幕注浆 CurtainGrouting（IfcTunnelGrouting/CurtainGrouting）	
				超前周边注浆 Advancedperimetergrouting（IfcTunnelGrouting/Advancedperimetergrouting）	
				径向注浆 Radialgrouting（IfcTunnelGrouting/Radialgrouting）	
				局部预注浆 Localpergrouting（IfcTunnelGrouting/Localpergrouting）	
				地表注浆 Surfacegrouting（IfcTunnelGrouting/Surfacegrouting）	
				回填注浆 Backfillgrouting（IfcTunnelGrouting/Backfillgrouting）	
			超前支护 Advantagesupport（IfcTunnelSupport）		
				超前小导管 Advancedsmallpipe（IfcTunnelSupport/ADVANCESUPPORT）	
				超前双层小导管 Advanceddoublesmallpipe（IfcTunnelSupport/ADVANCESUPPORT）	
				!89 中管棚 !89Advancedmiddlepipeshed（IfcTunnelSupport/ADVANCESUPPORT）	
				!108 大管棚 !108Advancedlargepipeshed（IfcTunnelSupport/ADVANCESUPPORT）	
				!159 大管棚 !159Advancedlargepipeshed（IfcTunnelSupport/ADVANCESUPPORT）	
				超前锚杆 Advencedbolt（IfcTunnelSupport/ADVANCESUPPORT）	
			基底处理 BaseDispose（IfcOriginalSubsoilReinforcement）		
		02 暗洞（IfcTunnelPart/UNDER-CUTTUNNELSEGMENT）			
			洞室 Chamber（IfcTunnelPart）		
				洞室 01NameOfChamber（IfcTunnelPart/TUNNELCHAMBER）	
					开挖 excavation（IfcExcavation/UNDER-CUTEXCAVATION）
					初期支护 Primarysupport（IfcTunnelSupport）

续上表

				喷射混凝土 shotconcrete（IfcTunnelSupport/PRIMARYSUPPORT）		
				钢筋网 Reinforcingbar（IfcTunnelSupport/PRIMARYSUPPORT）		
				锚杆 AncherBolt（IfcTunnelSupport/PRIMARYSUPPORT）		
				钢架 SteelFrame（包含锁脚）（IfcTunnelSupport/PRIMARYSUPPORT）		
			二次衬砌 TunnelLing（IfcTunnelLining）			
				拱墙衬砌 Archwalling（IfcTunnelLining/ARCHWALLLINING）		
				底板 baseslab（IfcTunnelLining/BASESLAB）		
				钢筋 reinforcingbar（IfcReinforcingBar）		
			防排水 DistributionsystemAndWaterprooflayer（IfcTunnelLayer）			
				防水 Waterprooflayer（IfcTunnelLayer）		
					衬砌段防水 LiningWaterprooflayer（IfcTunnelLayer）	
						防水板 WaterProofboard（IfcTunnelLayer/WATERPROOFLAYER）
						土工布 Geotextile（IfcTunnelLayer/PROTECTIVELAYER）
						黏土层回填 ClayFilling（IfcTunnelFilling/BACKFILL）
					施工缝防水 Distructionjointwaterproof（IfcTunnelLayer）	
						中埋式橡胶止水带 buriedtyperubberwaterstop（IfcTunnelLayer/WATERPROOFLAYER）
						背贴式橡胶止水带 backsticktyperubberwaterstop（IfcTunnelLayer/WATERPROOFLAYER）
				排水 Drainage（IfcDistributionSystem）		
					衬砌背后排水 Drainagebehindlining（IfcDistributionSystem/DRAINAGE）	
					纵向盲管 LongitudinalBlindTube（IfcPipeSegment/GUTTER）	
		洞室 02				
	明洞 Opencuttunnel（IfcTunnelPart）					
		明洞 01Nameofopencuttunnel（IfcTunnelPart/OPEN-CUTSEGMENT）				
			开挖 Excavation（IfcExcavation/OPEN-CUTEXCAVATION）			
			回填 Filling（IfcTunnelFilling/BACKFILL）			
			衬砌 Tunnellining（IfcTunnelLining）			
				拱墙衬砌 Archwalllining（IfcTunnelLining/ARCHWALLLINING）		
				仰拱衬砌 Invertlining（IfcTunnelLining/INVERTLINING）		
				钢筋 Reinforcingbar（IfcReinforcingBar/）		
				耳墙 EarstyleWall（AecWall）		
				减压孔 Decompresshole（IfcCRDrillHole）		
				衬砌底板 Baseslab（IfcTunnelLining/BASESLAB）		
			仰拱填充 Invertfilling（IfcTunnelFilling/INVERTFILLING）			
			找平层 Levelingblanket（IfcTunnelLayer/LEVELINGBLANKET）			

续上表

					防排水 DistributionsystemAndWaterprooflayer（IfcTunnelLayer）	
					防水 Waterprooflayer（IfcTunnelLayer）	
						衬砌段防水 LiningWaterprooflayer（IfcTunnelLayer）
						水泥砂浆找平层 Concretelevelingblanket（IfcTunnelLayer/LEVELINGBLANKET）
						聚氨酯防水涂料 Polyurethanewaterproofcoating（IfcTunnelLayer/WATERPROOFLAYER）
						自粘式防水卷材 Self-adhesivewaterproofcoiledmaterial（IfcTunnelLayer/WATERPROOFLAYER）
						土工布 Geotextile（IfcTunnelLayer/PROTECTIVELAYER）
						砖砌保护层 Brickstructure（IfcTunnelLayer/PROTECTIVELAYER）
						施工缝防水 Distructionjointwaterproof（IfcTunnelLayer）
						中埋式橡胶止水带 buriedtyperubberwaterstop（IfcTunnelLayer/WATERPROOFLAYER）
						遇水膨胀止水条 waterswellingsrtip（IfcTunnelLayer/WATERPROOFLAYER）
						!100 打孔 PVC 管 100mmPerforatedPVCtube（IfcTunnelLayer/WATERPROOFLAYER）
						变形缝防水 Deformationjointwaterproof（IfcTunnelLayer）
						中埋式钢边橡胶止水带 buriedtypestelledgerubberwaterstop（IfcTunnelLayer/WATERPROOFLAYER）
						聚乙烯泡沫塑料板 Polyethyfoamboard（IfcTunnelFilling/JointFilling）
						双组分聚硫密封胶 Two-conponentpolysulfidesealant（IfcTunnelFilling/JointFilling）
						遇水膨胀止水条 waterswellingsrtip（IfcTunnelLayer/WATERPROOFLAYER）
						!100 打孔 PVC 管 100mmPerforatedPVCtube（IfcTunnelLayer/WATERPROOFLAYER）
					排水 Drainage（IfcDistributionSystem）	
						衬砌背后排水 DrainageBehindLining（IfcDistributionSystem/DRAINAGE）
						纵向盲管 LongitudinalBlindTube（IfcPipeSegment/GUTTER）
						竖向盲管 VerticalBlindTube（IfcPipeSegment/GUTTER）
						横向排水管 TransverseDrainagePipe（IfcPipeSegment/GUTTER）
						纵向排水管 LongitudinalDrainagePipe（IfcPipeSegment/GUTTER）
						竖向排水管 VerticalDrainagePipe（IfcPipeSegment/GUTTER）
						维护管 MaintenancePipe（IfcPipeSegment/GUTTER）
						盲沟 BlindDitch（IfcPipeSegment/GUTTER）
					侧沟排水 SideDitch（IfcDistributionSystem/DRAINAGE）	

续上表

					沟槽身 SideDitchStructure（IfcPipeSegment/GUTTER）
					盖板 Slab（一般盖板和保温盖板算到一起）（IfcSlab）
					橡胶条 rubbersrtip（IfcTunnelFilling/JointFilling）
					电缆槽填砂 cablegroovesandfilling（IfcTunnelFilling/DitchFilling）
					聚氨酯保温材料 Polyurethaneinsulationmaterial（IfcTunnelFilling/DitchFilling）
				保温中心沟排水 Thermalinsulationcenterditchdrainage（IfcDistributionSystem/DRAINAGE）	
					保温槽 ThermalinsulationSlot（IfcPipeSegment/GUTTER）
					C20 混凝土填充 C20ConcreteFilling（IfcTunnelFilling/DitchFilling）
					C20 混凝土基座 C20Concretesubstrate（IfcTunnelFilling/DitchFilling）
					防水板 Waterproofboard（IfcTunnelLayer/WATERPROOFLAYER）
					聚氨酯保温板 Polyurethaneinsulationboard（IfcTunnelLayer）
					加强钢筋网片 Reinforcingbar（IfcReinforcingBar）
					排水管 DrainagePipe（IfcPipeSegment/GUTTER）
				深埋中心沟排水 Deepcenterditchdrainage（IfcDistributionSystem/DRAINAGE）	
					开挖 Excavation（IfcExcavation/OPEN-CUTEXCAVATION）
					基座 Substrate（IfcTunnelFilling/DitchFilling）
					级配碎石 Gradbrokenstone（IfcTunnelFilling/DitchFilling）
					排水管 DrainagePipe（IfcPipeSegment/GUTTER）
					土工布 Geotextile（IfcTunnelLayer/PROTECTIVELAYER）
				保温中心沟检查井 Thermalinsulationcenterditchmanhole（IfcDistributionChamberElement/MANHOLE）	
					盖板 Slab（IfcSlab/）
					橡胶条 rubbersrtip（IfcTunnelFilling/JointFilling）
					橡胶垫圈 rubbergasket（IfcTunnelFilling/JointFilling）
					聚氨酯保温材料 Polyurethaneinsulationmaterial（IfcTunnelFilling/DitchFilling）
				深埋中心沟检查井 Deepcenterditchmanhole（IfcDistributionChamberElement/MANHOLE）	
					开挖 Excavation（IfcExcavation/OPEN-CUTEXCAVATION）
					盖板 Slab（IfcSlab/）
					橡胶条 rubbersrtip（IfcTunnelFilling/缝填充）
					橡胶垫圈 rubbergasket（IfcTunnelFilling/缝填充）
					聚氨酯保温材料 Polyurethaneinsulationmaterial（IfcTunnelFilling/沟槽填充（保温中心沟）
					井身 ditchmanholestructure（IfcTunnelLining/ARCHWALLLINING）

附录 铁路工程BIM协同设计平台应用规范

续上表

			明洞02			
			洞门 Portal（IfcTunnelPart）			
				洞门01NameOfPortal（IfcTunnelPart/PORTALSEGMENT）		
					开挖 Excavation（IfcExcavation/OPEN-CUTEXCAVATION）	
					回填 Filling（IfcTunnelFilling/BACKFILL）	
					衬砌 TunnelLining（IfcTunnelPortalStructure）	
						拱墙、仰拱及帽檐 Portalstructure（IfcTunnelPortalStructure/HATSTYLEPORTALSTRUCTURE）
						钢筋 Reinforcingbar（IfcReinforcingBar）
					仰拱填充 InvertFilling（IfcTunnelFilling/INVERTFILLING）	
					防排水 DistributionsystemAndWaterprooflayer（IfcTunnelLayer）	
						防水 Waterprooflayer（IfcTunnelLayer）
						衬砌段防水 LiningWaterprooflayer（IfcTunnelLayer）
						水泥基防水涂料 Concretewaterproofcoating（IfcTunnelLayer/WATERPROOFLAYER）
						水泥砂浆找平层 Concretelevelingblanket（IfcTunnelLayer/LEVELINGBLANKET）
						聚氨酯防水涂料 Polyurethanewaterproofcoating（IfcTunnelLayer/WATERPROOFLAYER）
						自粘式防水卷材 Self-adhesivewaterproofcoiledmaterial（IfcTunnelLayer/WATERPROOFLAYER）
						土工布 Geotextile（IfcTunnelLayer/PROTECTIVELAYER）
						砖砌保护层 Brickstructure（IfcTunnelLayer/PROTECTIVELAYER）
						变形缝防水 Deformationjointwaterproof（IfcTunnelLayer）
						中埋式钢边橡胶止水带 buriedtypestelledgerubberwaterstop（IfcTunnelLayer/WATERPROOFLAYER）
						聚乙烯泡沫塑料板 Polyethyfoamboard（IfcTunnelFilling/jointFilling）
						双组分聚硫密封胶 Two-conponentpolysulfidesealant（IfcTunnelFilling/JointFilling）
						遇水膨胀止水条 waterswellingsrtip（IfcTunnelLayer/WATERPROOFLAYER）
						!100打孔PVC管 100mmPerforatedPVCtube（IfcTunnelLayer/WATERPROOFLAYER）
					排水 Drainage（IfcDistributionSystem）	
						衬砌背后排水 DrainageBehindLining（IfcDistributionSystem/DRAINAGE）
						纵向盲管 LongitudinalBlindTube（IfcPipeSegment/GUTTER）
						侧沟排水 Sideditch（IfcDistributionSystem/DRAINAGE）
						沟槽身 SideDitchStructure（IfcPipeSegment/GUTTER）

- 345 -

续上表

						盖板 Slab（IfcSlab）
						橡胶条 rubbersrtip（IfcTunnelFilling/JointFilling）
						电缆槽填砂 cablegroovesandfilling（IfcTunnelFilling/DitchFilling）
						聚氨酯保温材料 Polyurethaneinsulationmaterial（IfcTunnelFilling/DitchFilling）
					保温中心沟排水 Thermalinsulationcenterditchdrainage（IfcDistributionSystem/DRAINAGE）	
						保温槽 ThermalinsulationSlot（IfcPipeSegment/GUTTER）
						C20 混凝土填充 C20ConcreteFilling（IfcTunnelFilling/DitchFilling）
						C20 混凝土基座 C20Concretesubstrate（IfcTunnelFilling/DitchFilling）
						防水板 Waterproofboard（IfcTunnelLayer/WATERPROOFLAYER）
						聚氨酯保温板 Polyurethaneinsulationboard（IfcTunnelLayer）
						加强钢筋网片 Reinforcingbar（IfcReinforcingBar）
						排水管 DrainagePipe（IfcPipeSegment/GUTTER）
					深埋中心沟排水 Deepcenterditchdrainage（IfcDistributionSystem/DRAINAGE）	
						开挖 Excavation（IfcExcavation/OPEN-CUTEXCAVATION）
						基座 Substrate（IfcTunnelFilling/DitchFilling）
						级配碎石 Gradbrokenstone（IfcTunnelFilling/DitchFilling）
						排水管 DrainagePipe（IfcPipeSegment/GUTTER）
						土工布 Geotextile（IfcTunnelLayer/PROTECTIVELAYER）
					垫层 Levelingblanket（IfcTunnelLayer/LEVELINGBLANKET）	
				洞门 02		
				洞门附属 auxiliaryofportal		
			** 辅助坑道			
		隧道 1# 斜井工区（IfcTunnel）				
		隧道 2# 斜井工区（IfcTunnel）				
	踏步					
	……					

参考文献

REFERENCE

[1] 杰里·莱瑟林. BIM 的历史 [J]. 王新, 译. 建筑创作, 2011 (6):146-150.

[2] Eastman C. Building product models: computer environments, supporting design and construction [M]. Boca Raton: CRC Press, 1999.

[3] Eastman C. The use of computers instead of drawings in building design [J]. AIA Journal, 1975, 63 (3): 46-50.

[4] 杰里·莱瑟林. 比较苹果与橙子 [J]. 王新, 译. 建筑创作, 2011 (4):136-139.

[5] 查克·伊斯曼, 保罗·泰肖尔兹, 拉斐尔·萨克斯, 等. BIM 手册 [M].2 版. 耿跃云, 尚晋, 等, 译. 北京: 中国建筑工业出版社, 2016.

[6] 李建成. BIM 应用·导论 [M]. 上海: 同济大学出版社, 2015.

[7] NBS. National BIM Report 2020 [R/OL]. 2020. https://www.thenbs.com/knowledge/national-bim-report-2020.

[8] NBS. National BIM Report 2018 [R/OL]. 2018. https://www.thenbs.com/knowledge/the-national-bim-report-2018.

[9] 陆东福. 打造中国高铁亮丽名片 [J]. 求是. 2021 (15): 53-60.

[10] 何华武. 建立中国高速铁路技术体系的研究 [J]. 铁道运输与经济, 2006, 28 (12): 1-10.

[11] 何华武, 朱亮, 李平, 等. 智能高铁体系框架研究 [J]. 中国铁路, 2019 (3): 1-8.

[12] 卢春房. 中国高速铁路的技术特点 [J]. 科技导报, 2015, 33 (18): 13-19.

[13] 刘光武. 城市轨道交通 BIM 应用研究与实践 [M]. 北京：中国建筑工业出版社, 2016.

[14] 杨秀仁. 城市轨道交通工程 BIM 设计实施基础标准研究 [M]. 北京：中国铁道出版社, 2016.

[15] 齐春雨, 苏林. 京沈客专成段落 BIM 试点多专业协同设计研究与应用 [J]. 铁路技术创新, 2016 (3): 13-17.

[16] EASTMAN C, FISHER D, LAFUE G, et al. An outline of the Building Description System [R]. Research Report No. 50, Institute of Physical Planning, Carnegie-Mellon University, 1974.

[17] EASTMAN C, TEICHOLZ P, SACKS R, et al. BIM Handbook [M]. 2nd Edition. John Wiley & Sons, 2011.

[18] AZHAR S, KHALFAN M, MAQSOOD T. Building Information Modelling (BIM): now and beyond [J]. Construction Economics and Building, 2015, 12 (4): 15-28.

[19] HOWARD R, BJÖRK B C. Building Information Modelling-experts views on standardisation and industry deployment [J]. Advanced Engineering Informatics, 2008, 22 (2): 271-280.

[20] BRADLEY A, LI H, LARK R, et al. BIM for infrastructure: an overall review and constructor perspective [J]. Automation in Construction, 2016 (71): 139-152.

[21] BRYDE D, BROQUETAS M, VOLM J M. The project benefits of Building Information Modelling (BIM) [J]. International journal of project management, 2013, 31 (7): 971-980.

[22] CONSTRUCTION M H. The business value of BIM in Australia and New Zealand: how Building Information Modelling is transforming the Design and Construction Industry [R]. Smart Market Report. Bedford, Massachusetts: McGraw Hill Construction, 2014.

[23] ZHAO X. A scientific review of global BIM research: analysis and visualization [J]. Automation in Construction, 2017 (80):37-47.

[24] WU P, WANG J, WANG X. A critical review of the use of 3-D printing in the construction industry [J]. Automation in Construction, 2016 (68): 21-31.

[25] MAHDJOUBI L, MOOBELA C, LAING R. Providing real-estate services through the integration of 3D laser scanning and Building Information Modelling [J]. Computers in Industry, 2013, 64 (9): 1272-1281.

[26] WANG X, LOVE P E D, KIM M J, et al. A conceptual framework for Integrating Building Information Modeling with augmented reality [J]. Automation in Construction, 2013 (34):37-44.

[27] NIBS. United States National Building Information Modeling Standard, Version 1 – Part 1: overview, principles, and methodologies [S]. National Institute of Building Sciences, Washington, DC, 2007.

[28] NIBS. National BIM Standard – United States Version 2 – Transforming the building supply

chain through open and interoperable information exchanges [S]. National Institute of Building Sciences, Washington, DC, 2012.

[29] NIBS. National BIM Standard – United States Version 3 – Transforming the building supply chain through open and interoperable information exchanges [S]. National Institute of Building Sciences, Washington, DC, 2015.

[30] ISO. Building Information Modelling – Information Delivery Manual – Part I: methodology and format: ISO 29481-1 [S]. Switzerland, 2010.

[31] ISO. Building construction – Organization of information about construction works – Part 2: framework for classification: ISO 12006-2 [S]. 2015.

[32] AMIREBRAHIMI S, RAJABIFARD A, MENDIS P, et al. A BIM-GIS integration method in support of the assessment and 3D visualization of flood damage to a building [J]. Journal of Spatial Science, 2016, 61 (2): 317-350.

[33] SUCCAR B, SHER W, WILLIAMS A. Measuring BIM performance: five metrics [J]. Architectural Engineering and Design Management, 2012, 8 (2): 120-142.

[34] WANG P, WU, P, WANG, J, et al. A critical review of the use of Virtual Reality in construction engineering education and training [J]. International Journal of Environmental Research on Public Health, 2018, 15 (6): 1-18.

[35] NAWARI N O, Ravindran S. Blockchain technology and BIM process: review and potential applications [J]. Journal of Information Technology in Construction, 2019 (24): 209-238.

[36] General Services Administration (GSA). 3D-4D Building Information Modeling [EB/OL]. (2003) [2021-07-30]. https://www.gsa.gov/real-estate/design-construction/3d4d-building-information-modeling.

[37] Deutsche Bahn. Digital transformation and long-term challenges [EB/OL]. (2015-11-27) [2021-7-30]. https://fsr.eui.eu/wp-content/uploads/2016/03/151127KsollM.pdf.

[38] East Japan Railway Company. The Mid-to-Long-term Vision for Technological Innovation [EB/OL]. (2016) [2021-07-30]. https://www.jreast.co.jp/e/development/innovation/.

[39] The European Rail Research Advisory Council. Rail route 2050: the sustainable backbone of the single European transport area [EB/OL]. (2011) [2021-07-20]. https://www.kowi.de/Portaldata/2/Resources/fp/railroute-2050.pdf.

[40] The European Rail Research Advisory Council. Rail 2030 research and innovation priorities [R/OL]. (2019) [2021-07-20]. www.errac.org/wp-content/uploads/2019/09/errac_rail_2030_research._and_innovation_priorities.pdf.

[41] European Commission. Horizon Europe: strategic plan 2021-2024 [EB/OL]. (2021) [2021-03-

15]. http://data.europa.eu/doi/10.2777/083753.

[42] European Commission. Horizon 2020 work programme from 2018 to 2020 [EB/OL]. (2020-09-17) [2021-10-27]. https://ec.europa.eu/research/participants/data/ref/h2020/wp /2018-2020/main/h2020-wp1820-intro_en.pdf.

[43] European Commission. 2030 digital compass: the European way for the digital decade [R/OL]. (2021-03-09) [2021-07-10]. https://eufordigital.eu/wp-content/uploads/2021/03/2030-Digital-Compass-the-European-way-for-the-Digital-Decade.pdf.

[44] Ilektra PAPADAKI. Digital construction and BIM in the EU [EB/OL]. (2020-03) [2021-07-10]. http://www.eubim.eu/wp-content/uploads/2020/03/BIM-and-Digital_ILEKTRA-PAPADAKI.pdf.

[45] Jana Pieriegud. Digital transformation of railways [R/OL]. (2018) [2021-07-20]. https://shift2rail.org/wp-content/uploads/2018/04/DIGITAL_TRANSFORMATION_RAILWAYS_2018_web.pdf.

[46] Schweizerische Bundesbahnen. SmartRail 4.0: a modernization programme for the Swiss rail sector [EB/OL]. (2017) [2021-07-20]. https://www.smartrail40.ch/index.asp?inc=&lang=en.

[47] KANETA T, FURUSAKA S, TAMURA A, et al. Overview of BIM implementation in Singapore and Japan [J]. Journal of Civil Engineering and Architecture, 2016 (10): 1305-1312.

[48] Building and Construction Authority. Annual Report 2020 [R/OL]. (2020) [2021-07-30]. https://www1.bca.gov.sg/docs/default-source/docs-corp-news-and-publications/annual-reports/2020.pdf.

[49] British Department for Transport. Digital railway strategy [EB/OL]. (2018-04) [2021-07-20]. https://cdn.networkrail.co.uk/wp-content/uploads/2018/05/Digital-Railway-Strategy.pdf.

[50] British Standards Institution. A passport to global opportunities and transformative collaboration [R/OL]. (2019). https://www.bsigroup.com/globalassets/localfiles/en-gb/bim/bsi-building-information-modelling-report.pdf.

[51] British Standards Institution. Little book of BIM [R/OL]. (2021) [2021-08-03]. https://www.bsigroup.com/globalassets/en-us/brochures/bim/little-book-bim-2021.pdf.

[52] 李平, 邵赛, 薛蕊, 等. 国外铁路数字化与智能化发展趋势研究 [J]. 中国铁路, 2019 (2): 25-31.

[53] 刘为群. BIM 技术应用于数字铁路建设的实践与思考 [J]. 铁道学报, 2019, 41 (3): 97-101.

[54] 王同军. 铁路 BIM 建造技术与实践 [M]. 北京: 中国铁道出版社有限公司, 2020.

[55] 李建成. BIM 研究的先驱——查尔斯·伊斯曼教授 [J]. 土木建筑工程信息技术, 2014, 6 (4): 114-117.

[56] 何关培. BIM总论[M]. 北京：中国建筑工业出版社，2018.

[57] 李学伟. 高速铁路概论[M]. 北京：中国铁道出版社，2010.

[58] 徐骏，李安洪，刘厚强，等. BIM在铁路行业的应用及其风险分析[J]. 铁道工程学报，2014, 31 (3): 129-133.

[59] 刘北胜，尹逊霄，郭歌，等. 铁路工程BIM协同设计与构件共享研究[J]. 计算机应用，2020, 29 (12): 25-28.

[60] 清华大学BIM课题组. 中国建筑信息模型标准框架研究[M]. 北京：中国建筑工业出版社，2011.

[61] 清华大学BIM课题组. 设计企业BIM实施标准指南[M]. 北京：中国建筑工业出版社，2013.

[62] 李华良，杨绪坤，王长进，等. 中国铁路BIM标准体系框架研究[J]. 铁路技术创新，2014 (2):12-17.

[63] 国家铁路局. 铁路工程信息模型统一标准：TB/T 10183—2021[S]. 北京：中国铁道出版社有限公司，2021.

[64] 杨绪坤. 基于IFC的铁路工程信息模型数据存储标准研究[J]. 铁路技术创新，2015 (6):7-12.

[65] 姚峰峰，高歌，李华良，等. 铁路BIM数据存储标准方案研究[J]. 铁路技术创新，2015 (6): 13-17.

[66] 李华良，杨绪坤，沈东升，等. 铁路工程信息模型分类和编码标准研究[J]. 铁路技术创新，2015 (3): 17-20, 72.

[67] 范登科，韩祖杰，李华良，等. 面向铁路信息化建设的BIM与GIS融合标准与技术研究[J]. 铁路技术创新，2015 (3): 35-40.

[68] 毛宁，杨绪坤. 基于IFC的铁路站场数据存储标准研究[J]. 铁路技术创新，2015 (6): 18-23.

[69] 冯山群，杨绪坤，马永昌，等. 基于IFC扩展的铁路隧道BIM数据存储标准研究[J]. 铁路技术创新，2015 (6): 24-27.

[70] 杨绪坤，毛宁. 基于IFC4的铁路管线系统数据存储标准研究[J]. 铁路技术创新，2015 (6): 28-33.

[71] 朱纯瑶，杨绪坤. 建筑信息分类编码体系对铁路BIM的借鉴作用[J]. 铁路技术创新，2014 (5): 35-41.

[72] 苏林. 铁路线路中心线IFC标准编制与应用实践[J]. 铁路技术创新，2019 (4): 43-49.

[73] 王凯军，杨斌，马西章. 基于BIM技术的铁路围墙/栅栏设计方法[J]. 铁路技术创新，2019 (1): 59-62.

[74] 王自超. 基于3DEXPERIENCE平台的动车运用所BIM设计[J]. 铁路技术创新，2019 (1): 25-31.

[75] 朱晴晴,朱天华,秦正杨.基于达索平台的铁路BIM自上而下设计模式研究及应用[J].铁路技术创新,2017(4):78-81.

[76] 铁路BIM联盟.铁路工程实体结构分解指南(1.0版)[J].铁路技术创新,2014(6):5-334.

[77] 铁路BIM联盟.铁路工程信息模型分类和编码标准(1.0版)[J].铁路技术创新,2015(1):8-116.

[78] 铁路BIM联盟.铁路工程信息模型数据存储标准(1.0版)[J].铁路技术创新,2016(1):5-177.

[79] 铁路BIM联盟.基于信息模型的铁路工程施工图设计文件编制办法(1.0版)[J].铁路技术创新,2017(6):108-180.

[80] 铁路BIM联盟.面向铁路工程信息模型应用的地理信息交付标准(1.0版)[J].铁路技术创新,2018(1):130-156.

[81] 铁路BIM联盟.铁路工程信息模型表达标准(1.0版)[J].铁路技术创新,2017(6):15-105.

[82] 铁路BIM联盟.铁路工程信息模型交付精度标准(1.0版)[J].铁路技术创新,2018(1):9-127.

[83] 铁路BIM联盟.铁路工程信息模型设计阶段实施标准(1.0版)[J].铁路技术创新,2019(3):20-40.

[84] 国家铁路局.铁路建设项目预可行性研究、可行性研究和设计文件编制办法:TB 10504—2018[S].北京:中国铁道出版社,2018.

[85] 张毅.铁路工程信息模型交付精度标准研究[J].智能城市,2018(12):15-17.

[86] 中华人民共和国住房和城乡建设部.建筑信息模型应用统一标准:GB/T 51212—2016[S].北京:中国建筑工业出版社,2016.

[87] 中华人民共和国住房和城乡建设部.建筑信息模型分类和编码标准:GB/T 51269—2017[S].北京:中国建筑工业出版社,2017.

[88] 中华人民共和国住房和城乡建设部.建筑信息模型施工应用标准:GB/T 51235—2017[S].北京:中国建筑工业出版社,2017.

[89] 中华人民共和国住房和城乡建设部.建筑信息模型设计交付标准:GB/T 51301—2018[S].北京:中国建筑工业出版社,2018.

[90] 中华人民共和国住房和城乡建设部.建筑工程设计信息模型制图标准:JGJ/T 448—2018[S].北京:中国建筑工业出版社,2018.

[91] 中华人民共和国交通运输部.公路工程信息模型应用统一标准:JTG/T 2420—2021[S].北京:人民交通出版社股份有限公司,2021.

[92] 中华人民共和国交通运输部.公路工程设计信息模型应用标准:JTG/T 2421—2021[S].北京:人民交通出版社股份有限公司,2021.

[93] 中华人民共和国交通运输部. 公路工程施工信息模型应用标准: JTG/T 2422—2021[S]. 北京: 人民交通出版社股份有限公司, 2021.

[94] 中华人民共和国交通运输部. 水运工程信息模型应用统一标准: JTS/T 198-1—2019[S]. 北京: 人民交通出版社股份有限公司, 2019.

[95] 中华标准研究中心. 信息分类和编码的基本原则与方法: GB/T 7027—2002[S]. 北京: 中国标准出版社, 2002.

[96] 全国地理信息标准化技术委员会. 地理信息分类与编码规则: GB/T 25529—2010[S]. 北京: 中国标准出版社, 2010.

[97] 张忠良, 干晓刚. 铁路工程 BIM 基础知识 [M]. 北京: 中国建筑工业出版社, 2019.

[98] 智鹏. 基于 BIM 的铁路建设管理平台及关键技术研究 [D]. 北京: 中国铁道科学研究院, 2018.

[99] 周颖. 基于 BIM 的铁路建设项目数字化协同管理体系研究 [D]. 北京: 北京交通大学, 2017.

[100] 赵飞飞. 铁路工程信息模型数据存储国际标准框架研究 [J]. 铁道工程学报, 2018 (2): 16-20.

[101] 冯升华, 王伟. 市政工程 BIM 技术应用 [M]. 北京: 高等教育出版社, 2021.

[102] 段熙宾, 王冰峰. 基于区块链的轨道交通 BIM 模型安全管理方法 [J]. 铁道标准设计, 2020, 64 (11): 136-175.

[103] 孔国梁, 苏林, 李顶峰. 铁路路基排水 BIM 设计方法研究 [J]. 铁路技术创新, 2016 (3): 42-45.

[104] 王同军. 中国智能高铁发展战略研究 [J]. 中国铁路, 2019 (1): 9-14.

[105] 王同军. 中国智能高速铁路体系架构研究及应用 [J]. 铁道学报, 2019, 41 (11): 1-9.

[106] 王同军. 智能铁路总体架构与发展展望 [J]. 铁路计算机应用, 2018, 27 (7): 1-8.

[107] 王同军. 中国铁路大数据应用顶层设计研究与实践 [J]. 中国铁路, 2017 (1): 8-16.

[108] 王同军. 基于 BIM 技术的铁路工程建设管理创新与实践 [J]. 铁道学报, 2019, 41 (1):1-9.

[109] 韩秀辉, 袁锋, 罗世辉, 等. BIM 在铁路设计中的应用探讨 [J]. 铁道标准设计, 2016, 60 (8): 17-20.

[110] 王万齐. 基于 BIM 技术的铁路工程建设信息化全寿命周期管理研究 [D]. 成都: 西南交通大学, 2016.

[111] 周福军. 铁路工程地质 BIM 技术与应用研究 [J]. 铁路技术创新, 2017 (1): 51-54.

[112] 赵刚. 区块链技术的本质与未来应用趋势 [J]. 人民论坛·学术前沿, 2018 (12): 61-69.

[113] 盖彤彤, 于德湖, 孙宝娣, 等. BIM 与人工智能融合应用研究进展 [J]. 建筑科学, 2020, 36 (6): 119-126.

[114] 闫鹏. BIM 与物联网技术融合应用探讨 [J]. 铁路技术创新, 2015 (6): 45-47.

[115] 魏舟泉. 铁路行业 BIM 技术应用难点分析及对策建议 [J]. 铁路技术创新, 2015 (3): 14-16.

[116] 胡春梅, 王晏民. 地面激光雷达与近景摄影测量技术集成 [M]. 北京: 测绘出版社, 2017.

[117] 冉东, 刘国栋, 黄恒, 等. 基于 BIM 与三维激光扫描的楼层轮廓异常部位提取 [J]. 地理信息世界, 2018, 25 (6): 97-101.

[118] 王岩, 刘茂华, 由迎春. 三维激光点云数据在建筑物 BIM 构建中的研究与应用 [J]. 测绘通报, 2016 (S2): 224-226.

[119] 李亚东, 郎灏川, 吴天华. 现场扫描结合 BIM 技术在工程实施中的应用 [J]. 施工技术, 2012, 41 (373): 19-22.

[120] 韩亮亮. 动车段所 BIM 深化设计应用研究 [J]. 铁路技术创新, 2021 (1): 69-77.

[121] 唐雪芹, 董凤翔, 赵亮亮. 基于 BIM 技术的铁路数字化设计与应用 [J]. 铁路技术创新, 2021 (1): 50-56.

[122] 卢春房. 统一思想 加强组织 扎实推进 BIM 技术在铁路工程建设中的应用 [J]. 铁路技术创新, 2014 (5): 6-8.

[123] 沈东升, 王万齐. 我国铁路行业 BIM 实施路径的思考 [J]. 铁路技术创新, 2016 (3): 8-12.

[124] 盛黎明, 刘延宏, 刘玉明, 等. 基于合作共赢的中国铁路"走出去"建设模式创新研究 [J]. 中国工程科学, 2017, 19 (5): 38-43.

[125] AUGELE V. Comparative analysis of Building Information Modeling (BIM) and RailTopoModel/railML in view of their application to operationally relevant railway infrastructure [J]. Technical University of Dresden, 2017: 1-40.